铸魂育人

红色文化资源历史教育研究

李倩雯　夏金玲　著

华南理工大学出版社

·广州·

图书在版编目(CIP)数据

铸魂育人：红色文化资源历史教育研究/李倩雯，夏金玲著. --广州：华南理工大学出版社，2024.8. -- ISBN 978-7-5623-7794-8

Ⅰ. G633.512

中国国家版本馆 CIP 数据核字第 2024LB4054 号

Zhuhun Yuren: Hongse Wenhua Ziyuan Lishi Jiaoyu Yanjiu

铸魂育人：红色文化资源历史教育研究

李倩雯　夏金玲　著

出 版 人：柯　宁
出版发行：华南理工大学出版社
　　　　　（广州五山华南理工大学17号楼，邮编510640）
　　　　　http://hg.cb.scut.edu.cn　E-mail：scutc13@scut.edu.cn
　　　　　营销部电话：020-87113487　87111048（传真）
责任编辑：黄冰莹
责任校对：李　桢
印 刷 者：广东虎彩云印刷有限公司
开　　本：787mm×960mm　1/16　印张：16　字数：314千
版　　次：2024年8月第1版　印次：2024年8月第1次印刷
定　　价：69.00元

版权所有　盗版必究　　印装差错　负责调换

目 录

上篇　湘江战役纪念馆的历史教育研究

第一章　湘江战役纪念馆概述 ·············· 3
　一、三馆基本介绍 ·············· 3
　二、三馆建设发展历程 ·············· 25

第二章　湘江战役纪念馆场馆资源的历史教育功能分析 ·············· 31
　一、三馆场馆资源分类 ·············· 32
　二、三馆场馆资源的历史教育功能 ·············· 42

第三章　湘江战役纪念馆历史教育的 SWOT 分析 ·············· 58
　一、优势 ·············· 58
　二、劣势 ·············· 63
　三、机遇 ·············· 65
　四、挑战 ·············· 74

第四章　湘江战役纪念馆历史教育的实践路径 ·············· 79
　一、以红军长征湘江战役纪念馆为主导的历史教育实践路径 ·············· 79
　二、面向社会公众的历史教育实践路径 ·············· 86
　三、红色研学综合实践活动 ·············· 94

第五章　湘江战役纪念馆在高中历史教学中的开发与运用 ·············· 104
　一、湘江战役纪念馆在高中历史教学中开发的可行性 ·············· 104
　二、湘江战役纪念馆在高中历史教学第一课堂的运用 ·············· 113
　三、湘江战役纪念馆在高中历史教学第二课堂的运用 ·············· 124

下篇　红色文化资源融入历史课程的实践

第六章　八路军桂林办事处纪念馆红色文化资源在高中历史教学中的开发与运用
·············· 131
　一、八路军桂林办事处纪念馆概况 ·············· 131
　二、八路军桂林办事处纪念馆红色文化资源在高中历史教学中的开发 ······ 132

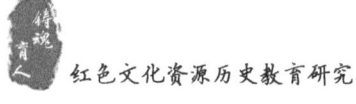

三、八路军桂林办事处纪念馆红色文化资源在高中历史教学中的运用 …… 136

第七章 井冈山红色文化资源在高中历史教学中的应用 …… 145
 一、井冈山红色文化资源概况 …… 145
 二、井冈山红色文化资源在高中历史教学中的价值 …… 148
 三、井冈山红色文化资源在高中历史教学中应用的基本情况 …… 150
 四、井冈山红色文化资源在高中历史教学中的应用策略 …… 157

第八章 东莞市博物馆资源在初中历史教学中的应用 …… 164
 一、东莞市地方博物馆资源及其与初中历史教材的整合 …… 164
 二、东莞市博物馆资源在初中历史教学中的应用现状及原因分析 …… 171
 三、东莞市博物馆资源在初中历史教学中的应用原则 …… 183
 四、东莞市博物馆资源在初中历史教学中的应用策略 …… 186

第九章 红色标语口号在初中历史教学中的运用 …… 202
 一、红色标语口号的概述 …… 203
 二、红色标语口号融入初中历史教学的可行性和意义 …… 207
 三、红色标语口号融入初中历史教学的现状调查及原因分析 …… 211
 四、红色标语口号在初中历史教学中的运用原则及方法 …… 221

第十章 革命传统教育地方教材开发的广西经验 …… 233
 一、《红色广西》地方教材的开发进程 …… 233
 二、《红色广西》地方教材的开发经验 …… 236
 三、对革命传统教育地方教材开发的启示 …… 241

参考文献 …… 245
后记 …… 252

上篇

湘江战役纪念馆的历史教育研究

第一章　湘江战役纪念馆概述①

1934年11月27日至12月1日，为突破国民党军以30万兵力布防的第四道封锁线，中央红军转移到湘桂边境，在广西桂林北部的兴安、全州、灌阳之间的湘江地域与国民党军展开了一场震撼人心的生死突围战，最终粉碎了以蒋介石为首的国民党军企图在湘江以东地区全歼中央红军的幻想。为了纪念中央红军长征突破湘江这一事关中央红军生死存亡的关键之战，铭记革命历史、缅怀革命先烈、传承红色基因，国家在湘江战役发生地——全州、兴安、灌阳三县分别建设了红军长征湘江战役纪念馆、红军长征突破湘江纪念馆、新圩阻击战史实陈列馆。

红军长征湘江战役纪念馆（笔者摄于2022年10月3日）

一、三馆基本介绍

（一）红军长征湘江战役纪念馆

红军长征湘江战役纪念馆位于脚山铺阻击战战场遗址所在地——全州县才湾镇脚山铺，设于红军长征湘江战役纪念园内，是全国唯一一座全面展示红军长征

---

① 此处的湘江战役纪念馆指红军长征湘江战役纪念馆、红军长征突破湘江纪念馆、新圩阻击战史实陈列馆。文中关于红军长征湘江战役纪念馆、红军长征突破湘江纪念馆、新圩阻击战史实陈列馆的资料如不作特别说明，主要来自笔者于2020年10月24日、2022年10月2—3日的实地考察及考察过程中搜集到的《红军长征突破湘江烈士纪念碑园宣传册》《红色灌阳宣传册》，全州红军长征湘江战役纪念园微信公众号、兴安红军长征突破湘江纪念馆微信公众号。

全貌的专题纪念馆。

红军长征湘江战役纪念馆的主体建筑占地面积为2220平方米，总建筑面积为7479平方米，于2019年9月12日正式落成并对外开放。其主体造型为左右各五面迎风飘扬的古铜色旗帜簇拥着位于中间的一颗巨大的红色五角星，寓意着中国工农红军在中国共产党的领导下，始终坚定革命理想高于天的信念，上下团结一心，克服千险万阻，奋勇向前，从胜利走向胜利，从辉煌走向辉煌。

红军长征湘江战役纪念馆整体移植了2016年在中国人民革命军事博物馆举办的纪念中国工农红军长征胜利80周年主题展览，以"英雄史诗，不朽丰碑"为主题，以时间为脉络，以重要战役战斗、重大历史事件、重要决策过程和重要历史人物为主体，把图片资料、历史文献、历史文物等传统展陈与主题雕塑、声光影像、美术作品、场景再现等现代技术手段有机结合起来，通过"战略转移踏征程""血战湘江突重围""伟大转折定航向""浴血奋战勇向前""革命理想高于天""胜利会师开新局""不忘初心，走好新的长征路"等七个主题系统展示了红军长征的历史全貌，突出展现红军英烈以生命和热血铸就的伟大长征精神。

红军长征湘江战役纪念馆展陈总面积为4545平方米，展线总长度为791米。展区共设三层：第一层除了序厅，还包括以"战略转移踏征程""血战湘江突重围"为主题的展区及全景馆；第二层展陈主题为"伟大转折定航向""浴血奋战勇向前""革命理想高于天""胜利会师开新局"；第三层展陈主题为"不忘初心，走好新的长征路"。

从红军长征湘江战役纪念馆门口走进序厅，映入眼帘的是一面高15.8米、宽17.5米的巨幅浮雕墙，气势宏伟雄壮，人物形象鲜明，生动展现了红军队伍浩浩荡荡，红军战士前仆后继、英勇作战、抢渡湘江的历史场景，彰显了红军战士为了革命理想勇于胜利、勇于突破、勇于牺牲的伟大精神力量，极具视觉冲击力、精神震撼力和感染力。

展览前言："1934年10月至1936年10月，中国共产党领导红军进行了伟大的长征。红军血战湘江，四渡赤水，巧渡金沙江，强渡大渡河，飞夺泸定桥，鏖战独树镇，勇克包座，转战乌蒙山，击退上百万穷凶极恶的追兵阻敌，征服空气稀薄的冰山雪岭，穿越渺无人烟的沼泽草地，纵横十余省，长驱几万里，战胜千难万阻，付出巨大牺牲，胜利完成长征，宣告了国民党反动派消灭中国共产党和红军的图谋彻底失败，宣告了中国共产党和红军肩负着民族希望，胜利实现了北上抗日的战略转移，实现了中国共产党和中国革命事业从挫折走向胜利的伟大转折。在中国特色社会主义新时代，我们要大力弘扬伟大长征精神，激励和鼓舞全

序厅浮雕(笔者摄于 2022 年 10 月 3 日)

党全军全国各族人民不忘初心、牢记使命,走好新的长征路,奋力实现中华民族伟大复兴的中国梦。"

展览第一个主题内容为"战略转移踏征程"。在 1927 年国共合作的大革命失败后,中国共产党开始独立领导土地革命和武装斗争,红军和革命根据地迎来了蓬勃发展的有利局面。九一八事变后,中国共产党号召抗日救亡,但国民党政府坚持"攘外必先安内",于 1930—1934 年,调集重兵对红军发动了五次"围剿"。由于党内"左"倾教条主义的错误领导,中央苏区第五次反"围剿"失败,中共中央和中央红军被迫撤离苏区,实行战略转移。相关展览安排设计了"苏区创建和斗争""揭开长征的序幕""红军踏上长征路"三个部分。各地工农武装起义形势图(1927—1934 年)、红军长征前苏区变化图、红六军团西征与红三军会师要图(1934 年 8 月 7 日—10 月 24 日)、奉命组成红十军团时组织序列表(1934 年 11 月)、中国工农红军长征概况、中国工农红军长征路线图等图表,毛泽东所写的《中国的红色政权为什么能够存在?》《星星之火,可以燎原》等闪耀着思想光辉的著作,中华苏维埃第一次全国代表大会召开、全国抗日救亡运动兴起、国民党集结重兵对各革命根据地发起"围剿"等历史图片,中共中央发表的《为日本帝国主义强暴占领东三省事件宣言》(1931 年 9 月)、《为热河事变告全国民众书》(1933年 3 月),蒋介石主持编写的《剿匪手本》,贺龙使用过的印章等实物,极富艺术感染力的水粉画《井冈山会师》、油画《反"围剿"的胜利》《我们一定会回来》等美术作品,展示中央红军长征初期组织序列(中央革命军事委员会、中国工农红军)的投影式触摸屏……丰富的图片图表、翔实的历史资料、生动的美术作品充分展示了中央红军被迫撤离苏区开始长征的历史背景。

展览的第二个主题内容为"血战湘江突重围"。1934年10月，中央红军8.6万余人告别苏区，开始长征。中央红军在连续突破国民党布下的三道封锁线后来到桂北地区。1934年11月27日—12月1日，中央红军在湘江两岸同国民党军展开了一场空前大决战，最终以损失过半的代价突破国民党军重兵设防的第四道封锁线，粉碎了以蒋介石为首的国民党军想要围歼中央红军于湘江以东的图谋，确保中央领导机关和中央红军大部分渡过湘江。湘江战役是关系中央红军生死存亡的关键一战，是长征这部壮丽史诗的一个重要篇章。在湘江血战中，广大红军指战员展现出了勇于胜利、勇于突破、勇于牺牲的精神，以实际行动诠释了人民军队为理想信念而英勇献身的崇高追求。"血战湘江突重围"主题展览设置"铁血阻击""生死抢渡""铁血后卫"三大部分，其中重点设计了"血战新圩""鏖战脚山铺"

参观者观看三大阻击战复原场景（笔者摄于2022年10月3日）

《抢渡护电台》雕塑（笔者摄于2022年10月3日）

"激战光华铺",利用声乐灯光形象地再现了三大阻击战激烈战斗的场景。此外,展览还结合丰富的图片图表、《泪别小老表》《抢渡护电台》雕塑、在全州县搜集到的武器装备实物、展现红军长征途中艰苦生活的动漫、呈现红军在湘江战役中浴血奋战场景的巨幅油画、突出红军不怕牺牲的大无畏革命精神的视频影像等,动静互补,再现湘江战役历史。"血战湘江突重围"主题展览有四个突出的特点:第一,突破国民党军三道封锁线示意图、湘江战役形势示意图、国民党军第四道封锁线示意图、新圩阻击战示意图、脚山铺阻击战示意图、光华铺阻击战示意图、突破四道封锁线要图、红五军团行军路线图、中央红军长征过广西路线图等图表的展现,使参观者更加系统全面地了解湘江战役的历史过程。第二,脚山铺战场遗址挖掘出的五星手雷,2019年在耳木洞发掘的碗片、锁栓、枪栓,红军赠给当地带路村民的水壶,易荡平使用过的蓑衣等实物及场景复原使参观者的"战场"体验更加真实。第三,展示中共中央、中革军委在中央红军湘江战役前后的重要档案文献,如军委致电红八军团"火速前进,不惜代价,必争二十四小时通过湘江"。这些重要档案文献能够使参观者强烈体会到中央红军处于危急时刻。第四,《红18团喋血古岭头》《脚山铺阻击战·搏杀白沙河》《激战光华铺》《浴血湘江》《湘江战役—1934》《血染凤凰嘴》《陈树湘》《文塘之战》等油画的展出(其中《浴血湘江》《湘江战役—1934》)尤为巨型,重点突出了湘江战役的悲壮惨烈。

展览的第三个主题内容为"伟大转折定航向"。红军经过血战突破湘江后,以毛泽东为代表的党和红军领导人坚持与"左"倾教条主义错误进行斗争,中央红军放弃原定北上湘西的计划,改由向贵州西北地区进军。1935年1月15—17日,中共中央在遵义召开政治局扩大会议,正式取消李德、博古的最高军事指挥权,重新选举毛泽东为中共中央政治局常委,结束"左"倾教条主义在党内的错误领导,事实上确立了毛泽东在中共中央和红军的领导地位。遵义会议挽救了党、挽救了红军,挽救了中国革命,是百余年党史上一个生死攸关的转折点,标志着中国共产党在政治上开始走向成熟。"伟大转折定航向"主题展览设计了"转兵贵州"和"拨正航向"两部分,通过翔实的图片资料(如1935年2月,中共中央书记处为传达遵义会议精神发布的《总结粉碎第五次"围剿"战争中经验教训决议大纲》)、实物(如遵义会议时挂在会场的挂钟)、油画(如《黎平会议》《强渡乌江》)、图表(如突破乌江英模名录、遵义会议与会人员名单)、再现遵义会议场景的主题景观等,生动展示了遵义会议这一伟大转折,充分展现出中国共产党人不怕犯错误、勇于追寻真理的精神风貌。

展览的第四个主题内容为"浴血奋战勇向前"。红军进入遵义后,蒋介石调集重兵进逼遵义,又企图将中央红军围歼在川、黔两省的边境地带。遵义会议后,毛泽东等党和红军领导人以高超的军事指挥艺术，率领各路红军采取灵活机动的战略战术粉碎国民党军围追堵截，取得战略战役中一个又一个胜利，其中四渡赤水之战是中央红军长征途中以少胜多、变被动为主动的关键之战。"浴血奋战勇向前"主题展览设置了"四渡赤水出奇兵""巧渡金沙越天险""乌蒙回旋突重围""千里转战壮志坚""孤军远征鏖战急"五部分。为了重点突出四渡赤水之战，还设计了"一渡赤水，寻求主动""二渡赤水，避实击虚""三渡赤水，调敌西进""四渡赤水，跳出合围"四个主题展区。"浴血奋战勇向前"主题展览通过展出体现红军长征途中浴血奋战、英勇向前的历史图片，摆放多部播放相关影视资料的多媒体设备，呈现四渡赤水要图、乌蒙山回旋战要图、甘南战役要图、绥（靖）崇（化）丹（巴）懋（功）战役要图的光电显示屏，强渡大渡河奋勇队名单、飞夺泸定桥的英模等列表、毛泽东《忆秦娥·娄山关》手写体，《无声的战斗》《强渡大渡河》《抢渡普渡河》《包座大捷》《鏖战独树镇》等油画，"飞夺泸定桥"大型主题景观等方式，充分展现了红军将士浴血奋战、不畏强敌、勇往直前、斩关夺隘，置生死于度外，面对困难险阻从容不迫的英雄气概，坚定长征必定胜利的巨大信心。

  展览的第五个主题内容为"革命理想高于天"。红军将士凭借着坚定的革命理想信念和坚强的斗争意志，无惧任何艰难险阻，前仆后继，跨越了滔滔急流，翻越了空气稀薄的冰山雪岭，穿过了人迹罕见的茫茫草地，最终取得了长征胜利。"革命理想高于天"主题展览聚焦"翻越皑皑雪山""穿越茫茫草地""官兵同甘共苦""军民鱼水情深"四个部分。其中"军民鱼水情深"主题又设计了"宣传帮助群众""组织武装群众""遵守群众纪律，执行民族宗教政策""各族群众的拥护支持"四个单元。"革命理想高于天"主题展览有红六军团政治委员王震在贵州毕节与苗族群众合影等历史图片、沿途群众参加红军统计表等翔实图表、呈现"军民鱼水情"的多媒体设备、外国记者埃德加·斯诺在《西行漫记》中讲到红军官兵同甘共苦的具体资料等。此外，"革命理想高于天"主题展览还有两大特点：一是精心设计了"过雪山草地""书写标语"等大型主题景观，二是采用漫画的形式将精心遴选的《半条毛毯》《收容队》《哑巴排长》《毛泽东让担架》《战友情深》《朱德尝野菜》《贺炳炎为伤员牵马》《老红军照顾小红军》《担架队员》《大铜锅的故事》《一袋干粮》等长征故事呈现出来。展览集中展示了红军将士气吞山河的革命英雄主义和革命乐观主义精神，以及各路红军同人民群众生死相依、患难与共，真诚维护群众利益，以模范行动赢得人民群众对党和红军真心拥护与支持的历史。

参观者在使用呈现"军民鱼水情"主题的多媒体设备(笔者摄于2022年10月3日)

展览的第六个主题内容为"胜利会师开新局"。"胜利会师开新局"主题内容聚焦"陕甘苏区创建发展""各路红军团结北上"等方面。其中"各路红军团结北上"包括"中央红军和红四方面军懋功会师""红二十五师和陕甘红军永坪会师""红一方面军和红十五军团甘泉会师""红一方面军东征、西征,策应红二、四方面军北上""红二、红六军团和红四方面军甘孜会师""三大主力胜利会师"等部分。除了图片、实物、序列表、示意图等传统展示方式之外,还展出了《筹建西北工委》《两河口会议》《永坪会师和红十五军团成立》《突破腊子口》《到陕北去——哈达铺关帝庙动员大会》《追赶红军(理想之歌)》等多幅油画,以及422名营以上干部烈

"胜利会师开新局"主题展览(笔者摄于2022年10月3日)

士名录,向参观者展示各路红军在战略上团结奋战、密切配合,互相支援、一同北上,于1936年10月在陕甘宁地区实现红军主力大会师,中国工农红军长征胜利结束。中国共产党和红军有了新的根据地和出发点,开启了中国革命的新阶段。

展览的最后一个主题内容为"不忘初心,走好新的长征路"。红军胜利完成举世闻名的万里长征的英雄壮举,在党的百年奋斗史上书写了恢宏史诗,铸造了伟大的长征精神,激励着我们在不断向前发展的历史进程中沿着已确定的正确道路开拓进取。每一代人有每一代人的长征路,每一代人都要走好自己的长征路。今天,我们这一代人的长征路就是要实现"两个一百年"奋斗目标、实现中华民族伟大复兴的中国梦。"不忘初心,走好新的长征路"主题展览主要通过丰富的历史照片生动展示了中国共产党团结带领中国人民坚守初心使命、弘扬长征精神、不懈奋斗的壮阔历程,以及所创造的新民主主义革命、社会主义革命和建设、改革开放和社会主义现代化建设、新时代中国特色社会主义的伟大成就,深刻揭示了"不忘初心,走好新的长征路"的时代内涵。

"不忘初心,走好新的长征路"主题展览(笔者摄于2022年10月3日)

展览结束语:长征不仅是一次人类精神和意志的伟大远征,也是一段中国共产党领导中华优秀儿女寻求中华民族复兴的伟大征程。长征永远在路上,面向未来,面对挑战,我们一定要不忘初心,继续前进,继承和弘扬好伟大的长征精神,在新的长征路上继续奋勇前进。让我们更加紧密地团结在以习近平同志为核心的党中央周围,高举中国特色社会主义伟大旗帜,以习近平新时代中国特色社会主义思想为指导,大力弘扬伟大长征精神,激励和鼓舞全党全军全国各族人民特别是青年一代发愤图强、奋发有为,继续把革命前辈开创的伟大事业推向前进,在实现"两个一百年"奋斗目标、实现中华民族伟大复兴中国梦的新的长征路上续写新篇章、创造新的辉煌!

(二)红军长征突破湘江纪念馆

红军长征突破湘江纪念馆位于兴安县城西南1千米处的狮子山北山脚(双拥路56号),原名湘江战役纪念馆,距光华铺阻击战战场旧址约15千米,设于红军长征突破湘江烈士纪念碑园内,是反映中央红军长征湘江战役的综合馆、党史馆及研学中心。

红军长征突破湘江纪念馆的建设用地面积为1.8万平方米,建筑面积为6390平方米,2014年11月25日正式对外开放。2019年9月,在对馆内展陈进行全面升级改造后重新开馆,更名为"红军长征突破湘江纪念馆"。其主体建筑外形为硝烟下的红军八角帽,外墙体主基调为红色,代表了数万英勇牺牲的红军烈士用鲜血和生命铸造的不朽长征精神。

红军长征突破湘江纪念馆(笔者摄于2022年10月2日)

红军长征突破湘江纪念馆馆内展陈以"铁血湘江,不朽丰碑"为主题,以湘江战役为主线,以时间为轴,以重大事件、重要会议、重要人物为主体,以湘江战役的鲜明主题和红军长征在桂北的光辉史迹为重点,既有图片资料、历史文献、历史文物等,又有主题雕塑、声光影像、美术作品、场景复原等现代技术手段,通过"战略转移""突破湘江""伟大转折""精神永存"等四个部分的主题内容全景式地展现了湘江战役这一关系中央红军长征生死存亡的关键之战的全过程,充分彰显了革命先辈勇于胜利、勇于突破、勇于牺牲的湘江战役精神。

红军长征突破湘江纪念馆设展区、多功能厅、红色书屋,展陈面积为3500平方米,展线长度为850米。展区共设两层,第一层为序厅、"战略转移"主题内容和"突破湘江"主题内容的上半部分;第二层为"突破湘江"主题内容的下半部分、"伟大转折"主题内容和"精神永存"主题内容。红军长征突破湘江纪念馆共展出文物246件、文字2万余字、人物照片259幅、各种地图(含电子)24张,多媒体互动12处。①

从红军长征突破湘江纪念馆门口直入序厅,"突破湘江"红旗柱及其后"突破湘江"主题雕塑映入眼帘。"突破湘江"红旗柱由一支抽象的步枪和一面漫卷的红旗组成,红旗象征伟大的中国共产党,步枪象征党领导下的中国工农红军,寓意人民军队听党话、跟党走。"突破湘江"主题雕塑展现了湘江战役中突破、渡江、后卫三个战斗画面,以及信念坚定的党中央、不畏牺牲的红军将士、血染的红旗等,人物形象鲜明,栩栩如生,整体让人感觉庄严肃穆,突出展示广大红军指战员为革命理想抛头颅洒热血,在百余年党史上写下的惊天地、泣鬼神的英雄篇章;彰显了广大红军指战员坚定的革命信念、"誓死保卫党中央"的绝对忠诚,以及勇于胜利、勇于突破、勇于牺牲的湘江战役精神。湘江战役精神是中国共产党人和红军将士用生命和热血所铸就的长征精神的重要组成部分。

序厅中的"突破湘江"红旗柱(笔者摄于2022年10月2日)

---

① 阮敏燕.场景复原在革命纪念馆基本陈展中的作用——以广西地区为例[J].文物鉴定与鉴赏,2021(7):119.

序厅中的"突破湘江"主题雕塑（笔者摄于2022年10月2日）

"突破湘江"主题雕塑的旁边设置了一处红色书屋。红色书屋内藏书丰富，涵盖了党的历史、红色故事、马克思主义中国化时代化的最新理论成果等，供参观者在红色历史的海洋中徜徉，在阅读中赓续红色血脉、传承红色文化。

展览前言记载："1934年10月，中央革命根据地第五次反'围剿'失利，中共中央率领中央红军实行战略转移，开始长征。中央红军在连续突破国民党军三道封锁线后，于11月27日至12月1日在桂北湘江两岸及以东地区的兴安县、全州县、灌阳县之间，与国民党军展开殊死决战，突破了第四道封锁线，渡过湘江，粉碎了国民党军企图消灭红军于湘江之侧的图谋。湘江之战是中央红军长征以来最壮烈的一战，也是关系中央红军生死存亡的关键一战。红军将士英勇奋战，视死如归，一往无前，用鲜血谱写了革命英雄主义的壮丽篇章，用生命诠释了伟大的长征精神，在中国革命历史上树立了一座不朽的丰碑。"

展览第一部分的主题内容为"战略转移"。在中国共产党领导下，红军和中央革命根据地不断发展壮大，武装斗争和土地革命蓬勃发展，直接威胁到国民党的反动统治。国民党军队从1930年底开始，对中央革命根据地接连发动大规模军事"围剿"。中央红军在毛泽东、朱德、周恩来等领导人的正确指挥下，连续取得四次反"围剿"斗争的胜利。由于党内"左"倾教条主义的错误领导，中央革命根据地第五次反"围剿"失利，中共中央于1934年10月被迫实行战略转移。1934年10月21日至11月15日，中央红军经过一个多月的奋战，连续突破国民党军构筑的三道封锁线，抵达湘南。"战略转移"这部分的主题展览安排了"第五次反'围剿'失利""中央红军长征""突破三道封锁线"三个单元展区。展出蒋介石在检阅部队、国民党飞机在进攻中央革命根据地、国民党军队在修筑碉堡等历史图片;中华苏维埃政府军费专用章、红军长征时使用过的鸟铳及马尾手榴弹、印章、红军长征时用来装硝药的牛角、红军长征时期的马灯、溶江金石佑安村徐昭英捐赠的红军长征时使用过的矛、桂北民团埋设在山道上防阻红军的有毒竹签等实物;红二军团(红三军)指挥员、红六军团指挥员、红十军团指挥员、红七军团指挥员,中央红军长征出发时中共中央、中华苏维埃共和国、中革军委领导及共产国际军事顾问照片;农村革命根据地示意图(1928年至1935年7月)、中央红军第五次反"围剿"示意图、抗日先遣队行动路线要图、红六军团西征示意图、红军长征前根据地变化图、中央红军长征出发时的序列表(1934年10月)、中央红军长征初期人员装备表等图表;《反"围剿"的胜利》《我们一定会回来》油画;等等。"战略转移"主题展览主要采用静态方式,通过丰富的图片图表、珍贵的历史文物、富有艺术感染力的美术作品,从各个方面充分展示了中央红军湘江战役前的历史背景。

"战略转移"主题展览(笔者摄于2022年10月2日)

展览第二部分的主题内容为"突破湘江"。为突破国民党军沿湘江重兵部署的第四道封锁线,中革军委于1934年11月25日正式下达从全州至兴安之间抢渡湘江的命令。中央红军主力展开了以新圩阻击战、脚山铺阻击战、光华铺阻击战为主的悲壮生死突围战。经浴血奋战,至12月1日,中央领导机关和中央红军主力渡过湘江,粉碎了国民党军企图在湘江以东地区全歼中央红军的阴谋。突破四道封锁线后,中央红军从长征出发时的8.6万余人锐减至3万余人。这部分的主题展览分为"国民党军第四道封锁线""红军进军部署""三大阻击战""生死抢渡""铁流后卫"五个单元展区。前两个单元展区即"国民党军第四道封锁线""红军进军部署"主要通过展出国民党军第四道封锁线示意图、湘江战役中围堵红军的国民党军组织序列表、中央红军湘江战役行军作战计划图、进入广西时中央红军战斗序列表、国共双方作战部署的电文资料等来烘托出中央红军处于蒋介石在湘江以东地区布下连环口袋阵这一危急形势的紧张氛围。"三大阻击战""生死抢渡""铁流后卫"这三个单元展区是展览的重点部分，对湘江战役三大阻击战进行深度挖掘，运用场景复原、声光影像、主题雕塑等多种现代技术手段重现战火纷飞的阻击战战场，使参观者身临其境地感受战斗的激烈和残酷，以及体悟湘江战役精神。为便于参观者了解这段历史，展区多处放置了展示"红军长征及湘江战役知识问答""湘江战役历史文化综合资料""红军将士回忆录"三大板块的卧式触摸一体机。"三大阻击战"单元展区又分为"新圩阻击战""脚山铺阻击战""光华铺阻击战"三个部分，展出照片、实物、场景复原或沙盘、油画等（见表1-1），用多个展示柜展出红军长征时使用过的武器，且放置呈现"红军使用的武器装备（1927—1937）"的壁挂式触摸一体机以便参观者了解各种武器的具体情况。因光华铺阻击战发生在兴安县内，"光华铺阻击战"展区安排设计了湘江战役战略沙盘、光华铺阻击战场复原、界首红军堂场景复原，重现当年红军紧张激烈战斗的历史场景。第四单元"生死抢渡"展区主要包括介绍大坪、屏山、界首、凤凰嘴等中央红军抢渡湘江的主要渡口概况，再现中央红军抢渡湘江的场景复原；介绍中央领导机关从界首渡江，红九军团、红八军团先后从凤凰嘴抢渡湘江的图片图表资料；展示巨幅油画《湘江战役—1934》（复制品）等内容。第五单元"铁流后卫"展区主要展示有红五军团三十四师作战路线图，红五军团指挥员照片，1934年11月25日朱德关于红五、红九军团及红一师阻击周浑元等部于潇水东岸的部署电文、1934年11月28日朱德关于红五军团扼守蒋家岭地域掩护全军西进电文等文献资料，老红军刘型用过的毯子、红三十四师参谋长张福升烈士用过的刀、老红军李卓然1949年后使用的水杯等历史文物，陈树湘雕塑，《陈树湘》（复制品）油画，雕刻有"出征""突破""阻击""断后""抢渡""坚持""分兵""永生"八组主题画面的巨幅凹曲形浮雕墙，《陈伯钧回忆录》《周碧泉回忆录》等战场记忆材料，英勇六壮士群雕。这些图表、实物、油画、雕塑等详述了在湘江战役中担任全军后卫的红五军团在完成阻击任务后，所属十三师渡过湘江，三十四师陷入国民党军的重围未能渡江，大部壮烈牺牲的悲壮历史，突出表现铁血后卫"誓死保卫党中央"的绝对忠诚。"突破湘江"主题展览的最后部分精心设计了放置有六排长椅的影视观看区，不中断地播放着《血战湘江》电影片段。这样的安排设计既可适时地为参观者提供休息的地方，又可充分发挥展区功能。影视观看区还设有"红一方面军长征路线图"展示墙以及卧式触摸一体机，以便参观者及时查询信息。

表1-1 第二部分"三大阻击战"单元展区主要展陈内容

	新圩阻击战	脚山铺阻击战	光华铺阻击战
示意图	红三军团新圩阻击战示意图	红一军团脚山铺阻击战示意图	红三军团光华铺阻击战示意图、湘江战役前敌我双方态势图
战役遗址照图片	新圩阻击战战场遗址、下立湾战地救护所旧址、酒海井、红十八团战斗遗址——灌阳新圩陈家背、红五师在新圩阻击战中的指挥所旧址——杨柳井等	脚山铺阻击战白沙河战场遗址、湘江（全州段）等	光华铺阻击战战场遗址、兴安县界首镇渡口、界首红军堂等
照片人物	新圩阻击战团以上指挥员	脚山铺阻击战团以上指挥员	光华铺阻击战团以上指挥员
电文资料	1934年11月27日9时彭德怀、杨尚昆关于红三军团进占灌阳及侦察由全州至兴安西进道路之动作部署；11月27日11时彭德怀、杨尚昆关于全州、灌阳敌情及红军兵力部署；11月27日17时朱德关于红三军团行动的指令；11月30日1时彭德怀、杨尚昆关于新圩阻击战情况及目前红三军团行动的报告	11月27日朱德关于保证红一军团、红五军团、军委在全州、界首间渡过湘江致林彪、聂荣臻电；11月29日朱德关于抵御全州、灌阳出击之敌，继续保证红军渡过湘江的部署；11月30日晚红一军团领导人给中革军委的电报；12月1日1时朱德关于消灭由兴安、全州进攻之敌与钳制桂军和周浑元部追击致红一、红三军团电；12月1日3时半中共中央局、中革军委、总政治部给红一、红三军团的"万万火急"指令	12月1日1时朱德关于消灭由兴安、全州进攻之敌与钳制桂军和周浑元部追击致红一、红三军团电；12月1日3时半中共中央局、中革军委、总政治部给红一、红三军团的"万万火急"指令

续表 1-1

	新圩阻击战	脚山铺阻击战	光华铺阻击战
实物	红三军团红五师师长李天佑穿过的衣裤、佩戴过的红领章及帽徽、使用过的怀表及学习笔记本、在解放战争时期穿过的军衣,红军长征时使用过的武器及穿过的蓑衣	红五团政治委员易荡平烈士使用过的老虎毯子、水壶、碗盆,耿飚用了30多年的小文件箱,长征中聂荣臻使用的西班牙造SF0.38英寸转轮手枪(复制品),李聚奎使用过的笔等	红军长征时使用过的武器(复制品)等
战场记忆资料	—	聂荣臻回忆录、耿飚回忆录、杨成武回忆录	张宗逊回忆录、耿飚回忆录、张震回忆录
场景复原或沙盘	—	脚山铺阻击战场景复原	湘江战役战略沙盘、界首红军堂场景复原、光华铺阻击战场景复原
油画	《新圩阻击战》(复制品)	—	—

参观者在观看脚山铺阻击战场景复原(笔者摄于 2022 年 10 月 2 日)

湘江战役战略沙盘(笔者摄于2022年10月2日)

红五团政治委员易荡平烈士使用过的老虎毯子(笔者摄于2022年10月2日)

界首红军堂场景复原(笔者摄于2022年10月2日)

光华铺阻击战场景复原（笔者摄于 2022 年 10 月 2 日）

  展览第三部分的主题内容为"伟大转折"。湘江战役以党和中央红军付出血的代价、几乎濒临绝境而结束，引发了党内对第五次反"围剿"以来迭次失利的情况进行反思并进行了激烈的争论。通过通道会议、黎平会议、猴场会议，中共中央和中革军委接受了毛泽东等转兵贵州的正确主张。1935 年 1 月召开的遵义会议事实上确立了毛泽东在党中央和红军的领导地位，开始确立以毛泽东为主要代表的马克思主义正确路线在党中央的领导地位，开始形成以毛泽东为核心的党的第一代中央领导集体，这是我们党和革命事业转危为安、不断打开新局面最重要的保证。"伟大转折"主题展览设置了"翻越老山界""担架上的思考""遵义会议"三个单元展区。"翻越老山界"单元展区主要包括湘江战役后敌我态势图、中央红军翻越老山界示意图等图表，1934 年 11 月 17 日蒋介石关于湘水以西地区"会剿"中央红军的计划大纲、1934 年 12 月 1—4 日中革军委关于中央红军继续西进的行动部署等文献资料，陆定一、陈伯钧关于过老山界的回忆史料，中央红军翻越老山界的场景复原，红三、红五军团为保护中央纵队翻越老山界阻击国民党桂军追击的阻击战场遗址等图片，贺子珍使用的马鞍（复制品）、红军长征时使用的水壶和马镫等实物。老山界位于越城岭山脉中段，其主峰猫儿山是越城岭的最高峰，也是五岭的最高峰，海拔 2141.5 米，被称为"华南之巅"。1934 年 12 月 4 日下午，军委纵队开始翻越老山界。红军以惊人的毅力，彻夜行军，成功翻过老山界进入龙胜县。12 月 8 日，扼守老山界的红五军团第十三师第三十七团、红八军团一部分及保卫团奉命撤往资源塘垌和龙胜江底。至此，中央红军主力全部离开了兴安县境。"担架上的思考"单元展区主要有中央红军过广西路线图、中央红军向黔北进军路线图,《担架上的思考》《走向胜利》等油画,反映红军指战员进一步反思湘江战役中中央红军为何惨遭重大损失、战略转移何以处于被动局面、战略转移方向等重大问题的历史资料,毛泽东雕塑,毛泽东在翻越老山界、实现了转兵贵州的战略意图后有感而发所作的《十六字令》手写体,以及湘江战役后党内关于战略问题不断加深认识而召开的通道会议、黎平会议、猴场会议等一系列重要会议的历史资料。"遵义会议"单元展区主要通过展出遵义会议会址旧照片及参会者名单等资料、毛泽东诗词《七律·长征》手写体、中央红军(红一方面军)长征路线图、雕刻有"四渡赤水河""巧渡金沙江""强渡大渡河""飞夺泸定桥""翻过大雪山""跋涉过草地""抢占腊子口""会师吴起镇"八组主题画的巨幅凹曲形浮雕墙、《红军三大主力会师》(复制品)油画,充分展现遵义会议在中国共产党百年党史中具有的历史性转折意义。

毛泽东雕塑(笔者摄于 2022 年 10 月 2 日)

展览最后一部分的主题内容为"精神永存"。中央红军长征自 1934 年 11 月 25 日进入广西,到 12 月 13 日离开广西,足迹遍及桂北兴安、全州、灌阳、资源、龙胜五县,无数革命先烈血染桂北大地,留下座座丰碑,红军长征精神永放光芒。"精神永存"主题展览安排设计了"红色印记""湘江英烈"两个单元展区。"红色印记"单元展区又分为"宣传群众""鱼水情深""民族政策"。这部分的展览主要有以下三个特点:第一,精心遴选了《失散红军邓延禄的故事》《充满信仰的子弹》《红军铜钱》《湘江战役的见证者——刘发育》《失散红军刘华连六十年圆梦记》《老山界下的红军连长》《一锅野菜猪潲粥》《火线救助》《医治苗族群众》等经典湘江战役故事，采用图文展示、播放动画片、展出雕版和版画等多种方式讲好红色故事。第二，展示失散红军刘华连给学生讲述当年红军长征故事、一家三代守护红军墓的瑶族村民赵大娘一家在祭扫红军墓、红军岩、红军洞等图片，失散流落桂北的部分红军名录，以及失散红军使用过的铜制饭盒、2019年烈士遗骸收敛工作组在界首小宅村和大平寨烈士墓挖掘的铜钱等实物，通过多维度呈现丰富而真实的历史细节的方式，使参观者感悟湘江战役这段历史。第三，复原才喜界石刻、红军标语楼、龙坪红军楼等场景，以及在标语楼场景复原处旁设置一个参观者可电子描摹红军标语并投影到墙上的多媒体设备，增强了展览的沉浸感和互动性。"湘江英烈"单元展区主要通过展出2018年、2019年红军遗骸收敛保护工作等图片，在湘江战役中牺牲的红三军团原新兵师师长刘世浩烈士穿过的棉袄及使用过的砚墨、2019年兴安县在实施红军烈士遗骸收殓保护工作中发掘的铜制烟杆等实物，多台壁挂式触摸一体机呈现的"英烈名录""烈士丰碑""遗址遗存"三部分主题，以及利用光电投影出的无数鲜艳五角星以烘托湘江英烈精神永存。1934年湘江战役大事记墙，讲述了湘江战役中无数红军烈士的鲜血浸染桂北大地和湘江两岸的英雄事迹，彰显了广大红军指战员永不熄灭的理想信念之火及永世长存的英雄功勋。

展览的尾厅展出了习近平总书记在纪念红军长征胜利80周年大会上关于伟大长征精神及新长征的重要论述，帮助参观者进一步提升思想认识；放置电子纪念屏，参观者可借助向革命烈士敬献电子鲜花这一具体行动升华情感。

展览结束语：湘江战役中，红军广大指战员理想信念坚定、对党忠诚、顾全大局、勇于牺牲的革命精神，是长征精神的重要组成部分，是党、国家和人民军队的宝贵精神财富。我们要不忘初心、牢记使命，紧密团结在以习近平同志为核心的党中央周围，传承红色基因，增强"四个意识"，坚定"四个自信"，做到"两个维护"，走好新时代的长征路，为实现中华民族伟大复兴的中国梦而努力奋斗！

(三)新圩阻击战史实陈列馆

新圩阻击战史实陈列馆位于灌阳县新圩镇和睦村下立湾屯北约500米处，设于湘江战役新圩阻击战酒海井红军纪念园内，紧邻湘江战役新圩阻击战一百多名红军战士殉难处——酒海井，是聚焦湘江战役三大阻击战之一——新圩阻击战的专题展示馆。

新圩阻击战史实陈列馆的建筑面积为2030平方米，于2019年9月12日对公众开放。陈列馆的整体设计布局采用传统中式建筑风格，外墙体主基调为白色，庄重而肃穆。

新圩阻击战史实陈列馆（笔者摄于2022年10月2日）

新圩阻击战史实陈列馆整个展陈以时间为顺序，以新圩阻击战的历史过程和壮烈场景及红军烈士被投放井底、红军伤员守望酒海井等背后的壮烈悲歌为重点，站在尊崇红军英烈、传承红色基因的高度，通过"血战新圩""红军忠魂""薪火相传"三个主题内容进行专题展陈。

新圩阻击战史实陈列馆馆内展陈面积为1000平方米，展区共设两层，第一层为序厅和"血战新圩"主题内容，第二层为"红军忠魂""薪火相传"两个主题内容，其中"血战新圩""红军忠魂"为重点展项。共展出照片104张、文物128件、主题雕塑18个(7组)、美术作品6幅、场景展示4个。①

一走进序厅，就可以看到再现当年红军在新圩阻击战中英勇作战场景的"血战新圩 忠魂永存"主题雕塑，雕塑位于正中心的红旗迎风飘扬，象征着革命的胜利与光明。层叠而上的人物群组展现的是，英勇牺牲的红军英烈与奋勇前进的红军战士前赴后继、浴血奋战的宏大场面，为守护崇高的革命理想，红军战士以血肉之躯塑造铁血丰碑，彰显了"为有牺牲多壮志，敢教日月换新天"的伟大革命精神。新圩阻击战是湘江战役中重要的一战，它关系着整个红军队伍左翼的安全。红军以高度的革命觉悟和纪律性，坚决贯彻，"不惜一切代价，全力坚守三到四天"的钢铁指令，与数倍于己并拥有飞机、火炮优势的敌人浴血奋战，坚持到最后一刻。红军战士以血肉之躯筑起强渡湘江的生命通道，以大无畏的精神和勇敢的自我牺牲，完成了这一艰巨的作战任务。

---

① 新圩阻击战史实陈列馆《红色灌阳宣传册》。

上篇　湘江战役纪念馆的历史教育研究

参观者在观看"血战新圩 忠魂永存"主题雕塑（笔者摄于2022年10月2日）

展览前言如此记载："新圩阻击战是湘江战役中的重要一战。参加新圩阻击战的红军部队，担负保证整个红军队伍左翼安全、掩护中央领导机关和红军主力部队过江的重任。他们以大无畏的英雄气概和牺牲精神，以高度的革命觉悟和严格的纪律，坚决贯彻'不惜一切代价，全力坚持三天至四天'的指令，完成了这一艰巨的作战任务。新圩阻击战体现的服从大局、勇于担当、坚忍不拔、对正义事业的必胜信念、时刻牢记全心全意为人民服务的宗旨，为走好新时代中国特色社会主义新的长征路提供了强大精神力量。"

展览第一部分的主题内容为"血战新圩"。1934年11月27日开始的新圩阻击战，红三军团红军将士以坚定的信念、不怕牺牲的精神，与数量众多、装备精良的敌军展开了连续四昼三夜的殊死拼搏，坚持到最后一刻。红军以牺牲近4000人的代价筑起了抢渡湘江的生命通道，保证了中央红军左翼的安全，为中央领导机关和红军主力抢渡湘江赢得了宝贵的时间。"血战新圩"主题展览安排设计了"抢占新圩""全力坚持""为苏维埃流尽最后一滴血"三个单元展区，集中围绕新圩阻击战进行深度挖掘，着重展示新圩阻击战的历史过程和壮烈场景。"抢占新圩"单元展区分为四个部分：中央红军长征进抵湘南，蒋介石构筑第四道封锁线；中央红军开进两关，剑指湘江；桂军南撤又北进灌阳；抢占新圩保证全军左翼安全。通过翔实丰富的图片、实物、电报、照片、图表、油画、沙盘等，展现了红三军团第五师奉命向南突进、先敌人一步抢占新圩的任务非常紧急。其中，沙盘充分展示了新圩在湘江战役中地理位置的重要性。从沙盘看，新圩距离湘江已不远，新圩道路两侧全是山头，便于设防阻击敌人，新圩过后则是一马平川，无险可守，不便于设防。此外，新圩还是桂军北上作战的必经之路。"全力坚持"单元展区分为"接战——打响湘江战役三大阻击战第一枪""激战——阻敌于枫树脚一线""血战——战斗到最后一刻"三部分，通过新圩阻击战场景复原、丰富的图片资料及文物实物、珍贵的电报及回忆录等史料、宽敞明亮的武器展示区等，更详尽地展示了中央红军在新圩阻击战中浴血奋战的悲壮历史，突出表现了新圩阻击战在湘江战役中"万万火急全力坚持，保证全军左翼安全"的历史性作用。"为苏维埃流尽最后一滴血"单元展区设置了"接受新圩阻击任务""红三十四师的革命誓言""陈树湘断肠明志"三部分。这部分展览的亮点主要有"为苏维埃流尽最后一滴血"主题墙画、"绝命后卫师"场景复原、视频上墙融入"绝命后卫师"复原场景、《陈树湘》大型浮雕墙等，多角度、全景式集中展示担任全军总后卫的红三十四师在掩护最后一支队伍渡过湘江之后，奉命前往新圩接防，在湘江东岸陷入敌人重兵围困中仍浴血奋战的悲壮历史过程，突出展示红三十四师作出"从敌人薄弱部位突围到湘南去打游击；如突围不成，就为苏维埃流尽最后一滴血"两项紧急决议的历史过程，重点展现红三十四师师长陈树湘以断肠明志的具体行动，书写他"为苏维埃流尽最后一滴血"的英雄篇章。

展览第二部分的主题内容为"红军忠魂"。这部分的展览安排了"酒海井英烈""坚定的信念""严守群众纪律""血脉相通，生死与共"四个单元展区。第一单元"酒海井英烈"展区分为"泪别战友""酒海井的壮烈悲歌""烈士遗骸打捞、安葬"等部分，主要通过图片、油画和实物等展陈方式回顾1934年100多名红军重伤员被残暴的敌人用绳索缚身，投入酒海井而壮烈牺牲的历史事件，以及介绍红军烈士遗骸收殓保护工作的具体情况。第二单元"坚定的信念"展区设计了"舍身跳崖""坚守信念""寻找红军""坚持斗争"等主题，主要通过展示图片、照片、回忆史料、实物等讲述了为掩护部队突围，红三十四师第一百团在西山瑶族乡大江岭轿顶山被围，团长韩伟等人跳下悬崖，其中三人受伤，后被搭救；红三十四师战士陆献兑因受伤留在灌阳当地，在解放战争时期被国民党军队抓去当兵后设法逃出了国民党军队，坚决不为国民党反动派出力；红三十四师第一〇一团参谋张仰受伤后寻找红军，为革命献身；红三十四师战士乔明增负伤在灌阳隐蔽期间，与村民开垦荒地种植荞麦和红薯等红色故事。"坚定的信念"展区还运用声光电设计了"酒海丰碑"主题的悼念场所，上方制作了一片星空，墙上可播放视频。这个设计氛围象征着酒海井烈士不忘初心、严守纪律、勇于牺牲的革命精神永垂不朽。第三单元"严守群众纪律"展区设计了"启发帮助群众""执行群众纪律""团结少数民族"三个主题。第四单元"血脉相通，生死与共"展区安排了"支援红军作战""掩护保护红军""红军赠枪"三个展项。这两个单元展区主要展出有历史图片、实物和当地群众谈话记录材料、"四代红旗情""一床红军被"等发生在灌阳的红色故事,充分展示了军民鱼水情深,红军以真诚维护群众利益为宗旨的实际行动赢得了当地群众的真心拥护和支持。

展览第三部分的主题内容为"薪火相传",设计了新圩阻击战大事记墙和少先队员敬礼浮雕墙,以此教育引导参观者更加深刻认识到革命先辈用流血和牺牲铸就的伟大长征精神不仅是保证红军长征胜利的精神支柱,更是保证新时代新长征取得胜利的力量源泉。

展览结束语:新圩阻击战的硝烟早已散去,但红军矢志不渝的革命信仰、勇担重任的政治觉悟、英勇赴死的牺牲精神、义无反顾的英雄气概,永远铭刻在人民心中。习近平总书记指出:"每一代人有每一代人的长征路,每一代人都要走好自己的长征路。今天,我们这一代人的长征,就是要实现'两个一百年'奋斗目标,实现中华民族伟大复兴的中国梦。"让我们紧密团结在以习近平同志为核心的党中央周围,增强"四个意识"、坚定"四个自信"、做到"两个维护",在新的长征路上不懈奋斗。

二、三馆建设发展历程

湘江战役纪念馆经历了一个不断发展的历程。为了纪念红军长征突破湘江,红军长征突破湘江烈士纪念碑园于20世纪90年代修建而成,先后被评为为全国中小学爱国主义教育基地、首批全国爱国主义教育示范基地、国家国防教育示范基地、全国民族团结进步教育基地、广西壮族自治区社会主义核心价值观建设示范点等。党的十八大以来,习近平总书记在各种不同场合多次提及湘江战役,高度评价湘江战役,始终牵挂在湘江战役中牺牲的革命先烈。2018年11月11日,习近平总书记作出重要批示,明确要求本着简朴节约、庄重严肃的原则,切实做好湘江战役纪念设施建设保护和红军烈士遗骸收殓保护工作,以此作为庆祝中华人民共和国成立70周年的实际举措。广西壮族自治区发展改革委会同规划建设组,组织自然资源厅、住房和城乡建设厅、文化和旅游厅及桂林市经反复研讨论证很快制订了《红军长征湘江战役纪念设施建设保护总体规划》,而后由中宣部和广西壮族自治区党委、政府联合上报党中央和国务院,并于2019年6月8日获批复同意。① 《红军长征湘江战役纪念设施建设保护总体规划》共安排68个红军长征

---

① 拓夫,锦璐,刘玉. 山河铭记——湘江战役纪念设施建设保护和红军遗骸收殓保护工作纪实[J]. 当代广西,2019(23):12-16.

湘江战役纪念设施项目,其中包括新建全州县红军长征湘江战役纪念馆、改造提升兴安县红军长征突破湘江纪念馆及迁建新圩阻击战史实陈列馆。在中华人民共和国成立70周年前夕,作为广西如期完成的68个红军长征湘江战役纪念设施项目建设保护工作的重要部分,新建的全州县红军长征湘江战役纪念馆、完成提升改造的兴安县红军长征突破湘江纪念馆和完成迁建工作的新圩阻击战史实陈列馆正式落成并对外开放(2019年9月12日)。是年12月,中宣部将全国爱国主义教育示范基地"红军长征突破湘江烈士纪念碑园"命名为"红军长征湘江战役纪念设施"。红军长征湘江战役纪念设施包括红军长征湘江战役纪念园、红军长征突破湘江烈士纪念碑园、湘江战役新圩阻击战酒海井红军纪念园三园。此外,三园还被纳入全国爱国主义教育示范基地,被评为国家AAAA级景区。

(一)红军长征湘江战役纪念馆的建设发展历程

自2018年12月《红军长征湘江战役纪念设施建设保护总体规划》制订完成并上报,包括新建红军长征湘江战役纪念馆在内的红军长征湘江战役纪念园规划建设工作启动,与湘江战役红军遗骸收殓保护工作同步进行。红军长征湘江战役纪念园项目工作组坚持"规划尚未明确批复,就主动请示;设计尚不成熟,就边干边改;资金还未到位,就想方设法自筹垫付;工期紧张就不分白天黑夜把工地当家"①等原则,同时攻克了洪水肆虐、山体滑坡、树倒路断等自然灾害的难题,于2019年8月25日如期完成项目建设任务。同年9月12日,红军长征湘江战役纪念设施落成仪式在红军长征湘江战役纪念园举行。

作为红军长征湘江战役纪念园的主要建设内容,红军长征湘江战役纪念馆自落成并对外开放后就成为全州县的地标性建筑,吸引了全国各地的党员、干部、群众、红军后代等前来参观学习。自2019年9月正式落成并对外开放至2022年10月3日,前来"打卡"接受红色教育的全国各地各类团队和游客络绎不绝,红军长征湘江战役纪念馆接待量已经突破680万人次。②据统计,仅2021年,红军长征湘江战役纪念园共接待各类参观团2.08万余批次,同比增长43.59%;各地参观者378万余人次,同比增长107.01%。③其中,2021年"五一"期间,红军长征湘江战役纪念馆累计接待参观人员16万人次,同比增长300%。④红军长征湘

---

① 广西壮族自治区人民政府.桂林推进红军长征湘江战役烈士纪念设施建设小记[EB/OL]. http://www.gxzf.gov.cn/mlgxi/gxjj/xmtz/t1007401.shtml,2020-01-02/2023-06-06.
② 2022年10月3日红军长征湘江战役纪念馆讲解员胡雅馨解说。
③ 周文俊.赓续红色血脉 传承红色文化[N].桂林日报,2022-04-24(16).
④ 王海波,芦俊文,廖雨刚.坚定理想信念走好新长征[J].当代广西,2021(10):43.

战役纪念馆的社会影响力不断扩大,湘江战役这段历史被越来越多的人所了解和铭记。

红军长征湘江战役纪念园先后被评为全国爱国主义教育示范基地、广西壮族自治区及桂林市干部教育培训现场教学点、桂林市第一批党员教育培训示范基地、桂林市基层党建学院现场教学点。

(二)红军长征突破湘江纪念馆的建设发展历程

红军长征突破湘江纪念馆是红军长征突破湘江烈士纪念园的重要组成部分,其前身为湘江战役纪念馆。1984年11月,正值红军长征突破湘江50周年之际,为了纪念红军长征突破湘江这一关系中央红军长征生死存亡的关键之战,弘扬长征精神,抚慰烈士英魂,教育革命后代,时任中共中央军委副主席的聂荣臻元帅提议修建红军突破湘江烈士纪念碑,随后国务院批准了广西壮族自治区人民政府提交的《关于修建红军突破湘江烈士纪念碑的报告》。1993年11月30日,红军长征突破湘江烈士纪念碑园奠基,1995年底在广西桂林兴安县狮子山上建成,占地8万多平方米,1996年初正式对外开放。主要纪念设施有大型群雕、纪念碑和烈士纪念馆。当时的纪念馆的外观为具有民族特色的桂北吊楼民居样式,建筑面积为550多平方米。室内陈列着红军长征突破湘江的珍贵文物、历史资料,再现当年红军突破国民党军第四道封锁线、血战湘江的历史画卷。此外还陈列了当年参加过湘江战役三大阻击战的聂荣臻、张宗逊、杨成武、张震等革命前辈的题词。参加新圩阻击战的红三军团四师师长张宗逊的题词是:"湘江战役永垂不朽!"参加脚山铺阻击战的红一军团二师四团政委杨成武的题词是:"在血战湘江中牺牲的红军烈士永垂不朽!"参加光华铺阻击战的红三军团四师十团三营营长张震的题词是:"在长征中突破蒋介石第四道封锁线,粉碎蒋介石围歼红军于湘江东岸的企图,在光华铺防御战中英勇牺牲的烈士永垂不朽!"①

随着时代的发展,原有的陈列馆局限于面积小、展品少等因素,已与人民群众的精神需求极不相适应。正如当时的红军突破湘江战役陈列馆筹备组负责人吴海峰所言:"富裕起来的人民群众更需要红军长征精神的激励和当代先进文化的熏陶。"②为了更好地发挥纪念馆在历史教育中的重要作用,使人民群众铭记历史、缅怀先烈、警示未来,红军长征突破湘江战役陈列馆于2005年经国家审批立项,2009年开工建设,在原红军长征突破湘江烈士纪念碑园的基础上进行全面升级改

---

① 石仲泉. 走走党史:惨烈的湘江之战——红军长征之二[J]. 百年潮,2003(7):52-59.
② 陈典宏. 广西新建红军突破湘江陈列馆[N]. 解放军报,2011-05-26(2).

造,2012 年下半年布展。改造后的红军长征突破湘江战役陈列馆用地面积为 1.8 万平方米,建筑面积为 6390 平方米,展陈面积为 2800 多平方米,展线长度为 500 多米。① 纪念馆不仅大大增加了面积,还极大丰富了展陈形式和内容。首先,纪念馆的基本造型形象地体现了红军血战湘江的悲壮历史场景。纪念馆主体外观造型为在战火硝烟中被鲜血浸染的红军八角帽,采用红色作为主基调颜色,寓意着红军浴血奋战、惨烈悲壮的历史场景及可歌可泣、丰碑永存的长征精神。其次,实物展品比原来增加 80% 以上,主要展示红军长征突破湘江的历史、过程和一些当年红军长征过广西时在兴安留下的手雷、钱币、红军扁担等珍贵的革命文物。此外,为了使参观者更深入地了解和认识湘江战役,纪念馆的室外展厅还增设了退役坦克、战斗机、大炮等实物。据吴海峰介绍,纪念馆在征集实物展品过程中得到了社会各界的大力支持,如解放军一些单位帮助协调了退役坦克和战机等实物,福建、江西等地有关单位和桂北五县(红军长征经过的灌阳、全州、兴安、资源、龙胜)博物馆送来了红军时期珍贵的文物(实物及复制品),当地人民群众捐赠了珍藏多年的当时的钱币、手雷、扁担等文物。② 再次,展品内容充分体现有关湘江战役研究的最新成果。根据研究新发现,"主要由福建(闽西)籍红军组成的红三十四师为掩护中央红军渡过湘江时,大部分壮烈牺牲的革命先烈的英勇事迹没有得到充分宣扬",纪念馆专门增辟一室来充分反映福建(闽西)籍红军事迹。③ 2014 年 11 月 25 日湘江战役 80 周年之际,湘江战役纪念馆正式对外开放。纪念馆展厅分为序厅、"苏区风云""兵临湘江""突破湘江""历史选择""精神永存"等展项,以图片介绍、实物展示、情景再现为载体,以湘江战役为重点,全景式地再现了红军长征的英雄史诗。④

为深入贯彻落实习近平总书记关于做好湘江战役纪念设施建设保护和红军烈士遗骸收殓保护工作的重要批示精神,进一步传承红色基因,弘扬伟大的长征精神,湘江战役纪念馆根据 2019 年 6 月中央批复的《红军长征湘江战役烈士纪念设施建设保护总体规划》,在原有基础上以优化外部环境及全面提升馆内展陈内容和展陈手段为重点完成升级改造,正式更名为"红军长征突破湘江纪念馆",于 2019 年 9 月 12 日重新开馆。经全面升级,纪念馆展陈面积由 2800 多平方米扩展至 3500 平方米,展线长度由 500 多米增加至 850 米,展陈主题分为"战略转移""突破湘江""伟大转折""精神永存"四个部分,采用多种先进展陈手段集中围绕湘江

---

① 唐庆林. 走进兴安县红军长征突破湘江烈士纪念碑园[J]. 文史春秋,2019(7):47-49.
②③ 陈典宏. 广西新建红军突破湘江陈列馆[N]. 解放军报,2011-05-26(2).
④ 赵晓刚等. 历史的见证 湘江战役遗址遗存与纪念设施概览[M]. 南宁:广西民族出版社,2019:127.

战役这条主线进行展示，能使参观者进一步体悟革命先辈"勇于胜利、勇于突破、勇于牺牲"的湘江战役精神。

红军长征突破湘江烈士纪念碑园于1996年被国家教委、民政部、文化部、文物局、共青团中央、解放军总政治部共同确定为"全国中小学爱国主义教育基地"；1997年被列为首批百家"全国爱国主义教育示范基地"之一；2009年被列为"全国百家免费开放的爱国主义教育基地"之一；2014年被评为"全国著名百个红色旅游景区"之一；2016年被列入"全国红色旅游经典景区名录"；2017年被评为"国家国防教育示范基地"；2018年被评为国家AAAA级旅游景区，是全区首批廉政教育基地之一，现已成为全国重要的革命纪念地。

（三）新圩阻击战史实陈列馆的建设发展历程

新圩阻击战史实陈列馆的前身为新圩阻击战陈列馆。2016年10月11日，新圩阻击战陈列馆正式开馆，以纪念中国红军长征胜利80周年。开国上将李天佑（参加新圩阻击战的红三军团红五师师长）之子李亚滨、开国中将钟赤兵（参加新圩阻击战的红三军团红五师政委）之女钟安屏等红军后代参加了开馆仪式。新圩阻击战陈列馆建设在新圩阻击战主战场遗址所在地——枫树脚，其主体建筑造型为五角星，由4个底部宽度为12米的五角星向中央靠拢组成，象征永不磨灭的红军革命精神。陈列馆外部左侧有高3.5米、宽4.5米的花岗岩主题雕塑，展现了6名红军将士为革命理想英勇作战、不怕牺牲的英雄气概；正面有原中央军事委员会副主席、国务委员兼国防部长迟浩田上将题词"新圩阻击战"。陈列馆内部结构分三层加基座共四层，高度为20余米，顶层为观光台，基座一层为展厅。① 专题展陈分为"红军三次过灌阳""新圩阻击战""悲壮的34师""鱼水情深""精神永存""领导题词""纪念活动""烈士名录"等八个部分。②

新圩阻击战史实陈列馆是湘江战役新圩阻击战酒海井红军纪念园的重要组成部分。2003年，灌阳县委、县政府开始筹资修建酒海井红军烈士纪念碑及护栏，2004年10月竣工并向社会开放。2006年5月，被公布为国家重点文物保护单位。2014年9月开始，灌阳县对酒海井原有的红军纪念碑园进行规划扩建，修建湘江战役新圩阻击战酒海井红军纪念园，将散落散葬于民间的红军烈士遗骸归葬到湘江战役新圩阻击战酒海井红军纪念园。灌阳县于2016年9月、2017年9月、2019

---

① 《桂林历史文化大典》编委会，桂林市文化新闻出版广电局，桂林市文物保护与考古研究院. 桂林历史文化大典（下卷）[M]. 桂林：广西师范大学出版社，2018：55.
② 赵晓刚等. 历史的见证 湘江战役遗址遗存与纪念设施概览[M]. 南宁：广西民族出版社，2019：129.

年8月先后在湘江战役新圩阻击战酒海井红军纪念园举行红军遗骸安葬仪式。湘江战役新圩阻击战酒海井红军纪念园用地面积150亩，具体修建项目包括红军烈士主墓冢（红军帽）、纪念塔、纪念广场、新圩阻击战史实陈列馆等。根据中央精神，新圩阻击战史实陈列馆迁建工作于2019年2月24日正式启动；2019年8月28日，新圩阻击战史实陈列馆及配套设施和原有的红军烈士主墓冢提升改造项目全部竣工；2019年9月12日，新圩阻击战史实陈列馆正式对外开放。2019年12月，湘江战役新圩阻击战酒海井红军纪念园被批准为全国爱国主义教育示范基地。自新圩阻击战史实陈列馆开馆以来，来自区内外的游客纷纷前来缅怀革命先烈，祭奠革命英灵，传承红色基因。据统计，2020年湘江战役新圩阻击战酒海井红军纪念园共接待游客979 946人次，2021年共接待游客1 816 837人次。①

湘江战役新圩阻击战酒海井红军纪念园于2018年被列为广西壮族自治区爱国主义教育基地，2019年11月成功被评为国家AAAA级景区，现已发展成为红色旅游的主要景点和开展革命传统教育和爱国主义教育的重要场所。

---

① 数据为2022年10月2日湘江战役新圩阻击战酒海井红军纪念园管理处提供。

第二章　湘江战役纪念馆场馆资源的历史教育功能分析

革命纪念馆、党史馆、陈列馆、博物馆、烈士陵园等革命历史纪念场所是党和国家的红色基因库，是红色血脉的重要载体，是中国共产党人的精神殿堂，是加强革命传统文化教育和爱国主义教育的重要阵地。革命纪念馆、陈列馆等属于纪念性博物馆的其中一类，其教育功能日益得到重视和强化。2015年国务院颁布施行的《博物馆条例》明确强调，博物馆是指以教育、研究和欣赏为目的，收藏、保护并向公众展示人类活动和自然环境的见证物，经管理机关依法登记的非营利组织。此处将教育功能列为博物馆基本功能的首位。党的十八大以来，习近平总书记反复强调，要充分运用红色资源，深化党史学习教育，赓续红色血脉。① 红色资源见证了中国共产党为人民谋幸福、为民族谋复兴、为世界谋大同的百年奋进历程，承载着向人们讲好中国共产党故事、中国革命故事、英雄故事的历史元素，是党带领中国人民以中国式现代化全面推进中华民族伟大复兴、谱写新时代中国特色社会主义更加绚丽华章的宝贵精神财富。用好革命历史纪念场所的红色资源、赓续红色血脉是开展党史学习教育的有效路径。党的十八大闭幕后，习近平总书记率领中共中央政治局常委参观《复兴之路》展览，通过870多张历史照片和1200多件(套)珍贵文物回顾近代以来中国共产党领导中国革命、探索马克思主义中国化时代化的光辉历程；党的十九大闭幕后，习近平总书记带领中共中央政治局常委一起瞻仰上海中共一大会址和嘉兴南湖红船，宣示传承红色基因、赓续红色血脉、走好新时代长征路的坚定决心；党的二十大结束后不久，习近平总书记带领新一届中共中央政治局常委赴延安瞻仰延安革命纪念地，宣示将继承和发扬延安时期党形成的优良革命传统和作风，弘扬延安精神。此外，习近平总书记还多次将对中国共产党具有重大历史意义的革命历史纪念场所作为到地方考察的第一站，其中包括红军长征湘江战役纪念园。习近平总书记明确指出："这样做的目的，就是要推动全党全国特别是广大青少年学习党史、铭记党史，勿忘昨天的苦难辉煌，无愧今天的使命担当，不负明天的伟大梦想，真正做到以史为鉴、开创未来，真正坚定历史自信。"② 2021年6月，中央政治局围绕用好红色资源、赓续红色血脉主题专门进行第三十一次集体学习，并把此次集体学习作为中央政治局带头开展党史学习教育的一项重要安排。这些重大举措是党中央强调要从红色资源中汲取新时代新征程团结奋进力量的鲜明信号。

---

① 解放思想改革创新再接再厉　谱写陕西高质量发展新篇章[N]. 人民日报, 2021-09-16(1).
② 习近平. 更好把握和运用党的百年奋斗历史经验[J]. 求是, 2022(13)：19.

湘江战役纪念馆场馆资源相当丰富且具有多样性，"共展陈图片755张、文物474件、实景展示21项、主题雕塑40组、美术作品46幅"，三馆根据"各具特色，错位展陈"的原则在框架结构、内容选取、表现方式上均突出各自特点，体现差异化和互补性的展陈要求，形成有机整体。① 三馆均重点突出湘江战役这一鲜明主题，同时又各具特色，红军长征湘江战役纪念馆呈现的是红军长征全貌，红军长征突破湘江战役纪念馆突出展现的是湘江战役史实，新圩阻击战史实陈列馆重点呈现新圩阻击战的壮烈悲歌。从整体上来看，三馆呈现的既是中国共产党和红军创造的这一惊天动地的革命壮举，是中国人民奋进和中华民族复兴的艰辛历程，也是新时代走好新长征路，以中国式现代化全面推进中华民族伟大复兴新征程上的宝贵精神财富，内含的知识含量、思想含量极为丰富，相互配合，共同致力于讲好中国共产党的故事、讲好长征的故事、讲好湘江战役的故事。从历史和现实相结合进行叙事这个层面来说，湘江战役纪念馆的社会教育功能集中体现为它的历史教育功能。湘江战役纪念馆蕴含丰富的红色资源，是新时代加强历史教育的重要阵地，充分运用湘江战役纪念馆的红色资源，是新时代深化党史学习教育、赓续红色血脉的内在要求。

一、三馆场馆资源分类

红军长征湘江战役纪念馆、红军长征突破湘江纪念馆、新圩阻击战史实陈列馆三馆场馆资源丰富多样，主要通过外环境设计景观叙事资源、实物展品、图文版画、辅助艺术品、新媒体和科技装置、讲解服务资源及信息化资源等重点围绕湘江战役的鲜明主题，情景式、体验式、动态式地呈现湘江战役之悲壮惨烈、气势磅礴的历史画卷。

（一）外环境设计景观叙事资源

与室内展陈的叙事相比，借助环境中自然形成的独特魅力，"利用和释放景观语汇中的隐喻天性，成为纪念性叙事的点睛之笔"，是景观叙事的最大优势和突出价值。② 红军长征湘江战役纪念馆、红军长征突破湘江纪念馆、新圩阻击战史实陈列馆三馆的外环境设计均采用纪念园的方式呼应纪念馆主题，共同彰显"一草一木一英魂、一山一石一丰碑"的丰富内涵，表达对红军烈士崇高的敬意及深切的怀念。

---

① 拓夫，锦璐，刘玉. 山河铭记——湘江战役纪念设施建设保护和红军遗骸收殓保护工作纪实[J]. 当代广西，2019(23)：12-16.

② 朱育帆. 赶考：对北京香山革命纪念馆外环境设计景观叙事的复盘[J]. 装饰，2021(9)：18-23.

红军长征湘江战役纪念馆是红军长征湘江战役纪念园的两大主要建设内容之一。红军长征湘江战役纪念园项目总占地面积为64.67万平方米，其中，纪念馆区3万平方米、纪念林区33万平方米、缓冲保护区28.67万平方米。纪念林区位于当年红一军团的阻击阵地——米花山之上，包括凭吊区、战壕遗址、纪念石林、军民连心树、战地救护所、覆土停车场、连通纪念林区和纪念馆区的下穿隧洞等。此外，脚山铺阻击战铜雕、浴血三十四师铜雕、战地救护所铜雕、军民一家亲铜雕、光华铺阻击战铜雕、英雄十八团铜雕、壮（血）洒新圩铜雕等错落有致地分布于其间。

凭吊区主要包括雕塑长廊和凭吊广场两部分。长80米、高7米的雕塑长廊为"红军魂"大型写意浮雕，生动地、艺术地重现红军战士在湘江战役中浴血奋战的悲壮历史。中间的主雕塑以习近平总书记在福建上杭古田召开的全军政治工作会议、纪念红军长征胜利80周年大会等重要场合提及的红三十四师师长陈树湘为原型，主雕塑两侧由包括女红军、小红军在内的众多红军战士和人民群众组成。"红军魂"大型写意浮雕展示了红军战士或坚定目视前方，或手握钢枪英勇作战，或吹响冲锋号，或怒吼向前拼杀等英雄形象，还穿插了军旗、军号、钢枪、草鞋等元素，象征无数革命烈士为了革命理想"勇于胜利、勇于突破、勇于牺牲"的湘江战役精神。凭吊广场面积3000平方米，其中草地面积2200平方米，周围种满了香樟、松柏等桂北常见的绿色植物，体现出了整个凭吊广场的庄严肃穆。凭吊区整体融入山林中，使人感受到红军英烈之魂永垂不朽。在"红军魂"大型写意浮雕后红旗飘扬的地方是红军烈士遗骸主安放区，是纪念石林区的一部分。纪念石林区安葬了全州县开展湘江战役红军遗骸收殓保护工作发掘到的红军烈士遗骸。纪念石林主要以古岭头石阵为原型，根据山坡地形地貌，结合湘江战役主要战事，选取桂北大地常见的黑色石灰石和青松、红枫、香樟、银杏、竹子等植被，以自然方式进行摆布。这些石头就是湘江战役中英勇牺牲的无名英雄的墓碑。青山处处埋忠骨，这些无名英雄与大自然融为一体，背靠米花山，面朝湘江，以山为陵，以树为魂。军民连心树讲述的是在湘江战役中当地老百姓救护受伤红军的一个真实动人的故事。纪念园内的战地救护所仿制的是古岭头战场旁的云和庵，当时红军在那里设置临时救护所，许多伤员得到了当地老中医的救治，一些轻伤员得到救治后赶上了队伍，而一些重伤员则牺牲在救护所。纪念馆和纪念林通过下穿隧道连接。下穿隧道两侧的墙壁上用广西传统的岩画着重展现了红军抢渡湘江的四大渡口，立体的岩画上有很多标语，不断地向群众宣传党的方针政策，留下了革命的火种。

红军长征突破湘江纪念馆是红军长征突破湘江烈士纪念碑园的重要组成部分。红军长征突破湘江烈士纪念碑园占地13万平方米，主要纪念建筑有大型烈士群雕、纪念碑、红军长征突破湘江纪念馆、烈士英名廊、闽西籍坚定信念跟党走红军烈士纪念雕塑、赣南籍革命理想高于天红军烈士纪念雕塑、清石园等。大型烈士群雕位于红军长征突破湘江纪念馆的东北侧，由800立方米灰白花岗岩雕凿而成，高11米、长46米，为目前全国最大的烈士纪念群雕。群雕由4个大型头像（男、女、老、幼）和5组浮雕（"救星""送别""远征""激战""永生"）组成。代表长征队伍四种典型人物的巨型头像一字排开，5组浮雕错落有致地分布于其间。群雕生动地再现了中央红军突破湘江战役前后各个历史场景，艺术地表现出中央红军坚定理想信念、无惧艰难险阻、团结一致抗敌的精神面貌，有力地展现了激励我们砥砺前行的精神力量。纪念碑位于海拔248.6米的狮子山顶，184级陡峭的台阶把纪念碑与大型烈士群雕连接起来。纪念碑上半部分为三支合抱在一起直插云霄的步枪造型，下半部分为一个宽大的圆拱形建筑。碑座三个角塑有坚毅地凝视前方的青年红军、身背药箱的女红军及饱经沧桑而初心不改的老战士。圆拱形建筑内部正面镌刻着"红军烈士永垂不朽"，左边镌刻着"誓为苏维埃共和国流尽最后一滴血"，右边镌刻着"高举着胜利的旗帜向着火线去"，墙上还刻有湘江战役师团级红军烈士英名录。大型群雕南侧的英名廊长32米，用黑色大理石制作成一个犹如巨大的曲形竹简的英烈名录，在上面镌刻着湘江战役中牺牲的20321位红军烈士的名字，其中包括师级指挥员8名、团级指挥员28名。这些红军英烈大多数来自江西，此外还有来自湖南、广东、福建。闽西籍坚定信念跟党走红军烈士纪念雕塑在英名廊的南侧，长8.5米、宽1.2米、高5.3米，以大理石为底座的纯铜雕塑，主要纪念以红五军团第三十四师为主体的上万名在湘江战役中英勇牺牲的闽西籍红军烈士。赣南籍革命理想高于天红军烈士纪念雕塑与闽西籍坚定信念跟党走红军烈士纪念雕塑相邻，主要纪念在湘江战役中英勇牺牲的2万余名赣南籍红军烈士（湘江战役牺牲红军将士3万余人）。清石园于2011年12月为加强廉政文化建设而打造，是桂林第一个廉政主题园林，采用园林手法构建，内置66块天然奇石，石上镌刻有"发扬革命传统，继承红军精神""军魂""正德厚生"等130句良言警句，集篆刻、园林及石刻艺术于一体，成为广大人民群众继承革命优良传统、陶冶道德情操的重要课堂。

新圩阻击战史实陈列馆是湘江战役新圩阻击战酒海井红军纪念园的重要组成部分。湘江战役新圩阻击战酒海井红军纪念园用地面积150亩，主要包括红军烈士纪念碑、红军烈士主墓冢（红军帽）、纪念塔、新圩阻击战史实陈列馆等。红军烈士纪念碑修建于酒海井红军烈士殉难处。酒海井是一个天然的溶洞,井口直径约2米,上小下大,下有一条地下暗河与其连通,因其形似桂北地区一种传统的盛酒容器而得名。红军烈士纪念碑高8.1米,纪念碑前为白色大理石护栏,护栏正前方有一碑,上书"新圩酒海井红军烈士殉难处"。此处柏树环绕,庄严肃穆。1934年12月初,在湘江战役新圩阻击战中,设在新圩下立湾村祠堂的临时救护所里有100多名红军重伤员因来不及转移,被国民党反动派伙同当地土豪劣绅用绳索捆绑后残忍扔进酒海井里壮烈牺牲。2017年8月13日,灌阳县正式启动酒海井红军烈士遗骸勘查打捞工作,经过一个多月的打捞、清理、鉴定,发现20余具人类遗骸单体以及捆绑的棕绳和石头。根据这些遗骸的骨骼发育程度判断,是年龄为15～25岁的男性,生前曾遭受不同程度的外伤。根据综合史料记载和当地群众的口述,科学认定这些遗骸就是1934年被国民党投进井里惨遭杀害的红军烈士遗骸。当地政府还把散落、散葬在灌阳县内的红军遗骸归葬在酒海井红军纪念园,烈士英灵终得安息。酒海井烈士纪念碑不仅代表着当年被国民党和反动民团残忍杀害投井的100多名红军烈士,也代表着在湘江战役中牺牲的所有红军的英魂。红军烈士主墓冢(红军帽)是由一座高34米的孤山改造而成的红军陵墓,山内天然是空的,安放红军遗骸。墓冢顶部设计造型为一个20米多长的红军八角帽,正面是巨碑,两侧是红军战士英勇作战场景的浮雕。拾级而上,红军帽"帽檐"之下,镌刻在黑色石墙上的是红军烈士英名录及主题为"浴血奋战""祖孙三代保红旗""艰苦卓绝""支援前线""土地革命""长征胜利"等浮雕。据红军烈士主墓冢(红军帽)的设计者军旅雕塑家赵军安所言,这样设计红军烈士主墓冢的用意是,"让红军烈士在自己信仰的大帽下永远安息"。① 纪念塔的造型为一杆红色大枪,枪身挂着两面分别代表党旗和军旗的大旗。

(二)实物展品

实物展品包括文物标本、史迹及其图片资料和声像资料,是纪念馆展览的"主角",处于其他辅助展品都无法替代的重要位置。② 红军长征湘江战役纪念馆、红军长征突破湘江纪念馆和新圩阻击战史实陈列馆均以深入挖掘湘江战役战斗史实为重点,三馆实物展品的亮点均充分体现中央红军在湘江战役中浴血奋战的悲壮历史。红军长征湘江战役纪念馆在第二单元"血战湘江突重围"主题展览中展示了

---

① 海民. 笔绘英雄谱 刀塑壮士魂——军旅雕塑家画家赵军安访谈[J]. 雕塑,2020(6):39.
② 《博物馆概论》编写组. 博物馆学概论[M]. 北京:高等教育出版社,2019:154.

脚山铺战场遗址挖掘出的五星手雷、军号，2019年在耳木洞发掘的碗片、锁栓、枪栓，红军赠给当地带路村民的水壶、竹米筒，易荡平使用过的蓑衣等。特别值得注意的是，这部分的展览还专门设置了一大面展柜展示在全州县范围内搜集到的武器装备实物。红军长征突破湘江纪念馆的第二部分"突破湘江"主题展览展出实物展品相当丰富，有红三军团红五师师长李天佑穿过的衣裤、佩戴过的红领章及帽徽、使用过的怀表及学习笔记本、在解放战争时期穿过的军衣、红军长征时使用过的武器及穿过的蓑衣，红五团政委易荡平烈士使用过的老虎毯子，耿飚使用了30多年的小文件箱，长征中聂荣臻使用的西班牙造SF0.38英寸转轮手枪（复制品），李聚奎使用过的笔，湘江战役时任红五军团后勤部政委刘型用过的毯子，红三十四师参谋长张福升烈士用过的刀，老红军李卓然在中华人民共和国成立后使用的水杯等。新圩阻击战史实陈列馆的实物展示有两处很有特点，一是设置了宽敞明亮的武器展示区，二是第二部分"红军忠魂"主题展览中展出了酒海井红军烈士遗骸勘察打捞工作发现的捆绑棕绳和石头等实物。两处实物展示既将新圩阻击战中"接战——打响湘江战役三大阻击战第一枪、激战——阻敌于枫树脚一线、恶战——拒敌于新圩之南、血战——战斗到最后一刻"的悲壮历程集中呈现出来，又彰显了红军英烈为革命理想英勇献身的大无畏精神。

（三）图文版画

图文版画是纪念馆展览信息传达的一个主要展示媒介，包括照片、图片、图表（含地图）、图解和文字说明等。① 红军长征湘江战役纪念馆、红军长征突破湘江纪念馆和新圩阻击战史实陈列馆均通过简洁明了的图文版画帮助参观者快速而清晰地了解历史事件发展的基本脉络。如，红军长征湘江战役纪念馆以时间为线索，通过展示丰富多样的图表来呈现"战略转移踏征程""血战湘江突重围""伟大转折定航向""浴血奋战勇向前""革命理想高于天""胜利会师开新局"等主题（见表2-1），既简洁明了，避免重复繁琐，又系统直观、形象鲜明，使参观者全面了解中央红军长征的历史概况，有重点地把握湘江战役前后的历史过程。在最后一个主题单元"不忘初心，走好新的长征路"的展览中，红军长征湘江战役纪念馆则主要采用展示大量丰富的历史照片和详尽的文字说明的方式来呈现中国共产党在领导红军完成举世闻名的万里长征这一英雄壮举后不断开拓进取，带领中国人民进行了新民主主义革命、社会主义革命和建设、改革开放和社会主义现代化建设，

---

① 《博物馆学概论》编写组. 博物馆学概论[M]. 北京：高等教育出版社，2019：149.

取得了伟大成就，以及揭示"不忘初心，走好新的长征路"的时代内涵。

表2-1 红军长征湘江战役纪念馆的图表展示统计

序号	主题单元	图表内容
一	战略转移踏征程	各地工农武装起义形势图(1927—1934年)，红军长征前苏区变化图，红六军团西征与红三军会师要图(1934年8月7日—10月24日)，广昌之战后红军人、马、武器、弹药统计表，奉命组成红十军团时组织序列表(1934年11月)，中国工农红军长征概况，中国工农红军长征路线图等
二	血战湘江突重围	突破国民党军三道封锁线示意图、湘江战役形势示意图、国民党军第四道封锁线示意图、新圩阻击战示意图、脚山铺阻击战示意图、光华铺阻击战示意图、突破四道封锁线要图、红五军团行军路线图、中央红军长征过广西路线图等
三	伟大转折定航向	突破乌江英模名录、遵义会议与会人员名单等
四	浴血奋战勇向前	四渡赤水要图、乌蒙山回旋战要图、甘南战役要图、绥(靖)崇(化)丹(巴)懋(功)战役要图、强渡大渡河奋勇队名单、飞夺泸定桥的英模等
五	革命理想高于天	红军过雪山草地示意图、沿途群众参加红军统计表等
六	胜利会师开新局	红军第十五军团1935年9月组成时的组织序列，中国工农红军一、二、四方面军会师示意图(1936年9—10月)，营以上干部烈士名录等

（四）辅助艺术品

辅助艺术品包括油画、国画、版画、壁画、衬景画、蜡像、沙盘、模型、布景箱、景观、半景画、全景画等。其中红军长征湘江战役纪念馆、红军长征突破湘江纪念馆和新圩阻击战史实陈列馆的室内展陈在展出油画、景观、雕塑等辅助艺术品方面令人印象深刻，对于参观者深入理解展览主题起到了较大的辅助作用。

油画是红军长征湘江战役纪念馆、红军长征突破湘江纪念馆和新圩阻击战史实陈列馆传达展览信息的重要展示媒介。它通过色彩、明暗关系，向参观者呈现中央红军在湘江战役中浴血奋战的宏大主题，营造出了一种向英勇红军致敬的强烈氛围。三馆均有展出油画，既有重复展出的以突出重点，也有区别性的以相互配合，其中红军长征湘江战役纪念馆展出的油画数量最多。据介绍，在红军长征湘江战役纪念馆开馆前，广西壮族自治区党委宣传部邀请19名画家以血战湘江为主题进行创作，作品完成后交付纪念馆。① 红军长征湘江战役纪念馆展出了《反"围剿"的胜利》《我们一定会回来》《红18团喋血古岭头》《脚山铺阻击战·搏杀白沙河》《激战光华铺》《浴血湘江》《湘江战役—1934》《血染凤凰嘴》《陈树湘》《文塘之战》《黎平会议》《强渡乌江》《无声的战斗》《强渡大渡河》《抢渡普渡河》《包座大捷》《鏖战独树镇》《筹建西北工委》《两河口会议》《永坪会师和红十五军团成立》《突破腊子口》《到陕北去——哈达铺关帝庙动员大会》《追赶红军（理想之歌）》等油画，其中《浴血湘江》《湘江战役—1934》为大型油画，重点突出了湘江战役。油画具有善于运用细腻的手法刻画人物形象的显著特点，能够产生生动而真实的效果。② 油画《陈树湘》前总会有众多参观者驻足良久，就是由于《陈树湘》这幅油画把陈树湘"为苏维埃流尽最后一滴血"的大无畏牺牲精神刻画得淋漓尽致，从而使参观者深受感染。

　　景观是按照1∶1的比例采用雕塑、绘画、置景以及声光电等方式将特定的环境和主题表现出来，模拟陈列或复原陈列与景观属于同一种表现形式。③ 红军长征湘江战役纪念馆复原了湘江战役激烈战斗的场景、遵义会议场景、红军飞夺泸定桥场景、红军过雪山草地场景、红军书写"红军是穷人的救星""北上抗日""安居乐业必须拥护红军"等标语的场景。有学者认为，红军长征湘江战役纪念馆最大的亮点是面积约600平方米的场景复原全景馆。④ 红军长征突破湘江纪念馆复原了脚山铺阻击战中红军紧张激烈战斗的场景，湘江战役期间红一、三军团曾先后设为临时指挥部的界首红军堂场景，战火纷飞的光华铺阻击战战场，中央红军抢渡湘江的场景，中央红军翻越老山界场景，毛泽东挥毫写下气势磅礴而充满浪漫主义、革命乐观主义精神的《十六字令》的场景，才喜界石刻场景，红军标语楼场景，龙坪红军楼场景等。新圩阻击战史实陈列馆则复原了红军在新圩阻击战激烈战斗的场景、"绝命后卫师"场景复原等。这些场景复原在增强历史氛围方面表现力极强，能给参观者带来最直观的感受，使参观者有身临其境的感觉，从而有利于参观者加深对红军长征这一英雄壮举的理解。比如，参观者穿过光华铺阻击战场景时，可以看到在光华铺宽阔平坦的田垌上和低矮的山岭间，红军指战员们为确保中央领导机关和其他部队从不远处的界首渡口顺利渡江，前仆后继，勇于牺牲，与拥有飞机、火炮优势的桂军浴血奋战的场景。这时参观者能身临其境地感受到

---

① 来源：2022年10月3日红军长征湘江战役纪念馆讲解员的讲解内容。
② 安廷山.中国纪念馆概论[M].北京：文物出版社，1996：95.
③ 同②，98－99.
④ 阮敏燕.场景复原在革命纪念馆基本陈展中的作用——以广西地区为例[J].文物鉴定与鉴赏，2021（7）：119.

战斗的激烈和残酷。此外，参观者从红军长征突破湘江纪念馆的一楼到二楼，是直接穿过光华铺阻击战战场的复原场景，沿着模拟的石山路走进中央红军抢渡湘江的复原场景。参观者到了二楼，身处场景中间，走在渡桥上，远处可见空中飞机袭来、江面翻滚，前方是红军生死抢渡的画面，耳边不断传来飞机袭击的声音，整个场景虚实结合，参观者与复原场景融为一体，给人以身临其境的感觉，十分震撼。

雕塑分浮雕和圆雕，可增强展现人物的气势和纪念性。三馆序厅均通过展示雕塑的方式直奔主题，人物形象生动，整体气势磅礴，极具视觉冲击力、精神震撼力和感染力。红军长征湘江战役纪念馆序厅展示的是红军战士前仆后继、英勇作战、抢渡湘江场景的巨幅浮雕墙，红军长征突破湘江纪念馆序厅展现了湘江战役中突破、渡江、后卫三个战斗画面的主题雕塑，新圩阻击战史实陈列馆序厅呈现的是红军在新圩阻击战中英勇作战场景的"血战新圩　忠魂永存"主题雕塑。此外，三馆除了在序厅有效运用雕塑展陈来增强气势之外，在其他主题单元也巧妙地运用了雕塑来传达展览信息。如，红军长征湘江战役纪念馆的《泪别小老表》雕塑，呈现了红一军团第四团政治委员杨成武在脚山铺第一天鏖战后泪别小老表的动人情景，展现了直到生命最后一刻所想到的不是自己，而是信仰的革命事业的红军战士形象；《抢渡护电台》雕塑展现的是红军不顾个人生死安危守护电台的大无畏英雄气概。此外，红军长征突破湘江纪念馆展陈的雕塑有"出征""突破""阻击""断后""抢渡""坚持""分兵""永生"八组主题的巨幅曲形浮雕墙、陈树湘雕像、英勇六壮士群雕、"四渡赤水河""巧渡金沙江""强渡大渡河""飞夺泸定桥""翻过大雪山""跋涉过草地""抢占腊子口""会师吴起镇"八组主题画的巨幅凹曲形浮雕墙、毛泽东雕塑等；新圩阻击战史实陈列馆展陈有浮雕墙《陈树湘》。这些丰富多样的雕塑大大增加了整体环境的纪念性，充分表现出了红军战士大无畏的英雄气概。

（五）新媒体和科技装置

新媒体和科技装置是纪念馆用以传播知识和信息的一种创新型展示媒介，包括多媒体、影视、动画、互动投影技术、声光电合成技术、观众参与装置等科技装置等。[①] 新媒体和科技装置运用新的科技成果，在形式上不断创新，在视觉、体感、情感等方面有效地增强参观者的互动体验。

湘江战役纪念馆充分运用新媒体和科技装置聚焦展览主题。如，多处放置触

---

① 《博物馆概论》编写组. 博物馆学概论[M]. 北京：高等教育出版社，2019：150.

摸屏一体机,参观者可随时通过触摸机器屏幕选择获取大量丰富的相关历史信息。红军长征湘江战役纪念馆在"战略转移踏征程"主题单元放置了呈现"中央红军长征初期组织序列(中央革命军事委员会、中国工农红军)"内容的投影式触摸屏。参观者可选择并点击感兴趣的内容及时了解中央红军长征初期组织序列具体情况,且会在其前方看到自己所选择的内容同步投影出来,可与其他参观者共同分享信息。红军长征突破湘江纪念馆展区多处放置了展示"红军长征及湘江战役知识问答""湘江战役历史文化综合资料""红军将士回忆录"三大板块的卧式触摸一体机,参观者可在卧式触摸一体机上参与红军长征及湘江战役知识问答,了解湘江战役相关历史资料及研究现状等;在展出红军长征时使用过的武器的展示柜旁放置呈现"红军使用的武器装备1927—1937"的壁挂式触摸一体机,参观者可及时、具体地了解各种武器的相关信息;在展览最后一个主题单元"精神永存"部分,设计了呈现"英烈名录""烈士丰碑""遗址遗存"三部分主题的多台壁挂式触摸一体机,同时结合利用光电投影无数鲜艳五角星以烘托湘江英烈精神永存的技术,向参观者讲述湘江战役中无数红军烈士的鲜血浸染桂北大地湘江两岸的英雄事迹,彰显广大红军指战员永不熄灭的理想信念之火及永世长存的英雄功勋;展览的尾厅放置一台电子纪念屏,参观者可借助向革命烈士敬献电子鲜花的具体行动进一步升华个人情感。再如,采用多种播放视频的方式增强整体氛围的感染力,加深参观者的认同感。红军长征湘江战役纪念馆在三楼宽敞之处设置多处挂墙播放器播放中国共产党百年奋斗重大成就的相关视频,使参观者能够更加深刻地认识到铸牢中华民族共同体意识,走好新时代长征路的时代意义。红军长征突破湘江纪念馆专门开辟一处放置有六排长椅的影视观看区,参观者既可观看《血战湘江》电影片段,又可适时休息。新圩阻击战史实陈列馆在"绝命后卫师"场景复原中将视频投影上墙,融入其中,与景观有机融为一体,使参观者能够进一步加深对新圩阻击战这段历史的认识。值得一提的是,湘江战役纪念馆精妙地运用观众参与科技装置来加强参观者的互动体验。如,红军长征突破湘江纪念馆的红军标语楼场景复原处总会吸引不少小朋友驻足参观。千家寺红军标语楼是一座外观为青砖、灰瓦、白墙的两层楼房,位于兴安县华江瑶族乡的千家村,为全国重点文物保护单位。1934年12月初,中央红军经过华江瑶族乡时在此楼墙壁上书写留下了一幅幅宣传标语,宣扬了党和红军的政策和革命精神。参观者不仅可在红军标语楼复原场景中了解红军标语楼的基本情况,还可在挂墙多媒体设备处电子描摹"打倒屠杀工农的国民党""拥护中国共产党""红军是工农自己的军队""反对李宗仁强迫群众修马路""当红军有田分""打倒国民匪党"等红军标语,且描摹的红军标语会即时投影到墙上,大大增强参观者的沉浸感和互动性。

（六）讲解服务资源

纪念馆的讲解服务资源有人工讲解和电子导览之分，指专职讲解员、志愿讲解员、电子导览机、微信导览、智能手机自助导览系统等在陈列展览的基础上为参观者进行的讲解服务。

湘江战役纪念馆的讲解服务资源具有多样性。首先，纪念馆配备有政治素质较好、专业水平较高、富有工作热情和历史使命感的专职讲解员。专职讲解员的主要工作职责是为参观者提供讲解服务，充当着连接参观者和湘江战役历史的桥梁。湘江战役纪念馆专职讲解员致力于用好用活湘江战役纪念馆展陈中的红色资源，逻辑清晰地叙述湘江战役的悲壮历史，生动具体地讲述湘江战役红色故事，联系现实生活传颂伟大的长征精神，帮助参观者通过视、听、说结合起来的方式加深对纪念馆主题展览的理解，进而从红色文化中感悟信仰的力量，做到学史增信。尹汤怀担任湘江战役讲解员20多年，依然将每一次讲解当作一次自我教育及让更多人了解湘江战役历史和英烈故事的宝贵机会，在充分挖掘革命文物、历史照片背后红色故事的基础上，对参观者进行有针对性和感染力的讲解，使之有所获益。尹汤怀表示："我努力让自己的讲解有血有肉、有故事、有泪点，让更多人听后能有所收获和启发。"[①]对此，新华社于2021年5月5日进行了相关报道，推出《25年，他坚守着湘江战役讲解的"长征路"》一文。此外，湘江战役讲解员队伍整体水平的不断提升得到了高度重视。据统计，桂林红军长征湘江战役文化保护传承中心自2019年9月成立以来的两年间，举行了各类形式多样、内容丰富的讲解员培训班，累计组织培训红色讲解员超过1000人。[②]其次，志愿讲解员是湘江战役纪念馆讲解队伍中极具活力的一个群体。湘江战役纪念馆注重引导志愿讲解员参与到湘江战役讲解队伍中，帮助他们逐步掌握讲解技巧，增强讲解能力，使之成为真正的湘江战役红色文化的传承者和传播者。如，2022年7月，由桂林市关工委、兴安县关工委与兴安红军长征湘江战役文化保护传承中心在红军长征突破湘江纪念馆联合举办了"传承红色基因，赓续红色血脉"红领巾讲解员培训活动。红领巾讲解员得到了红军长征突破湘江纪念馆专职讲解员的集中培训，培训环节包括示范讲解、语言表达、仪容仪表、站位训练、讲解技巧、自我展示等。笔者于2020年10月24日、2022年10月2日到红军长征突破湘江纪念馆调研时均发现红领巾讲解员在馆内进行讲解。这些红领巾讲解员声情并茂，用浅显易懂的语言向参观者讲述湘江战役红色故事，充分调动参观者的情绪，增强了展览的感染力。最后，纪念馆根据时代的发展变化，探索不同于传统人工讲解方式的新兴传播途径，为不同类型的参观者提供个性化的选择空间。如，红军长征湘江战役纪

[①][②] 胡逢超．擦亮红色品牌 打造传承新高地[N]．桂林日报，2021-09-13(1).

念馆在"千里转战壮志坚"等展览中设置了微信扫一扫听讲解的功能。红军长征突破湘江纪念馆在进馆入口处放置"讲解器租赁"展示架，参观者可提前扫码租借讲解器，在参观过程中将展品附近数字标识牌编号输入讲解器，点击绿色播放键即可收听翔实的讲解内容。这些新兴传播途径给参观者带来一种不一样的参观体验，既能保证讲解服务品质使参观者快速了解展览信息，又能为参观者提供更大的自由度。

（七）信息化资源

信息化资源是指纪念馆利用现代信息技术采集、存储馆内展示资源，并在网络上传播，供大众分享使用的资源，包括数字化典藏、数字化展示、远程教学等。目前，红军长征湘江战役纪念馆和红军长征突破湘江纪念馆均开设微信公众号，分别为"全州红军长征湘江战役纪念园"和"兴安红军长征突破湘江纪念馆"。其中，"全州红军长征湘江战役纪念园"微信公众号提供了纪念馆讲解、网上观展、讲解预约、一键导航等服务功能，"兴安红军长征突破湘江纪念馆"微信公众号提供了纪念碑园简介、全景展馆、精品讲解、讲解预约、网上祭英烈等服务功能。值得一提的是，"全州红军长征湘江战役纪念园"和"兴安红军长征突破湘江纪念馆"微信公众号的线上展示厅是一个亮点。线上展示厅运用 VR 技术（Virtual Reality，即虚拟现实技术）模拟纪念馆的展厅，为大众提供一个线上观展的平台。线上参观者不受时间、空间和气候的限制，既可跟随展示顺序进行观展，也可在"场景选择"功能键处自由切换想要参观的场景，产生身临其境的沉浸感。进入"兴安红军长征突破湘江纪念馆"微信公众号的线上展示厅，还可点击实物展品、图文版画等进行放大以便更清晰地观看展品。线上展示厅具有网络自主、多元化等特点，大大便利了参观者，也有助于延展纪念馆的展示教育功能。

二、三馆场馆资源的历史教育功能

党的十八大以来，习近平总书记高度重视红色资源的历史教育功能，他指出，"红色资源是我们党艰辛而辉煌奋斗历程的见证，是最宝贵的精神财富，一定要用心用情用力保护好、管理好、运用好"，并提出"要强化教育功能"。[①] 构建历史认知、坚定历史自信、铭记革命历史及提升历史自觉是发挥湘江战役纪念馆场馆资源历史教育功能的重要着力点。

（一）构建历史认知

历史是客观存在的事实。"历史不过是追求着自己目的的人的活动而已"[②]，

[①] 习近平. 用好红色资源、赓续红色血脉，努力创造无愧于历史和人民的新业绩[J]. 求是，2021（19）：4–9.

[②] 马克思恩格斯文集（第1卷）[M]. 北京：人民出版社，2009：295.

人类进行感性对象性实践活动是客观的，由此而形成的历史自然也是客观存在的，但是人们对于客观存在的历史事实的认识具有主观性。历史认知是认识主体在认识过往的过程中形成的知识构成，有正确与错误之分。"历史就是历史，事实就是事实，任何人都不可能改变历史和事实"①，构建正确的历史认知，关涉党和国家的前途命运。习近平总书记明确指出："只有正确认识历史，才能更好开创未来。"②尊重历史，把对历史的了解和理解的主观性和历史事实的客观性统一起来，使历史认知符合历史事实，而不是藐视铁一般的历史事实，我们才能看得远、走得远。因为"历史认知是历史自信的重要基础"③，有了正确的历史认知，我们不断增强创造新的历史伟业的信心，更有底气以奋发有为的精神状态、以中国式现代化全面推进中华民族伟大复兴。习近平总书记在不同场合反复强调："坚持用唯物史观来认识历史，坚持实事求是的思想路线，分清主流和支流，坚持真理，修正错误，发扬经验，吸取教训。"④ 2021 年 11 月，习近平总书记就《中共中央关于党的百年奋斗重大成就和历史经验的决议》起草的有关情况做说明时进一步深化要求："要坚持辩证唯物主义和历史唯物主义的方法论，用具体历史的、客观全面的、联系发展的观点来看待党的历史。要坚持正确党史观、树立大历史观，准确把握党的历史发展的主题主线、主流本质，正确对待党在前进道路上经历的失误和曲折，从成功中吸取经验，从失误中吸取教训，不断开辟走向胜利的道路。要旗帜鲜明反对历史虚无主义，加强思想引导和理论辨析，澄清对党史上一些重大历史问题的模糊认识和片面理解，更好正本清源。"⑤习近平总书记的这些重要论述为我们构建正确历史认知提供了根本遵循。

　　长征是中国共产党为中国人民谋幸福、为中华民族谋复兴的百年奋进史进程中的一座巍峨丰碑。湘江战役纪念馆场馆资源讲述着长征途中一些重大事件、重要会议、重要人物的红色故事，为深化党史学习教育、赓续红色血脉提供生动教材。习近平总书记指出，要加强红色资源保护和利用，尊重历史事实，准确评价历史，正确学史用史。⑥ 充分利用湘江战役纪念馆丰富的红色资源，正确认识和科学评价党的百年奋进史上的重大事件、重要会议、重要人物，是构建正确历史认知的关键路径。

---

　　① 习近平．在纪念全民族抗战爆发七十七周年仪式上的讲话[N]．人民日报，2014-07-08(2)．
　　② 习近平在纪念中国人民抗日战争暨世界反法西斯战争胜利 70 周年系列活动上的讲话[M]．北京：人民出版社，2015：11．
　　③ 习近平．习近平谈治国理政(第 4 卷)[M]．北京：外文出版社，2022：546．
　　④ 习近平．在党史学习教育动员大会上的讲话[M]．北京：人民出版社，2021：4．
　　⑤ 中共中央关于党的百年奋斗重大成就和历史经验的决议[M]．北京：人民出版社，2021：79-80．
　　⑥ 用好红色资源赓续红色血脉　努力创造无愧于历史和人民的新业绩[N]．人民日报，2021-06-27(1)．

第一，引导正确认识党的百年奋进史上的重大事件。长征是中国共产党百年奋斗史上的一次伟大历史壮举。习近平总书记在纪念红军长征胜利 80 周年大会上的讲话中指出，长征是一次理想信念的伟大远征，是一次检验真理的伟大远征，是一次唤醒民众的伟大远征，是一次开创新局的伟大远征。① 湘江战役作为长征途中的第一场紧张激烈的突围战，意义重大，为长征胜利奠定了重要基础。然而，长期以来，人们关于湘江战役的历史评价存在争议。有学者指出，"失败论""无关紧要论""让路放生论"等错误认识产生了消极负面影响。② 湘江战役纪念馆坚持正确的党史观，充分运用丰富的场馆资源，以突出湘江战役这一鲜明主题为重点，向参观者讲述长征故事，帮助人们述清关于湘江战役的片面理解。如，三馆的展览前言和结语纲举目张，用具体历史的、客观全面的、联系发展的观点，在结合各自展陈特色的基础上设置主题单元，引导参观者回顾长征这段厚重的革命历史，领会长征的历史意义和现实意义（见表 2 - 2）。

表 2 - 2 湘江战役纪念馆三馆主题单元、前言和结语

名称	主题单元	前言	结语
红军长征湘江战役纪念馆	战略转移踏征程 血战湘江突重围 伟大转折定航向 浴血奋战勇向前 革命理想高于天 胜利会师开新局 不忘初心 走好新的长征路	1934 年 10 月至 1936 年 10 月，中国共产党领导红军进行了伟大的长征。红军血战湘江，四渡赤水，巧渡金沙江，强渡大渡河，飞夺泸定桥，鏖战独树镇，勇克包座，转战乌蒙山，击退上百万穷凶极恶的追兵阻敌，征服空气稀薄的冰山雪岭，穿越渺无人烟的沼泽草地，纵横十余省，长驱几万里，战胜千难万阻，付出巨大牺牲，胜利完成长征，宣告了国民党反动派消灭中国共产党和红军的图谋彻底失败，宣告了中国共产党和红军肩负着民族希望，胜利实现了北上抗日的战略	长征不仅是一次人类精神和意志的伟大远征，也是一段中国共产党领导中华优秀儿女寻求中华民族复兴的伟大征程。长征永远在路上，面向未来，面对挑战，我们一定要不忘初心，继续前进，继承和弘扬好伟大的长征精神，在新的长征路上继续奋勇前进。让我们更加紧密地团结在以习近平同志为核心的党中央周围，高举中国特色社会主义伟大旗帜，以习近平新时代中国特色社会主义思

---

① 习近平. 论中国共产党历史[M]. 北京：中央文献出版社，2021：140 - 144.
② 赵晓刚等. 湘江战役精神[M]. 北京：中共中央党校出版社，2021：108 - 109.

续表 2-2

名称	主题单元	前言	结语
		转移,实现了中国共产党和中国革命事业从挫折走向胜利的伟大转折。在中国特色社会主义新时代,我们要大力弘扬伟大长征精神,激励和鼓舞全党全军全国各族人民不忘初心、牢记使命,走好新的长征路,奋力实现中华民族伟大复兴的中国梦	想为指导,大力弘扬伟大长征精神,激励和鼓舞全党全军全国各族人民特别是青年一代发愤图强、奋发有为,继续把革命前辈开创的伟大事业推向前进,在实现"两个一百年"奋斗目标、实现中华民族伟大复兴中国梦的新的长征路上续写新篇章、创造新的辉煌
红军长征突破湘江纪念馆	战略转移 突破湘江 伟大转折 精神永存	1934年10月,中央革命根据地第五次反"围剿"失利,中共中央率领中央红军实行战略转移,开始长征。中央红军在连续突破国民党军三道封锁线后,于11月27日至12月1日在桂北湘江两岸及以东地区的兴安县、全州县、灌阳县之间,与国民党军展开殊死决战,突破了第四道封锁线,渡过湘江,粉碎了国民党军企图消灭红军于湘江之侧的图谋。湘江之战是中央红军长征以来最壮烈的一战,也是关系中央红军生死存亡的关键一战。红军将士英勇奋战,视死如归,一往无前,用鲜血谱写了革命英雄主义的壮丽篇章,用生命诠释了伟大的长征精神,在中国革命历史上树立了一座不朽的丰碑	湘江战役中,红军广大指战员理想信念坚定、对党忠诚、顾全大局、勇于牺牲的革命精神,是长征精神的重要组成部分,是党、国家和人民军队的宝贵精神财富。我们要不忘初心、牢记使命,紧密团结在以习近平同志为核心的党中央周围,传承红色基因,增强"四个意识",坚定"四个自信",做到"两个维护",走好新时代的长征路,为实现中华民族伟大复兴的中国梦而努力奋斗!

续表 2-2

名称	主题单元	前言	结语
新圩阻击战史实陈列馆	血战新圩 红军忠魂 薪火相传	新圩阻击战是湘江战役中的重要一战。参加新圩阻击战的红军部队,担负保证整个红军队伍左翼安全、掩护中央领导机关和红军主力部队过江的重任。他们以大无畏的英雄气概和牺牲精神,以高度的革命觉悟和严格的纪律,坚决贯彻"不惜一切代价,全力坚持三天至四天"的指令,完成了这一艰巨的作战任务。新圩阻击战体现的服从大局、勇于担当、坚韧不拔、对正义事业的必胜信念、时刻牢记全心全意为人民服务的宗旨,为走好新时代中国特色社会主义新的长征路提供了强大精神力量	新圩阻击战的硝烟早已散去,但红军矢志不渝的革命信仰、勇担重任的政治觉悟、英勇赴死的牺牲精神、义无反顾的英雄气概,永远铭刻在人民心中。习近平总书记指出:"每一代人有每一代人的长征路,每一代人都要走好自己的长征路。今天,我们这一代人的长征,就是要实现'两个一百年'奋斗目标,实现中华民族伟大复兴的中国梦。"让我们紧密团结在以习近平同志为核心的党中央周围,增强"四个意识"、坚定"四个自信"、做到"两个维护",在新的长征路上不懈奋斗

第二,引导正确认识党的百年奋进史上的重要会议。遵义会议是我们党在红军长征途中不断深入反思第五次反"围剿"失败和长征初期严重受挫的惨痛教训后召开的一次会议,是中国共产党百年奋斗史上一次具有生死攸关转折意义的重要会议,为党打开革命事业新局面提供最重要的保证。党的第三个历史决议指出,遵义会议"事实上确立了毛泽东同志在党中央和红军的领导地位,开始确立以毛泽东同志为主要代表的马克思主义正确路线在党中央的领导地位,开始形成以毛泽东同志为核心的党的第一代中央领导集体,开启了党独立自主解决中国革命实际问题新阶段,在最危急关头挽救了党、挽救了红军、挽救了中国革命,并且在这以后使党能够战胜张国焘的分裂主义,胜利完成长征,打开中国革命新局面"①。

---

① 中共中央关于党的百年奋斗重大成就和历史经验的决议[M]. 北京:人民出版社,2021:6.

这些新论断是在结合遵义会议具体组织安排和遵义会议的重大历史意义的基础上，实事求是地作出的科学评价。红军长征湘江战役纪念馆设置了从"血战湘江突重围"到"伟大转折定航向"主题单元，红军长征突破湘江纪念馆设置了从"突破湘江"到"伟大转折"主题单元，这些专题展览向参观者鲜明呈现湘江战役以血的教训催生遵义会议召开的历史进程，充分展示遵义会议在党的历史上的伟大意义。比如，红军长征突破湘江纪念馆复原了中央红军翻越老山界及毛泽东挥毫写下《十六字令》的场景。湘江战役后，毛泽东在翻越老山界的途中同王稼祥、张闻天一路上讨论避实就虚西进贵州的战略转兵主张，在胜利翻过老山界、实现转兵贵州的战略意图后，毛泽东触景生情，有感而发，挥毫写下了气势磅礴而充满浪漫主义、革命乐观主义精神的《十六字令》。在湘江战役后到抵达遵义之前，党内发生激烈争论。在争论过程中，毛泽东对中央大部分领导人进行说服工作，使他们在关于中央军事指挥错误这个问题上逐渐取得基本一致意见，遵义会议就是在这种背景下召开的。红军长征湘江战役纪念馆复原了遵义会议召开的历史场景。这些复原场景同相关历史文献资料、油画等场馆资源相互映衬，既有力增强了纪念馆的历史感，又显著增加了展览的生动、具体、直观的效果，把遵义会议坚持真理、修正错误的鲜明特点充分展示出来，为参观者正确认识和科学评价遵义会议指明了方向。

第三，引导正确认识党的百年奋进史上的重要人物。党的百年奋斗史是英雄的人民创造的。习近平总书记指出，"英雄是民族最闪亮的坐标""对中华民族的英雄，要心怀崇敬，浓墨重彩记录英雄、塑造英雄"。[①] 在红一方面军二万五千里的长征途中，英雄的红军藐视一切艰难险阻，始终坚守心中的革命理想信念，用生命和鲜血谱写了壮丽的英雄史诗。对于这些在中华民族伟大复兴历史进程中作出奉献和牺牲的革命英雄，我们要向他们表示崇高的敬意，坚决反对任何亵渎英雄的行为。湘江战役纪念馆着力于引导参观者正确认识湘江战役革命英雄：首先，引导参观者尊崇湘江战役英雄群体。比如，红军长征湘江战役纪念馆、红军长征突破湘江纪念馆、新圩阻击战史实陈列馆三馆的外环境设计均采用纪念园的方式共同彰显"一草一木一英魂、一山一石一丰碑"的丰富内涵。红军长征湘江战役纪念园的纪念林区主要包括雕塑长廊、凭吊广场、纪念石林等，红军长征突破湘江烈士纪念碑园的主要纪念建筑有大型烈士群雕、纪念碑、烈士英名廊、闽西籍坚定信念跟党走红军烈士纪念雕塑、赣南籍革命理想高于天红军烈士纪念雕塑等，湘江战役新圩阻击战酒海井红军纪念园主要包括红军烈士纪念碑、红军烈士主墓

---

① 习近平. 习近平谈治国理政(第2卷)[M]. 北京：外文出版社，2017：351.

冢(红军帽)、纪念塔等,这些设计均是集中围绕表达对革命烈士崇高敬意和深切怀念这一主旨展开。再比如,三馆室内展陈的一大亮点是序厅的主题雕塑气势恢宏、人物形象鲜明,呈现了红军战士前仆后继、浴血奋战的历史场景,展现了红军战士以血肉之躯塑造铁血丰碑的英雄形象,彰显了红军战士为了革命理想勇于胜利、勇于突破、勇于牺牲的伟大精神力量,极具视觉冲击力、精神震撼力和感染力。又比如,专设新圩阻击战史实陈列馆,从尊崇红军英烈、传承红色基因的高度,聚焦湘江战役酒海井红军烈士遗骸挖掘安葬活动来讲述湘江战役英雄群体的壮烈悲歌。这些凸显了在湘江战役中牺牲的所有革命英雄群体展现出的震撼人心的伟大革命精神。其次,引导参观者尊崇湘江战役英雄模范人物。陈树湘是湘江战役英雄模范人物,三馆均突出了陈树湘"为苏维埃流尽最后一滴血"的英雄形象。红军长征湘江战役纪念馆在"血战湘江突重围"主题单元下的"铁血后卫"部分展出油画《陈树湘》;红军长征突破湘江纪念馆在"突破湘江"主题单元下的"铁流后卫"部分展出陈树湘雕塑和油画《陈树湘》(复制品);新圩阻击战史实陈列馆在"血战新圩"主题单元专门设置"陈树湘断肠明志"部分,展出大型浮雕《陈树湘》,这些设计注重引导人们从陈树湘身上去感受英雄人物的精神力量。

(二)坚定历史自信

习近平总书记指出:"广西红色资源丰富,在党史学习教育中要用好这些红色资源,做到学史增信。"①用好红色资源,对坚定历史自信、把握时代大势、增强历史主动、走好中国道路,以中国式现代化全面推进中华民族伟大复兴具有十分重要的意义。

不断推进马克思主义中国化时代化是我们坚定历史自信的根本所在。习近平总书记指出:"中国共产党为什么能,中国特色社会主义为什么好,归根到底是马克思主义行,是中国化时代化的马克思主义行。拥有马克思主义科学理论指导是我们党坚定信仰信念、把握历史主动的根本所在。推进马克思主义中国化时代化是一个追求真理、揭示真理、笃行真理的过程。"②长征这段历史就是中国共产党人在血的教训和斗争考验中坚决修正错误、坚持真理、推进马克思主义中国化时代化的过程,其中遵义会议是一个具有里程碑意义的转折点。湘江战役纪念馆充分展示遵义会议在中国共产党人不断推进马克思主义中国化时代化历程中的历史

---

① 习近平. 习近平谈治国理政(第4卷)[M]. 北京:外文出版社,2022:519.
② 习近平. 高举中国特色社会主义伟大旗帜为全面建设社会主义现代化国家而团结奋斗——在中国共产党第二十次全国代表大会上的报告[M]. 北京:人民出版社,2022:16.

性意义。如,红军长征湘江战役纪念馆展览专门设置"伟大转折定航向"单元主题,通过展出《总结粉碎第五次"围剿"战争中经验教训决议大纲》、突破乌江英模名录、遵义会议与会人员名单等文献资料、油画《黎平会议》《强渡乌江》、复原遵义会议场景等生动展示遵义会议这一伟大转折,展现中国共产党以巨大勇气进行自我革命,坚持真理、修正错误的魄力。在"伟大转折定航向"单元主题之后,红军长征湘江战役纪念馆设置包括"四渡赤水出奇兵""巧渡金沙越天险""乌蒙回旋突重围""千里转战壮志坚""孤军远征鏖战急"等部分的"浴血奋战勇向前"单元主题,展示中国共产党和红军在追求真理、坚持真理的基础上所取得的一个又一个战略战役的胜利,表现出红军将士面对困难险阻从容不迫的英雄气概、坚信长征必定胜利的巨大信心,同时激励着我们在新时代新征程上不断书写马克思主义中国化时代化精彩华章,为坚定历史自信源源不断地注入强大的根本性力量。

  密切保持同人民群众的血肉联系为我们坚定历史自信奠定群众基础。在常人无法想象的艰难长征途中,红军之所以能取得一次又一次的胜利,正是有人民做靠山,才有了战胜一切艰难险阻的巨大力量。湘江战役纪念馆运用插画、油画、场景复原、新媒体和科技装置等多种极具感染力的展示方式讲述了中国共产党的故事,生动展示了党始终保持同人民群众的血肉联系。比如,红军长征湘江战役纪念馆展览的"革命理想高于天"主题单元设计有"官兵同甘共苦""军民鱼水情深"部分。这两部分的展陈主要有几大特点:第一,采用漫画的形式将精心遴选的《毛泽东让担架》《战友情深》《朱德尝野菜》《贺炳炎为伤员牵马》《老红军照顾小红军》《担架队员》《大铜锅的故事》《一袋干粮》等长征故事呈现出来,讲述了党除了人民利益之外没有任何自己的特殊利益。第二,采用他者视角讲述长征途中党的领导人、各级指挥员和普通士兵同甘共苦、平等一致、团结战斗、生死与共。红军长征湘江战役纪念馆展示了美国记者埃德加·斯诺在《西行漫记》写到的这段材料:"从最高级指挥员到普通战士,吃的穿的都一样。……指挥员和士兵的住处,差别很小,他们自由地往来,不拘形式。……共产党没有高薪的和贪污的官员和将军,这是事实,而在其他的中国军队中,这些人侵吞了大部分军费。"第三,安排设置了触摸屏一体机、观众参与装置等多媒体设备。如,多处放置了呈现"军民鱼水情"主题的多媒体设备供参观者浏览更详细的资料。此外,有一处设计非常精妙,参观者可从一个小孔镜面观看正在播放的插画。因其极具趣味性,吸引了众多小朋友观看。这个设计充分运用了新媒体和科技装置在形式上不断创新,在视觉、情感等方面有效增强参观者的互动体验的优势,增强了纪念馆历史教育的效果。

第四，复原红军书写标语的场景。参观者可以看到三名红军雕像，其中老红军和小红军战士在交谈，青年红军在墙上书写"红军是穷人的救星""北上抗日""安居乐业必须拥护红军"等标语，讲述红军是人民的军队。又如，红军长征突破湘江纪念馆精心遴选了《失散红军邓延禄的故事》《充满信仰的子弹》《红军铜钱》《湘江战役的见证者——刘发育》《失散红军刘华连六十年圆梦记》《老山界下的红军连长》《一锅野菜猪潲粥》《火线救助》《医治苗族群众》等湘江战役故事，采用图文展示、播放动画片、展出雕版和版画等多种方式讲述党和红军宣传帮助群众，组织、武装群众，遵守群众纪律，执行民族、宗教政策，同人民群众生死相依、患难与共，以模范行动赢得广大人民群众对党和红军的真心拥护和支持。广大人民群众是党和红军取得长征胜利的力量源泉，始终保持同人民群众的血肉联系是我们坚定历史自信的群众基础。

党的历史成就为我们坚定历史自信奠定物质基础。在百年奋斗历程中，中国共产党带领中国人民取得了革命、建设、改革的伟大历史成就，一个又一个辉煌的历史成就为我们在新时代新征程上坚定历史自信、把握历史主动奠定物质基础。中国特色社会主义是中国共产党历经千锤百炼取得的根本成就。习近平总书记在庆祝中国共产党成立95周年大会上的讲话中指出："中国特色社会主义不是从天上掉下来的，是党和人民历尽千辛万苦、付出巨大代价取得的根本成就。中国特色社会主义，既是我们必须不断推进的伟大事业，又是我们开辟未来的根本保证。"①习近平总书记还明确强调，中国共产党和中国人民在百年奋进史中取得的一切成就都是团结奋斗的结果。"我们靠团结奋斗创造了辉煌历史，还要靠团结奋斗开辟美好未来。"②这些重要论断为湘江战役纪念馆运用场馆资源发挥历史教育功能指明方向。红军长征湘江战役纪念馆展览的最后一个主题单元"不忘初心，走好新的长征路"展出了大量丰富的历史照片，生动展示中国共产党团结带领中国人民坚守初心使命、弘扬长征精神、不懈奋斗的壮阔历程及所创造的新民主主义革命、社会主义革命和建设、改革开放和社会主义现代化建设、新时代中国特色社会主义的伟大成就，讲述中国共产党团结带领中国人民坚持和发展中国特色社会主义，推动了五大文明协调发展，创造了中国式现代化新道路和人类文明新形态的历史事实，深刻揭示了这些伟大历史成就为我们坚定历史自信、走好新长征路提供了物质基础。

---

① 中共中央文献研究室．十八大以来重要文献选编（下）[M]．北京：中央文献出版社，2018：348．
② 习近平．习近平谈治国理政（第4卷）[M]．北京：外文出版社，2022：554．

长征精神为我们坚定历史自信提供精神力量。习近平总书记指出："中国共产党人的历史自信,既是对奋斗成就的自信,也是对奋斗精神的自信。"①我们坚定历史自信的最大底气,既源自在中国共产党致力于为中国人民谋幸福、为中华民族谋复兴、为世界谋大同的具体实践中所取得的伟大成就,也源自在这些团结奋斗的具体实践中所形成的宝贵精神财富。长征精神构成以伟大建党精神为源头的中国共产党人精神谱系,是中国共产党人奋斗精神的重要组成部分,具体是指1934年10月至1936年10月中国共产党领导中国工农红军主力从长江南北各根据地向陕北根据地进行战略转移过程中克服超出常人想象的千难万险,最终突破重围,胜利完成长征这一伟大壮举所展现出来的强大精神力量。习近平总书记在纪念红军长征胜利80周年大会上的讲话中对长征精神内涵进行了高度概括,他明确指出:"伟大长征精神,就是把全国人民和中华民族的根本利益看得高于一切,坚定革命的理想和信念,坚信正义事业必然胜利的精神;就是为了救国救民,不怕任何艰难险阻,不惜付出一切牺牲的精神;就是坚持独立自主、实事求是,一切从实际出发的精神;就是顾全大局、严守纪律、紧密团结的精神;就是紧紧依靠人民群众,同人民群众生死相依、患难与共、艰苦奋斗的精神。"②坚定历史自信,自然也是对长征精神的自信。湘江战役纪念馆展出的每一张历史照片、每一件历史文物,讲述的每一个历史故事,复原的每一个历史场景,无不彰显伟大长征精神的具体内涵。湘江战役纪念馆尤其注重挖掘广西红色文化的独特优势,凸显红色资源的地方特色,以促进参观者从湘江战役的历史过程中理解和把握中国共产党人和中国工农红军用鲜血和生命铸就的伟大长征精神,为坚定历史自信注入更加强大的精神力量。"一史三馆"的设计足以说明这一点,且三馆也重点陈列当地红色资源,如红军长征湘江战役纪念馆用一大面展柜展出在全州县搜集到的追击炮弹、迫击炮、美制史密斯威森转轮手枪残体、铁手雷、木柄铁手榴弹、五星手雷等武器装备实物,红军长征突破湘江纪念馆采用图文展示、播放动画片、展出雕版和版画等多种方式讲述《失散红军邓延禄的故事》《充满信仰的子弹》《红军铜钱》《湘江战役的见证者——刘发育》《失散红军刘华连六十年圆梦记》《老山界下的红军连长》《一锅野菜猪潲粥》《火线救助》《医治苗族群众》等经典湘江战役故事,新圩阻击战史实陈列馆重点呈现新圩阻击战的历史过程和壮烈场景及红军烈士被投放井底、红军伤员守望酒海井等背后的壮烈悲歌。

---

① 习近平. 以史为鉴、开创未来,埋头苦干、勇毅前行[J]. 求是,2022(1):9.
② 习近平. 在纪念红军长征胜利80周年大会上的讲话[M]. 北京:人民出版社,2016:8-9.

(三)铭记革命历史

习近平总书记反复强调:"生活一天比一天好,但我们不能忘记历史,不能忘记那些为新中国诞生而浴血奋战的烈士英雄。"①"一切向前走,都不能忘记走过的路,走得再远、走到再光辉的未来,也不能忘记走过的过去,不能忘记为什么出发。"②在新征程上,我们要铭记由苦难辉煌编织的革命历史,铭记在党史上创造丰功伟绩的革命英雄,"坚定历史自信、筑牢历史记忆,满怀信心地向前进"。③纪念馆是纪念重要历史人物和重要历史事件的专业博物馆。④ 同一般的博物馆不同,纪念馆除了内蕴收藏、陈列和研究三大使用功能之外,纪念功能则是纪念馆的一个关键性特点。湘江战役纪念馆充分发挥纪念功能,重点引导参观者铭记湘江战役革命历史及在湘江战役这段历史中作出重要贡献的革命英雄。

第一,纪念湘江战役这段厚重的革命历史。无论是外环境设计景观叙事资源,还是室内展陈中的实物展品、图文版画、辅助艺术品、新媒体和科技装置、讲解服务等资源,无论是线下展陈安排,还是线上观展设计,红军长征湘江战役纪念馆、红军长征突破湘江纪念馆、新圩阻击战史实陈列馆三馆均通过丰富多样的场馆资源重点突出湘江战役这一鲜明主题,情景式、体验式、动态式地呈现湘江战役之悲壮惨烈、气势磅礴的历史画卷。比如,从红军长征湘江战役纪念馆的馆前广场到纪念馆门口,从红军长征突破湘江纪念馆东北侧的大型烈士群雕到山顶突破湘江纪念碑的台阶、主碑等,各处设计都融入了湘江战役的历史内涵,寓意丰富(见表2-3、表2-4)。

表2-3 红军长征湘江战役纪念馆的馆前广场到纪念馆门口的整体设计

设计对象	设计方式	寓意
主体造型	左右各五面迎风飘扬的红旗簇拥着位于中间的一颗又大又红的五角星	中国工农红军在中国共产党的领导下,团结一心,克服万难,勇往直前,从胜利走向胜利,从辉煌走向辉煌
馆前广场	长度为193.4米	1934年发生的湘江战役

---

① 习近平. 论中国共产党历史[M]. 北京:中央文献出版社,2021:43.
② 习近平. 在党史学习教育动员大会上的讲话[M]. 北京:人民出版社,2021:3.
③ 习近平. 习近平谈治国理政(第4卷)[M]. 北京:外文出版社,2022:546.
④ 文化部文物局. 中国博物馆学概论[M]. 北京:文物出版社,1985:45.

续表2-3

设计对象	设计方式	寓意
大理石台阶	分左侧、右侧	中央机关的两个纵队
	共4级	突破四道封锁线
	宽度为12.1米	红军主力在12月1日成功渡过湘江
台阶中央的花圃	放置19团圆球绿植、3棵迎客松、6块石头	红军三大主力在1936年成功会师,宣告了国民党军围追堵截的失败,红军二万五千里长征取得最终的胜利

表2-4　红军长征突破湘江纪念馆东北侧的大型烈士群雕到山顶突破湘江纪念碑的台阶、主碑等处的设计

设计对象	设计方式	寓意
纪念碑台阶	陡峭,分4段	中央红军长征经历了敌人四道封锁线的艰难曲折历程
纪念碑台阶第一段	共81级	"八一"建军节
纪念碑台阶第二段	共89级	红军长征经过八桂大地的先烈们永垂不朽,湘江战役精神永存
纪念碑台阶第三段	共9级	与第一段"81"的"1"、第二段"89"的"9"共同组合成"1995",即红军长征突破湘江烈士纪念碑园建成时间1995年
纪念碑台阶第四段	共5级	
纪念碑	高34米	湘江战役发生的时间:1934年
主碑上半部分	三支合抱在一起直插云霄的步枪造型	枪杆子里出政权的重要思想
	三支步枪	红一、红二、红四方面军
主碑下半部分	宽大的圆拱形建筑	供红军烈士英灵长眠安息的陵墓

第二，纪念湘江战役革命英雄。为了增强对在这一事关中央红军生死存亡的湘江战役中英勇牺牲的革命英雄的纪念性，湘江战役纪念馆除了采用馆内展陈的方式，还综合运用了纪念碑、纪念雕塑、红军烈士主墓冢（红军帽）等多种纪念设施共同构成一个长长的纪念序列。这些综合的艺术手法"不仅可以表现纪念对象的纪念主题，更可以再现纪念对象的具体形象与情节的纯艺术造型来增强纪念馆的纪念性"。① 比如，红军长征湘江战役纪念馆所在的红军长征湘江战役纪念园设计有雕塑长廊和凭吊广场，其中的"红军魂"大型写意浮雕展示红军战士或坚定目视前方，或手握钢枪英勇作战，或吹响冲锋号，或怒吼向前拼杀等英雄形象，充分体现无数革命烈士为了革命理想"勇于胜利、勇于突破、勇于牺牲"的湘江战役精神。再如，红军长征突破湘江纪念馆所在的红军长征突破湘江烈士纪念碑园设计有大型烈士群雕、纪念碑、烈士英名廊、闽西籍坚定信念跟党走红军烈士纪念雕塑、赣南籍革命理想高于天红军烈士纪念雕塑。其中，赣南籍革命理想高于天红军烈士纪念雕塑主要是纪念在湘江战役中英勇牺牲的2万余名赣南籍红军烈士（有姓名可考的赣南籍红军烈士16688人），展示红军战士坚定不移听党话、跟党走，在湘江战役中前仆后继、浴血奋战，创造了震撼人心的英雄篇章，充分展现"革命理想高于天"的精神力量（见表2-5）。又如，新圩阻击战史实陈列馆所在的湘江战役新圩阻击战酒海井红军纪念园设计有红军烈士主墓冢（红军帽）。红军帽是由一座高34米的孤山改造而成的红军陵墓，山内天然是空的，安放了红军遗骸。墓冢顶部设计造型为一个20米多长的红军八角帽，正面是巨碑，两侧是红军战士英勇作战场景的浮雕。拾级而上，红军帽"帽檐"之下，镌刻在黑色石墙上的是红军烈士英名录及主题为"浴血奋战""祖孙三代保红旗""艰苦卓绝""支援前线""土地革命""长征胜利"等的浮雕。据红军烈士主墓冢（红军帽）的设计者军旅雕塑家赵军安所言，如此设计红军烈士主墓冢的用意是"让红军烈士在自己信仰的大帽下永远安息"。②

表2-5 赣南籍革命理想高于天红军烈士纪念雕塑设计

设计对象	设计方式	寓意
雕塑前的集结平台	标着赣南地图	中央红军在赣南集结开始长征
从集结平台到瞻仰广场	共17级台阶	在湘江战役中牺牲的有姓名可考的近1.7万名赣南籍红军烈士

---

① 安廷山. 中国纪念馆概论[M]. 北京：文物出版社，1996：150.
② 海民. 笔绘英雄谱 刀塑壮士魂——军旅雕塑家画家赵军安访谈[J]. 雕塑，2020，(6)：39.

续表2-5

设计对象	设计方式	寓意
瞻仰广场	宽度为11.27米	湘江战役的开始时间11月27日
雕塑基座	长为12.1米	湘江战役的结束时间12月1日
雕塑主体	高为5.6米(含基座),以血肉的身躯撑起冲锋的军旗,三面充满硝烟和弹孔的军旗	参加中央红军长征的五六万名赣南籍红军将士血战湘江
雕塑前部分	先头部队吹响号角,奋勇前进	为了革命理想,勇于胜利、勇于突破、勇于牺牲
雕塑中间部分	受伤红军相互搀扶、女红军护理担架上的受伤红军、小红军等	
雕塑后部分	红军将士英勇阻击国民党军	
雕塑背后的叙事墙	湘江战役赣南籍红军烈士情况统计表(部分)、全州脚山铺阻击战、灌阳新圩阻击战、兴安光华铺阻击战、凤凰嘴抢渡战	

(四)激发历史创造

习近平总书记指出:"历史长河波澜壮阔,一代又一代人接续奋斗创造了今天的中国。"①中国共产党带领中国人民团结奋斗的历史是激发我们继续创造历史伟业的精神养料。"任何社会秩序下的参与者必须具有一个共同的记忆。对于过去社会的记忆在何种程度上有分歧,其成员就在何种程度上不能共享经验或者设想",② 习近平总书记强调:"我们必须始终赓续红色血脉,用党的奋斗历程和伟大成就鼓舞斗志、指引方向,用党的光荣传统和优良作风坚定信念、凝聚力量,用党的历史经验和实践创造启迪智慧、砥砺品格,继往开来,开拓前进。"③正确认知湘江战役历史,尊崇革命英雄,有助于我们回答好"从哪里来、往哪里去"这个基本命题,并从历史中汲取力量,在新征程上不断激发历史创造、奋进新时代。"回顾历史不是为了从成功中寻求慰藉,更不是为了躺在功劳簿上、为回避今天面

---

① 习近平. 二〇二三年新年贺词[N]. 人民日报,2023-01-01(1).
② 保罗·唐纳顿. 社会如何记忆[M]. 纳日碧力戈,译. 上海:上海人民出版社,2000:3.
③ 习近平. 用好红色资源、赓续红色血脉,努力创造无愧于历史和人民的新业绩[J]. 求是,2021(19):4-9.

临的困难和问题寻找借口,而是为了总结历史经验、把握历史规律,增强开拓前进的勇气和力量。"①湘江战役纪念馆不仅是长征历史的保存者和记录者,也是新征程上中国人民为实现中华民族伟大复兴的历史梦想而团结奋斗的参与者。湘江战役纪念馆在整体设计上很好地把握了历史与现实的关系,注重激励参观者在新时代不忘初心,焕发更为强烈的历史主动精神和历史创造精神,在实现第二个百年奋斗目标新的赶考之路上展示新担当,实现新作为,创造新伟业。比如,红军长征湘江战役纪念馆、红军长征突破湘江纪念馆、新圩阻击战史实陈列馆在馆内展陈入口处左右两侧语录墙均分别展示毛泽东、习近平关于长征的论述(见表2-6),相互映衬,以帮助参观者体悟伟大长征精神的历史意义和时代价值。再如,三馆在展览单元主题设置上注重以历史观照现实,激励参观者大力弘扬用坚定信念和烈士鲜血铸就的伟大长征精神,以更加强烈的历史主动精神把红色基因传承下去,走好以中国式现代化全面推进中华民族伟大复兴的新长征路。红军长征湘江战役纪念馆在呈现红军长征历史全貌之后,安排设计"不忘初心,走好新的长征路"单元主题。红军长征突破湘江纪念馆的尾厅展出了习近平总书记在纪念红军长征胜利80周年大会上关于伟大长征精神及新长征的重要论述,帮助参观者进一步提升思想认识。新圩阻击战史实陈列馆展览设计了"薪火相传"主题单元,通过展示新圩阻击战大事记墙和少先队员敬礼浮雕墙来教育引导参观者更加深刻认识到革命先辈的伟大长征精神不仅是保证红军长征胜利的精神支柱,更是保证新时代新长征取得胜利的力量源泉。又如,三馆在展览结束语中均进一步阐述时代赋予我们的历史担当,尤其激励青年一代传承红色基因、奋发有为,继续把革命前辈开创的伟大事业推向前进,在实现中华民族伟大复兴中国梦的新长征路上书写新的历史篇章。

表2-6 湘江战役纪念馆三馆进门处的语录墙内容

名称	毛泽东语录墙	习近平语录墙
红军长征湘江战役纪念馆	红军不怕远征难,万水千山只等闲。五岭逶迤腾细浪,乌蒙磅礴走泥丸。金沙水拍云崖暖,大渡桥横铁索寒。更喜岷山千里雪,三军过后尽开颜。 ——毛泽东《七律·长征》1935年10月	长征是一次理想信念的伟大远征。 长征是一次检验真理的伟大远征。 长征是一次唤醒民众的伟大远征。

---

① 习近平. 在党史学习教育动员大会上的讲话[M]. 北京:人民出版社,2021:4.

续表 2-6

名称	毛泽东语录墙	习近平语录墙
		长征是一次开创新局的伟大远征。 ——2016年习近平在纪念红军长征胜利80周年大会上的讲话
红军长征突破湘江纪念馆	长征是历史纪录上的第一次。长征是宣言书,长征是宣传队,长征是播种机。 长征是以我们胜利、敌人失败的结果而告结束。谁使长征胜利的呢?是共产党。没有共产党,这样的长征是不可设想的。 长征一完结,新局面就开始。 ——毛泽东	长征是一次理想信念的伟大远征。 长征是一次检验真理的伟大远征。 长征是一次唤醒民众的伟大远征。 长征是一次开创新局的伟大远征。 ——2016年习近平在纪念红军长征胜利80周年大会上的讲话
新圩阻击战史实陈列馆	长征是历史纪录上的第一次。长征是宣言书,长征是宣传队,长征是播种机。 长征是以我们胜利、敌人失败的结果而告结束。谁使长征胜利的呢?是共产党。没有共产党,这样的长征是不可设想的。 长征一完结,新局面就开始。 ——毛泽东	伟大长征精神,就是把全国人民和中华民族的根本利益看得高于一切,坚定革命的理想和信念,坚信正义事业必然胜利的精神;就是为了救国救民,不怕任何艰难险阻,不惜付出一切牺牲的精神;就是坚持独立自主、实事求是,一切从实际出发的精神;就是顾全大局、严守纪律、紧密团结的精神;就是紧紧依靠人民群众,同人民群众生死相依、患难与共、艰苦奋斗的精神。 ——2016年习近平在纪念红军长征胜利80周年大会上的讲话

第三章 湘江战役纪念馆历史教育的 SWOT 分析

一、优势

(一)具有资源优势,湘江战役红色资源丰富

湘江战役纪念馆三馆红色资源较为丰富。这些数量较多、类型丰富的红色资源见证湘江战役历史、展现长征文化、承载革命精神,是发扬红色传统、传承红色基因的鲜活载体。保护好这些珍贵的红色资源,挖掘好这些红色资源的精神内涵,讲好其背后的红色故事,是做好历史教育的有效方式。红军长征突破湘江纪念馆共展出文物 246 件、文字 2 万余字、人物照片 259 幅、各种地图(含电子)24 张、多媒体互动 12 处。① 新圩阻击战史实陈列馆共展出照片 104 张、文物 128 件、主题雕塑 18 个(7 组)、美术作品 6 幅、场景展示 4 个。② 此外,三馆场馆资源以湘江战役的鲜明主题为重点,采用多样的类型进行展陈,包括外环境设计景观叙事资源、实物展品、图文版画、辅助艺术品、新媒体和科技装置等。前文已有相关论述,此处不再赘述。

桂林不仅是一座山水旅游名城,还是一片红色热土,其中湘江战役纪念馆三馆所处的兴安县、全州县、灌阳县湘江战役红色资源丰富,具有较为突出的资源优势。如,1931—1934 年,中国工农红军三过灌阳,足迹遍及灌阳县 400 多个村庄,这里分布有新圩阻击战战场遗址、酒海井烈士纪念碑、红五师指挥所、新圩阻击战战地救护所、红三军团指挥部旧址等红色资源,沉淀着厚重的红色历史文化。湘江战役纪念馆周边这些丰富的湘江战役红色资源是开展革命传统教育和爱国主义教育的生动教材,能够更好地为湘江战役纪念馆讲好中国共产党故事、讲好湘江战役故事提供有力论证,更可使参观者加深获得历史教育的实践体验。第一,兴安县、全州县、灌阳县湘江战役红色资源数量较多。2006 年国务院核定文化部将兴安县、全州县、灌阳县湘江战役旧址确定为第六批全国重点文物保护单位(共计 1080 处)之一。根据《广西壮族自治区人民政府办公厅关于公布南宁育才

---

① 阮敏燕. 场景复原在革命纪念馆基本陈展中的作用——以广西地区为例[J]. 文物鉴定与鉴赏, 2021(7):119.

② 新圩阻击战史实陈列馆《红色灌阳宣传册》。

学校旧址等98处全国重点文物保护单位和自治区文物保护单位保护范围的通知》①，分布于兴安、全州、灌阳县三县的湘江战役旧址具有面广、点多、量大等特点(见表3-1)。第二，兴安、全州、灌阳三县湘江战役红色资源类型较多，除了纪念馆、纪念园，还有战场旧址、指挥部旧址、渡口旧址、驻地(宿营地)旧址、烈士墓、纪念碑等。其中，战场旧址包括新圩阻击战战场旧址、光华铺阻击战战场旧址、觉(脚)山铺阻击战战场旧址、红军三十四师文塘突围战旧址、绍水指挥战旧址、金鸡岭战斗遗址等，指挥部旧址包括界首红军堂、九如堂、杨柳井、乐耕公祠、金石红军堂等；渡口旧址包括界首渡口、大坪渡口、屏山渡口、凤凰嘴渡口、文市灌江渡口、水车渡口等；驻地(宿营地)旧址包括红三十四师伤员下云宿营地——文忠、文家胜、文衍凤、文兆寿宅，红六军团宿营地——岩口文氏祠堂、岩口门楼，红六军团宿营地标语楼——蒋念修宅，红一纵宿营地——桂岩九家祠堂、蒋结龙宅、清塘诚章公祠，红一纵红军宿营地——田心村唐氏宗祠、老唐家宗祠，红一纵宿营地——玉溪文氏祠堂、玉溪门楼，红八军团、红九军团宿营地——水车村翟普成宅，红三十四师伤员下云宿营地——文良英、文家明宅，五师第十三团宿营地——下云乃辉公祠、文兆春、文衍利宅，红五军团之一师宿营地——伍家湾良田公祠、伍家祠堂，红八军、红九军团宿营地——邓家祠堂、邓运武宅、邓安齐宅等；烈士墓包括兴安县光华铺烈士墓、兴安县烈水桥红军烈士墓、全州县易荡平烈士墓、全州县古岭头红军烈士墓、全州县文塘红三十四师烈士墓、全州县米花山烈士墓、灌阳县红三十四师烈士墓、灌阳县红军李连长烈士墓等；纪念碑包括兴安县红军长征突破湘江烈士纪念碑、兴安县华江红军烈士碑、灌阳县新圩酒海井红军烈士纪念碑、灌阳县福建籍湘江战役无名烈士纪念碑等。②

表3-1　全国重点文物保护单位湘江战役旧址汇总

地方	湘江战役旧址
兴安县	界首红军街、光华铺阻击战场旧址、光华铺烈士墓、界首镇湘江渡口
全州县	大坪渡口；屏山渡口；凤凰嘴渡口；二美滩；觉(脚)山铺阻击战旧址；文塘后龙山；红一军团指挥部旧址——乐耕公祠；大堂屋祠、琼子公祠、梅溪公祠、建南公祠、守绅公祠、南石祠等其他古建筑旧址

---

① 广西壮族自治区人民政府办公厅.广西壮族自治区人民政府办公厅关于公布南宁育才学校旧址等98处全国重点文物保护单位和自治区文物保护单位保护范围的通知(桂政办发〔2017〕153号)[EB/OL].http://www.gxzf.gov.cn/zfwj/zzqrmzfbgtwj_34828/2017ngzbwj_34829/t1506611.shtml, 2017-11-20/2023-06-06.

② 赵晓刚等.历史的见证　湘江战役遗址遗存与纪念设施概览[M].南宁：广西民族出版社，2019.

续表 3-1

地方	湘江战役旧址
灌阳县	新圩阻击战之主战场；新圩红军烈士塔——酒海井；文市渡江口——红军亭（东、西）；红三军团指挥部——九如堂；新圩阻击战战地救护所——蒋氏宗祠；红三十四师伤员下云宿营地——文忠、文家胜、文衍凤、文兆寿宅；红五师指挥所——黄光平宅；红六军团宿营地——岩口文氏祠堂、岩口门楼；红六军团宿营地标语楼——蒋念修宅；红一纵宿营地——桂岩九家祠堂、蒋结龙宅、清塘诚章公祠；红军标语楼——文市田心村唐运年、唐荣均宅；红一纵红军宿营地——田心村唐氏宗祠、老唐家宗祠；红一纵宿营地——玉溪文氏祠堂、玉溪门楼；红八军团、红九军团宿营地——水车村翟普成宅；红军标语楼——水车村翟景发、翟献发宅；红三军团指挥部——滨家桥村九如堂；红三十四师伤员下云救治地——文祖杰宅；红三十四师伤员下云宿营地——文良英、文家明宅；五师第十三团宿营地——下云乃辉公祠、文兆春、文衍利宅；红军标语墙——下云村文富祥宅；红五军团之一师宿营地——伍家湾良田公祠、伍家祠堂；红八军、红九军团宿营地——邓家祠堂、邓运武、邓安齐宅

（二）配备较高素质的讲解员队伍

纪念馆讲解员是党的历史的直接传播者，是这部最生动、最有说服力的教科书的主要授课者。讲解员在展陈的基础上，运用生动准确的语言和其他辅助表达方式，将文物、史料的信息内容传递给参观者，能够帮助参观者加深对展陈的理解，增加参观兴趣，获得更多体验和知识。

湘江战役纪念馆的讲解员队伍素质优良。第一，坚定守望英烈忠魂，弘扬红色文化。尹汤怀尽管已担任红军长征突破湘江纪念馆馆长一职，但他仍然坚守在讲解一线，而不像其他同事转行或调岗，他表示："英雄不怕牺牲，就怕被人遗忘。当年参与和见证湘江战役的人在不断老去，英雄的故事不能没有人传唱，我立志做一名红色信仰的守望者，将这些穿越时空的精神传颂给更多的人。"① 红军长征湘江战役纪念馆馆长周运良说："总书记强调缅怀革命先烈，赓续共产党人精神血脉，当前全党正在开展党史学习教育，我一定要立足本职工作，坚定理想信念，保持工作热情，讲好湘江战役故事，将红色文化发扬光大。"② 第二，在繁忙的工作之余不断锤炼讲解能力，提升讲解水平。近年来纪念馆参观人数大幅度增加，尤其是自习近平总书记2021年4月参观红军长征湘江战役纪念馆后，红军长征湘江战役纪念馆成为来自全国各地参观者的"打卡"的热门红色景点，讲解员有

---

① 周剑峰. 再走长征路 传承红色基因[J]. 当代广西, 2019(14): 21.
② 王海波, 芦俊文, 廖雨刚. 坚定理想信念走好新长征[J]. 当代广西, 2021(10): 43.

时候一天要讲解11场,平均每场40分钟到1小时。纪念馆工作人员尽管工作量比较大,但还会通过重走长征路的亲身体验来丰富讲解内容,从而实现向参观者高质量输出讲解内容的效果。① 第三,在讲解过程中,晓之以理动之以情,注重提升讲解的感染力。"90后"讲解员胡雅馨是红军长征湘江战役纪念馆的第一批讲解员,此外她还有另一个身份,就是参加过湘江战役的红军战士的后代。她的爷爷在湘江战役中负伤得到了当地人民群众的救护而留在全州。② 为使红色基因代代相传,胡雅馨总是细致而深情地向参观者讲解红军长征的故事,尤其是湘江战役的故事,使参观者深切感受到红军战士为革命理想勇于胜利、勇于突破、勇于牺牲的伟大精神力量。此外,湘江战役纪念馆还积极发挥志愿讲解员的作用,加强培训,提升水平,以增强志愿讲解员在促进纪念馆历史教育方面的效果。笔者于2020年10月24日、2022年10月2日到红军长征突破湘江纪念馆调研,均发现有小学生出现在纪念馆的志愿讲解队伍中。这些志愿讲解员声情并茂,用浅显易懂的语言地向参观者讲述湘江战役红色故事,充分调动参观者的情绪,增强了展览的感染力。

(三)发展态势良好,助推当地红色旅游迅速发展

红色旅游是一种独具中国特色的主题旅游活动。有学者指出,红色旅游在传承红色基因、提升文化自信、加强国家认同、促进民族复兴等方面具有重要作用。③ 受新冠疫情影响,疫情期间国内旅游情况不太乐观。根据国内旅游抽样调查统计,2020年度国内旅游人数28.79亿人次,比上年同期减少31.27亿人次,下降52.1%;2021年,国内旅游总人次32.46亿,虽有增长但尚不及2019年的一半。2022年,国内旅游总人次25.30亿,比上年同期减少7.16亿,同比下降22.1%。④ 然而,与处于低潮期的国内旅游大环境不同的是,位于全州、灌阳、兴安的红军长征湘江战役纪念设施"三园三馆"进入发展快速期,被纳入全国爱国主义教育示范基地并被评为国家AAAA级旅游景区。作为弘扬和传承长征精神的重要载体,红军长征湘江战役纪念设施"三园三馆"尽管也受到新冠疫情影响,但在做好疫情防控工作、不断修建和完善基础设施的基础上,并未出现"冷遇",而

---

① 石锐,王海波,黄剑蓉. 追寻红色足迹,走好新时代长征路[J]. 当代广西,2022(9):20.
② 同①,21.
③ 张红艳,马肖飞. 新格局下基于国家认同的红色旅游发展[J]. 经济问题,2020(1):123.
④ 资料来源:文化和旅游部网站《2020年国内旅游数据情况》(发布日期:2021-02-18)、《2021年度国内旅游数据情况》(发布日期:2022-01-24)、《2022年度国内旅游数据情况》(发布日期:2023-01-18)。

是迎来了一股"红色热潮",使得当地红色旅游明显呈现快速发展新局面,助推当地旅游业加快全面复苏的进程。据统计,2019年9月到2022年3月,红军长征湘江战役纪念设施"三园三馆"累计接待各类参观团7.2万批次、1250多万人次。①特别是自2021年4月25日习近平总书记参观红军长征湘江战役纪念馆并发表重要讲话后,"三园三馆"参观热度加速升温,参观人数骤增。仅2021年5月就接待近100万人次②,同年国庆节假期共接待游客31.29万人次。③

作为红军长征湘江战役纪念园的主要建设场馆,红军长征湘江战役纪念馆自落成并对外开放后,成为全州县的地标性建筑,吸引了全国各地的党员、干部、群众、红军后代等纷纷前来参观学习,自落成开放至2021年4月底,累计接待来自全国各地的参观者3万余批次、近400万人次。④习近平总书记参观红军长征湘江战役纪念馆后,红军长征湘江战役纪念馆更是成为全国红色教育的一大热点。跟随习近平总书记的脚步纷纷前来"打卡"接受红色教育的全国各地各类团队和游客络绎不绝。据红军长征湘江战役纪念馆馆长周运良介绍,仅2021年,红军长征湘江战役纪念馆接待量就达到了378万人次。⑤其中,是年"五一"劳动节期间,红军长征湘江战役纪念馆累计接待参观人员16万人次,同比增长300%。⑥红军长征湘江战役纪念馆的社会影响力不断扩大,湘江战役这段历史被越来越多的人所了解和铭记。

红军长征突破湘江烈士纪念碑园是兴安县闪亮的红色名片。自红军长征突破湘江纪念馆全面升级改造后,红军长征突破湘江烈士纪念碑园引来了巨大"红色流量"。2020年10月1—3日仅三天时间,红军长征突破湘江烈士纪念碑园的游客量就突破2万人次,⑦来自全国各地的参观者踊跃到此缅怀革命先烈、感受红色文化、接受红色教育。

新圩阻击战史实陈列馆自开馆以来,来自各地的游客纷纷前来缅怀革命先烈,祭奠革命英灵,传承红色基因。据统计,截至2022年7月底,湘江战役新圩阻击战酒海井红军纪念园共接待国内游客总数达326.61万余人次、2.08万余批次。其中,2020年接待游客总数为97.99万余人次,2021年接待游客总数为181.68万

---

① 周文俊. 赓续红色血脉 传承红色文化[N]. 桂林日报,2022 - 04 - 24(16).
② 胡逢超. 红色传承 不忘初心[N]. 桂林日报,2021 - 07 - 01(35).
③ 王春楠. 高质量建言绘就发展蓝图[N]. 广西日报,2021 - 10 - 14(9).
④ 奉鹏辉. 广西全州县:传承红色基因 振兴全州发展 打造幸福县城[J]. 党建,2021(6):25.
⑤ 李家健. 红色血脉永赓续[N]. 广西日报,2022 - 04 - 26(01).
⑥ 王海波,芦俊文,廖雨刚. 坚定理想信念走好新长征[J]. 当代广西,2021(10):43.
⑦ 广西桂林市兴安县人民政府门户网站. 国庆中秋假期前三日:我县旅游安全和市场运行稳中向好. [Z/OL]. (2020 - 10 - 05). http://www.xazf.gov.cn/jjxa/xayw_ 61519/202010/t20201012_ 1910677.html.

余人次。① 湘江战役新圩阻击战酒海井红军纪念园已成为灌阳地标性建筑和红色教育、红色研学、红色旅游等热门"打卡"点，是各地广大党员干部开展"不忘初心、牢记使命"主题教育主阵地。

二、劣势

（一）湘江战役红色资源的优化整合有待进一步加强

整合桂北湘江战役红色资源，优化内外部资源，组建桂北红色旅游联合体，打造湘江战役红色品牌，有助于湘江战役纪念馆更进一步发挥历史教育功能。当前，湘江战役红色资源的优化整合有待进一步加强，主要表现在以下几个方面：第一，湘江战役红色资源的有效保护有待加强。由于湘江战役红色资源分布广，交通条件有所改善但仍不够通达，基础配套设施不够完善等客观条件限制，有相关调研发现，"一些红色文物保护与修缮工作受到影响，部分未被纳入文物保护单位名录的红色文物缺乏有效保护，缺乏统一的保护标准和科学的保护措施，例如桂北红军长征标语的保护就亟须加强"②。第二，湘江战役红色资源有待进一步串联打造。湘江战役红色资源数量较多、类型丰富，同时资源分布呈现面广、点多、零散分布在各山区等特点，加上各景区之间联动、互动不足，湘江战役红色资源整体的历史教育功能没能得到有效利用。桂北湘江战役红色资源在串联起主题突出、层次分明的湘江战役红色路线方面还有待进一步提升。当前，桂林市推出"桂林—兴安—资源—全州—灌阳"为主线的"重走长征路"红色旅游线路、"血战湘江·突破包围"等9条红色旅游研学精品线路，"三园三馆"被列入路线内。然而，这些景点之间的关系是怎样的？各自特点有何不同？如"三园三馆"同样是对湘江战役历史的展陈，它们之间区别在哪里，对此，"三园三馆"景区并未有文字或图片等进行说明，只有个别讲解员在讲解中有简略提及。为此，参观者难免会认为"三园三馆"主题单一，内容重复，这样会有选择性地进行参观。此外，"三园三馆"同其他湘江战役红色资源相互映衬的作用尚未充分发挥出来。如，红军长征突破湘江纪念馆复原了才喜界石刻、红军标语楼、龙坪红军楼等场景，再采取策略吸引到红军长征突破湘江纪念馆的参观者到红军标语楼、龙坪红军楼等历史现场加深历史记忆，进一步体悟湘江战役精神，这是纪念馆突破空间上的限制，加大历史教育功能值得探索的方向。坚持系统观念，把握好整体和局部关系，在丰富

---

① 数据为2022年10月2日湘江战役新圩阻击战酒海井红军纪念园管理处提供.
② 韩洁.创新机制 用好用活[N].中国文化报，2022-03-07(5).

的桂北湘江战役红色资源中去把握各自独特亮点的同时,强化协作意识,这是湘江战役纪念馆加大历史教育功能所要回答的历史之问。第三,桂北湘江战役红色资源与其他优势资源的有效深度融合有待加强。作为国际知名旅游城市,桂林绿色旅游资源享誉海内外,而桂北湘江战役红色资源知名度却不高。借助桂林已有独特的山水旅游市场吸引力,可为桂北红色旅游带来可观的客流量,进而助推湘江战役红色资源充分发挥历史教育功能。然而,由于桂北红色文化在创新发展方面存在明显劣势,以桂北湘江战役红色资源与桂林自然山水风光相结合的"红+绿"融合发展模式活力释放不充分。桂北红色文化在创新发展方面存在明显劣势,主要包括湘江战役宣传推广不足、湘江战役红色资源影响力不够、产业发展阶段处于政府主导阶段、产业发展思路不明确等。[①]

(二)文化创意产品开发还有较大发展空间

依托纪念馆馆藏资源,开发参观者感兴趣的各类文化创意产品,是有效实现纪念馆历史教育功能的重要渠道。坚持以社会主义核心价值观为引领,深入解读革命文物背后的红色故事,提炼文物资源的精神内涵对革命文物产品进行开发利用,可以使文化创意产品成为参观者感悟革命文化、增强历史自信的重要载体。2016年文化部等部门联合印发的《关于推动文化文物单位文化创意产品开发的若干意见》、2021年文化和旅游部等部门联合印发的《关于进一步推动文化文物单位文化创意产品开发的若干措施》,为纪念馆、博物馆等文化文物单位推进文化创意产品开发提供了政策依据。至2022年10月初,笔者对湘江战役纪念馆三馆进行了调研,未发现有以参观者为销售对象而推出的相关文化创意产品。从当前情况来看,湘江战役纪念馆利用自身丰富的馆藏资源进行文化创意产品开发这方面还有较大发展空间。湘江战役纪念馆文化创意产品的开发,是通过对纪念馆实地参观和线上观展等方式来实现历史教育功能的突破和延展。从文化创意产品的文化承载力来看,以历史事实为基础,深入挖掘纪念馆馆藏资源的精神内涵和文化元素,充分发挥馆藏资源的价值,开发一系列纪念品、玩具产品等融入长征精神,兼具艺术性和实用性,满足参观者多样化消费需求的文化创意产品,尤其是重点开发符合青少年群体个性特点和教育需求的文化创意产品,有助于引导参观者坚决反对历史虚无主义,构建正确的历史认知、坚定历史自信、铭记革命历史、激发历史创造。从文化创意产品的文化传播力度来看,作为传播湘江战役革命历史文化载体的文化创意产品被参观者带离纪念馆,进入人们的日常生活,满足人们

---

① 韩洁.创新机制 用好用活[N].中国文化报,2022-03-07(5).

日益增长、不断升级和个性化的物质和精神文化需求，有利于扩大湘江战役革命历史文化的影响范围。

三、机遇

（一）习近平总书记高度重视红色文化传承工作

习近平总书记强调，一个国家、一个民族的强盛，总是以文化兴盛为支撑的，中华民族伟大复兴需要以中华文化发展繁荣为条件。[①] 红色文化是革命战争时期中国共产党在马克思主义的指导下，以中华优秀传统文化为根脉，领导中国人民进行实现国家独立、民族解放和人民幸福的革命实践中逐步形成的一种先进文化，是中国共产党革命精神的凝聚，是中华文化的重要组成部分，为中华民族实现伟大复兴提供精神力量。党的十八大以来，习近平总书记从中华民族伟大复兴的战略全局及全面建成社会主义现代化强国的现实要求出发，高度重视红色文化的继承和弘扬，强调"传承红色基因""赓续红色血脉""确保红色江山永不变色"，深刻阐发了弘扬红色文化的着力点及实现路径。

弘扬红色文化，可在以下方面形成着力点：第一，坚定共产主义理想信念。对共产主义的信仰，是中国共产党保持政治本色的根本保证，是中国共产党人披荆斩棘、历尽磨难、经受考验的政治灵魂和精神支柱。习近平总书记指出："中国共产党从成立之日起，就把共产主义确立为远大理想，始终团结带领中国人民朝着这个伟大理想前行。党和红军几经挫折而不断奋起，历尽苦难而淬火成钢，归根到底在于心中的远大理想和革命信念始终坚定执着，始终闪耀着火热的光芒。"[②]红色是中国共产党、中华人民共和国最鲜亮的永不褪色的底色，是中国共产党人坚定马克思主义信仰和共产主义远大理想的形象表达。在中国共产党百年奋进历程中，一代又一代共产党人在共产主义远大理想的激励下，为建立和巩固红色政权不懈奋斗，用鲜血和生命捍卫永不褪色的红色信仰。习近平总书记强调："共和国是红色的，不能淡化这个颜色。无数的先烈鲜血染红了我们的旗帜，我们不建设好他们所盼望向往、为之奋斗、为之牺牲的共和国，是绝对不行的。"[③]不忘初心、牢记使命是中国共产党人矢志不渝为共产主义远大理想和中国特色社会

---

① 中共中央文献研究室. 习近平关于社会主义文化建设论述摘编[M]. 北京：中央文献出版社，2017：3-4.
② 习近平. 在纪念红军长征胜利80周年大会上的讲话[M]. 北京：人民出版社，2016：3.
③ 中共中央党史和文献研究院，中央"不忘初心、牢记使命"主题教育领导小组办公室. 习近平关于"不忘初心、牢记使命"论述摘编[M]. 北京：中央文献出版社、党建读物出版社，2019：17.

主义共同理想而不懈奋斗的集中体现,"忘记初心和使命,我们党就会改变性质、改变颜色,就会失去人民、失去未来"。①如今,中国共产党领导中国人民在开创以中国式现代化实现中华民族伟大复兴的新征程上始终高举马克思主义红色旗帜,向着实现共产主义远大理想的方向阔步迈进。第二,加强全面从严治党。全面从严治党是确保党实现长期执政的必要条件,要落实全面从严治党,就必须不断实现党的自我净化、自我完善、自我革新、自我提高,着力解决好党内存在的问题,始终保持党在整体上的纯洁性和先进性。习近平总书记指出:"从某种意义上说,自从党成立以来,我们党面临的最大风险是内部变质、变色、变味,丧失马克思主义政党的政治本色,背离党的宗旨而失去最广大人民支持和拥护。"②在新的征程上,对于作为中国特色社会主义事业领导核心的中国共产党来说,如何保持马克思主义政党的政治本色,回答好"守初心"这张时代考卷,源源不断地获得人民群众的支持和拥护这股推动党从胜利走向胜利的力量源泉,是一个至关重要的时代命题。打铁必须自身硬,中国共产党始终能够在坚持真理的基础上保持正视自身问题的勇气和刀刃向内的坚定,进行自我革命,"不断清除一切损害党的先进性和纯洁性的因素,不断清除一切侵蚀党的健康肌体的病毒,就一定能够确保党不变质、不变色、不变味,确保党在新时代坚持和发展中国特色社会主义的历史进程中始终成为坚强领导核心"③。第三,推进新时代强军事业。建设一支现代化人民军队是维护国家安全的强大后盾。党的十八大以来,面对复杂的国际环境和世界大变局,习近平总书记提出:"着力培养有灵魂、有本事、有血性、有品德的新一代革命军人,努力建设一支听党指挥、能打胜仗、作风优良的人民军队。"④古田会议标志人民军队定型,古田会议决议确立了思想建党、政治建军的一系列重大原则,是强军兴军的坚强理论基石和强大思想武器。2014年全军政治工作会议在福建古田召开,在这次会议上,习近平总书记强调政治建军、党指挥枪的原则和传统。针对军队尤其是领导干部在理想信念、党性原则、革命精神、组织纪律、思想作风等方面存在的突出问题,明确指出"这些问题不解决,拖下去,蔓延下去,军队就有变质变色的危险"⑤,要求必须深化"传承红色基因、担当强军重任"

---

① 中共中央党史和文献研究室.十九大以来重要文献选编(中)[M].北京:中央文献出版社,2021:377.
② 习近平.在党史学习教育动员大会上的讲话[M].北京:人民出版社,2021:18.
③ 中共中央关于党的百年奋斗重大成就和历史经验的决议[M].北京:人民出版社,2021:70-71.
④ 习近平.论中国共产党历史[M].北京:中央文献出版社,2021:136.
⑤ 中共中央宣传部.习近平总书记系列重要讲话读本(2016年版)[M].北京:学习出版社、人民出版社,2016:250.

主题教育，扎实推进红色基因代代传工程，为听党指挥、献身强军事业筑牢思想政治根基。第四，重视青少年群体的红色教育。青少年是祖国的未来和民族的希望，处于人生关键的"拔节孕穗期"。重视青少年群体的红色教育，有助于青少年牢记革命先烈的初心使命，顺利完成实现中国梦这场历史接力赛。习近平总书记强调，红色基因就是要传承。中华民族从站起来、富起来到强起来，经历了多少坎坷，创造了多少奇迹，要让后代牢记，我们要不忘初心，永远不可迷失了方向和道路。① 一方面，知识灌输和情感培育双管齐下，使红色基因渗进血脉，让红色文化薪火相传，引导广大青少年树立正确的世界观、人生观、价值观。2018年5月30日，习近平总书记给陕西照金北梁红军小学学生的回信中强调："希望你们多了解中国革命、建设、改革的历史知识，多向英雄模范人物学习，热爱党、热爱祖国、热爱人民，用实际行动把红色基因一代代传下去。"②另一方面，从组织培养上重视青少年群体的红色教育。2022年5月10日，习近平总书记在庆祝中国共产主义青年团成立100周年大会上的讲话中强调："各级党组织要高度重视培养和发展青年党员，特别是要注重从优秀共青团员中培养和发展党员，确保红色江山永不变色。"③

用好红色资源、讲好红色故事、发扬红色传统是传承红色文化的实践路径。①用好红色资源。红色资源见证了我们党为人民谋幸福、为民族谋复兴、为世界谋大同的百年奋进历程，是党带领中国人民以中国式现代化全面推进中华民族伟大复兴、谱写新时代中国特色社会主义更加绚丽华章的最宝贵精神财富。党的十八大以来，习近平总书记到地方考察调研时，都要瞻仰对党具有重大历史意义的革命圣地、红色旧址、革命历史纪念场所，反复强调要充分挖掘和利用红色资源，生动传播红色文化，加强文化建设，尤其是"用这些红色资源教育党员、干部传承红色基因、走好新时代长征路"④。用好红色资源，不仅有利于增强广大干部群众的文化自信，也可为地方经济发展提供经济动力。2019年9月16日，习近平在河南考察时指出，依托丰富的红色文化资源和绿色生态资源发展乡村旅游，搞活了农村经济，是振兴乡村的好做法。⑤ 贵州省遵义市播州区枫香镇花茂村实现了红

---

① 习近平 李克强 王沪宁 赵乐际 韩正分别参加全国人大会议一些代表团审议[N]. 人民日报，2018-03-09(1).
② 习近平. 论中国共产党历史[M]. 北京：中央文献出版社，2021：110.
③ 习近平谈治国理政(第4卷)[M]. 北京：外文出版社，2022：277.
④ 同②，111.
⑤ 坚定信心埋头苦干奋勇争先 谱写新时代中原更加出彩的绚丽篇章[N]. 人民日报，2019-09-19(1).

色文化与产业发展有机融合,是运用好红色资源振兴乡村的典范。②讲好红色故事。习近平总书记强调:"要讲好党的故事、革命的故事、根据地的故事、英雄和烈士的故事,加强革命传统教育、爱国主义教育、青少年思想道德教育,把红色基因传承好,确保红色江山永不变色。"①在党的百年奋进史中发生的每一个历史事件、出现的每一位革命英雄、铸造的每一种革命精神及留存下来的每一件革命文物背后都连接着一个个激励人心的红色故事,汇聚成党的红色血脉。会讲故事、讲好故事十分重要,能使听众感受到红色文化的温度和力度。如"半条被子"的故事充分体现了中国共产党人的初心使命和政治本色,"半截皮带"的故事成为红军战士坚定信仰信念的鲜活明证及"铁心跟党走"的生动写照。习近平总书记强调:"红军后代、革命烈士家属传承革命精神有说服力和感染力,要把先辈们的英雄故事讲给大家听,讲给年青一代听,激励人们坚定不移跟党走,为实现美好生活而奋斗。"② ③发扬红色传统。习近平总书记反复强调:"我们要继续弘扬光荣传统、赓续红色血脉。"③红色江山来之不易,是一代又一代中国共产党人不畏艰难险阻,奋力开创而来,在这过程中形成了党的光荣的红色传统。习近平总书记多次阐述党的光荣革命传统的科学内涵,如"注重总结历史经验是党的优良传统",④"注重思想建党、理论强党,是我们党的鲜明特色和光荣传统",⑤"决不能丢掉谦虚谨慎、戒骄戒躁、艰苦奋斗、勤俭节约的传统"。⑥ 红色传统是革命先烈流传下来给我们的宝贵精神财富。我们可以从党的红色传统中深刻领悟中国共产党为什么能、马克思主义为什么行、中国特色社会主义为什么好等道理,弄清楚其中的历史逻辑、理论逻辑和实践逻辑,也可以用党的光荣传统和优良作风坚定对中国特色社会主义的信念及对中华民族伟大复兴中国梦的信心,凝聚起走好新时代长征路的强大精神动力。习近平总书记强调:"要教育引导全党大力发扬红色传统、传承红色基因,赓续共产党人精神血脉,始终保持革命者的大无畏奋斗精神,鼓起迈进新征程、奋进新时代的精气神。"⑦此外,在从富起来到强起来的道路上会面对各种重大挑战、重大风险、重大阻力、重大矛盾,我们更需要发扬红色传统、传承

---

① 习近平. 论中国共产党历史[M]. 北京:中央文献出版社,2021:111.
② 同①,47.
③ 习近平谈治国理政(第4卷)[M]. 北京:外文出版社,2022:7.
④ 习近平. 以史为鉴、开创未来,埋头苦干、勇毅前行[J]. 求是,2022(1):5.
⑤ 中共中央党史和文献研究室. 十九大以来重要文献选编(中)[M]. 北京:中央文献出版社,2021:378.
⑥ 习近平. 用好红色资源、赓续红色血脉,努力创造无愧于历史和人民的新业绩[J]. 求是,2021(19):8.
⑦ 习近平. 在党史学习教育动员大会上的讲话[M]. 北京:人民出版社,2021:20-21.

红色基因,"努力在坚持和发展中国特色社会主义伟大进程中创造无愧于时代、无愧于人民、无愧于先辈的业绩。这是我们对老一辈革命家最好的纪念"。① 为此,习近平总书记尤其强调,青年官兵要带头学传统、爱传统、讲传统,带动部队官兵传承好红色基因、保持老红军本色。②

(二)湘江战役纪念设施建设保护和红军遗骸收殓保护工作的政策支持

(1)国家层面。党的十八大以来,习近平总书记在各种不同场合多次提及湘江战役,高度评价湘江战役,始终牵挂在湘江战役中牺牲的革命先烈。2018年11月11日,习近平总书记作出重要批示,明确要求本着简朴节约、庄重严肃的原则,切实做好湘江战役纪念设施建设保护和红军烈士遗骸收殓保护工作。为贯彻落实习近平总书记的重要批示精神,中央有关领导于次月初来到广西就红军遗骸收殓保护和遗址遗存保护利用情况展开实地考察调研,并在调研基础上指明工作方向,即以红军烈士遗骸集中安放和永久纪念为主题对已有的湘江战役纪念设施进行修缮保护,进而在桂北形成传承红色基因、发扬革命传统的爱国主义教育示范基地群。紧接着,中央和国家有关部委领导围绕湘江战役主题,到广西调研18次,协调专家指导180人次,实地推动工作。③ 2019年9月12日,新建的全州县红军长征湘江战役纪念馆、完成提升改造的兴安县红军长征突破湘江纪念馆和完成迁建工作的新圩阻击战史实陈列馆正式落成并对外开放。2021年4月25日,习近平总书记来到红军长征湘江战役纪念园,向湘江战役红军烈士敬献花篮并三鞠躬,瞻仰"红军魂"雕塑,参观红军长征湘江战役纪念馆。习近平总书记明确表示,到广西考察的第一站就来到红军长征湘江战役纪念园,目的是在全党开展党史学习教育之际,缅怀革命先烈,赓续共产党人精神血脉,坚定理想信念,砥砺革命意志。④ 由此可见,湘江战役红色资源是党史学习教育生动有力鲜活的教科书,而做好湘江战役纪念设施建设保护和红军遗骸收殓保护工作在党史学习教育中具有重大意义。

(2)省级层面。广西壮族自治区高度重视湘江战役纪念设施建设、遗址遗存保

---

① 习近平. 在纪念刘华清同志诞辰100周年座谈会上的讲话[N]. 人民日报,2016-09-29(2).
② 曹智,李宣良. 发挥政治工作对强军兴军的生命线作用 为实现党在新形势下的强军目标而奋斗[N]. 人民日报,2014-11-02(1).
③ 拓夫,锦璐,刘玉. 山河铭记——湘江战役纪念设施建设保护和红军遗骸收殓保护工作纪实[J]. 当代广西,2019(23):12-16.
④ 解放思想深化改革凝心聚力担当实干 建设新时代中国特色社会主义壮美广西[N]. 人民日报,2021-04-28(1).

护工作。从20世纪八九十年代兴安县红军长征突破湘江烈士纪念碑园的建设始末就可以看出，广西壮族自治区人民政府对湘江战役纪念馆的修建给予很大支持。近年来，广西更是积极做好湘江战役红色资源的挖掘、保护和利用工作，大力推进湘江战役纪念设施建设保护和红军遗骸收殓保护工作。2016年出台的《桂北长征文化资源保护与开发利用工作方案》明确指出，成立由自治区党委宣传部牵头的联席会议，建立经费保障机制，持续5年，每年拿出3200万元，强力推动长征遗址（遗存）保护建设和长征精神宣传教育工作。[①] 2019年印发的《关于实施广西革命文物保护利用工程（2019—2022年）的意见》就深化拓展湘江战役旧址等革命遗址保护利用工作做出了进一步的明确要求，强调要以全州、兴安、灌阳等为重点区域，扎实推进桂北地区长征革命文物的整体规划和统筹展示。在相关政策的指导下，广西大力推进红军长征湘江战役文化保护传承工作，共登记118处红军长征过桂北遗址遗迹，征集1143件档案资料和革命文物。[②] 此外，陆续完成了《红军长征湘江战役纪念设施建设保护总体规划》安排的68个红军长征湘江战役纪念设施建设项目，形成了以"三园三馆"为代表的湘江战役纪念设施群。2021年4月出台的《广西壮族自治区国民经济和社会发展第十四个五年规划和2035年远景目标纲要》、2022年1月出台的《广西"十四五"文化和旅游发展规划》等政策文件就"十四五"规划时期深入挖掘湘江战役红色文化资源、加大湘江战役遗址遗迹保护和修缮力度、重点打造"湘江战役"红色旅游品牌等方面作出更加明确的部署，并提出要重点提升红军长征湘江战役纪念园、红军长征突破湘江烈士纪念碑园和湘江战役新圩阻击战酒海井红军纪念园基础设施品质，为"十四五"规划时期湘江战役纪念设施建设保护和红军遗骸收殓保护工作指明了方向。

（3）市县级层面。20世纪80年代以来，桂林市高度重视湘江战役纪念设施、遗址遗存保护，积极筹措资金推进相关抢救性保护工作，多方寻找红军遗骸，修缮保护烈士墓，核实湘江战役中牺牲的红军将士名录。近年来，桂林市加大对湘江战役纪念设施、遗址遗存的保护和发掘力度，至2019年8月陆续完成了68个红军长征湘江战役纪念设施项目的修缮保护任务，至2019年9月按规范挖掘收殓并集中安放已识别的湘江战役红军遗骸散葬点421个，形成了以"三园三馆"为代表的湘江战役烈士纪念设施群。在此期间，全州、兴安、灌阳三县积极配合上级主管部门全面推进红军遗骸的发掘保护工作，通过寻访亲历者和老红军家属、搜集民间线索、查找回忆录及历史资料等方式寻找和保护红军墓点及遗骸，并将发

---

① 拓夫，锦璐，刘玉.山河铭记——湘江战役纪念设施建设保护和红军遗骸收殓保护工作纪实[J].当代广西，2019(23)：12-16.
② 孟萍，刘瑜明，吴丽萍.赓续红色精神 做强红色旅游[N].中国旅游报，2021-12-08(7).

现的湘江战役红军烈士遗骸进行妥善安放或就地保护。如，全州县在核查发现138处254个红军烈士遗骸点及发掘137处247个红军烈士遗骸点（剩余7个为就地保护点）后，在红军长征湘江战役纪念园、两河镇板塘等地举行湘江战役红军烈士遗骸集中安放仪式，以告慰红军烈士英灵，使之安息。① 又如，为加强烈士遗骸收殓保护工作，灌阳县通过《灌阳县红军烈士遗骸搜寻发掘收殓工作方案》，走访红军当年经过的5个乡镇近500个村（屯）。

（三）长征国家文化公园建设

长征国家文化公园建设是做好湘江战役纪念馆历史教育的另一个重大的机遇。作为长征这条"地球上的红飘带"上的重要点段，桂林被列为承建长征国家文化公园广西段的唯一城市，充分用好湘江战役纪念馆馆藏资源、弘扬革命传统和革命文化工作也被放到了更加突出的位置。

长征国家文化公园建设是深入贯彻落实习近平总书记关于推动文物和文化资源保护传承利用，弘扬长征精神、传承红色基因、坚定文化自信，建设国家文化公园等重要指示精神的重要举措。《长城、大运河、长征国家文化公园建设方案》在2019年7月24日召开的中央全面深化改革委员会第九次会议审议通过，其中对长征国家文化公园建设进行了谋划。长征国家文化公园建设将以长征沿线②一系列主题明确、内涵清晰、影响突出的文物和文化资源为主干，以福建、江西、河南、湖北、湖南、广东、广西、重庆、四川、贵州、云南、陕西、甘肃、青海、宁夏15个省区市为范围，以管控保护区、主题展示区、文旅融合区、传统利用区四大主体功能区为重点，以推进保护传承工程、研究发掘工程、环境配套工程、文旅融合工程、数字再现工程五类标志性工程为关键，生动呈现伟大长征精神的独特内涵和现实价值，充分彰显革命文化的强大感召力，做大做强中华文化的重要标志。③ 2021年8月，国家文化公园建设工作领导小组印发的《长征国家文化公园建设保护规划》对长征国家文化公园建设全面进行规划部署，明确长征国家文化公园建设要以保护好长征文物、讲好长征故事、传承好长征精神、利用好长征资源、带动好长征沿线发展为总体建设目标，构建"一轴四线十四篇章"的整体空间框架和叙事体系，并在此基础上进行十五省（区）各显特色、四类主体功能区塑造

---

① 奉鹏辉. 广西全州县：传承红色基因 振兴全州发展 打造幸福县城[J]. 党建, 2021(6)：24.
② 指中国工农红军一方面军（中央红军）长征线路为主，兼顾红二、四方面军和红二十五军长征线路。
③ 中华人民共和国中央人民政府. 中央有关部门负责人就《长城、大运河、长征国家文化公园建设方案》答记者问[EB/OL]. http：//www.gov.cn/zhengce/2019－12/05/content_ 5458886.htm, 2019－12－05/2023－06－06.

空间、万里红路串千村带动振兴的总体布局。① 值得注意的是,《长征国家文化公园建设保护规划》在《长城、大运河、长征国家文化公园建设方案》基础上,新增了"教育培训工程"纳入必须聚焦的六大关键建设领域之内,为推动湘江战役纪念馆做好历史教育注入强劲发展动力。此外,《长征国家文化公园建设保护规划》强调,长征国家文化公园广西段的建设要重点围绕中央红军血战湘江、翻越老山界等基本史实。

自《长城、大运河、长征国家文化公园建设方案》正式出台,广西高度重视长征国家文化公园广西段的建设,以"湘江战役"长征文化资源为核心,尤其是对桂北各县湘江战役红色资源进行了深入挖掘,编制了建设保护规划。此外,承担建设项目的桂林市于2019年9月还专门成立了"桂林红军长征湘江战役文化保护传承中心"作为建设管理的核心实施机构来统筹协调和指导全市做好红军长征湘江战役文化资源的收集、挖掘、整理、研究、宣传和保护利用等工作,并在兴安、全州、灌阳等县分别成立了县委直属的红军长征湘江战役文化保护传承中心具体执行建设工作。② 这些重要举措为长征国家文化公园广西段建设打下了重要基础。2021年11月,《长征国家文化公园(广西段)建设保护规划》获国家文化公园建设工作领导小组办公室正式批复。根据规划,长征国家文化公园广西段建设预计总投资约14亿元,以中央红军血战湘江、翻越老山界等基本史实为重点,形成"一路三园多点"的发展格局。其中"三园"指的就是全州县红军长征湘江战役纪念园、兴安县红军长征突破湘江烈士纪念碑园、灌阳县湘江战役新圩阻击战酒海井红军纪念园,可见提升湘江战役"三园三馆"基础设施品质处于关涉长征国家文化公园广西段建设全局的突出位置。

(四)红色旅游蓬勃发展

当前,我国已进入全面建设社会主义现代化国家、全面推进中华民族伟大复兴的新发展阶段。新阶段迎来新挑战,党的二十大报告指出:"坚持以文塑旅、以旅彰文,推进文化和旅游深度融合发展。"这为在以中国式现代化全面推进中华民族伟大复兴新征程中高质量发展旅游指明了前进方向,加快推进红色旅游就是其中一个重要路径。积极发展红色旅游,有利于实现思想政治教育和参观游览的有机结合,也有助于实现社会效益和经济效益的统一。

近几年来,为深入贯彻落实习近平总书记重要讲话精神,充分发挥红色资源

---

① 中华人民共和国中央人民政府. 建设中华民族共有的精神家园 科学绘制长征国家文化公园建设蓝图——国家文化公园建设工作领导小组办公室负责人就《长征国家文化公园建设保护规划》答记者问[EB/OL]. http://www.gov.cn/zhengce/2021-10/27/content_5647091.htm,2021-10-27/2023-06-06.

② 李天雪,唐织辉. 长征国家文化公园(广西段)建设管理体制研究[J]. 桂林师范高等专科学校学报,2022(4):1-6.

在历史教育中的作用，国家相关部门十分重视新时代红色旅游的高质量发展，制定了一系列相关的指导性方针和政策。如，《国务院关于新时代支持革命老区振兴发展的意见》提出："推动红色旅游高质量发展，建设红色旅游融合发展示范区。"①2021年12月，国务院印发的《"十四五"旅游业发展规划》强调："大力发展红色旅游。"②随着国家的重视及红色旅游的蓬勃发展，"湘江战役"红色旅游品牌也得到了进一步的重视和提升。2022年1月出台的《广西"十四五"文化和旅游发展规划》③提出，要深入挖掘百色起义、龙州起义、湘江战役、桂林抗战文化等红色文化资源，把"湘江战役"同"百色起义"共同列为重点打造的两大红色旅游品牌，把桂北红军长征之旅列入十大主题旅游精品线路。为贯彻党的二十大关于"用好红色资源""传承红色基因、赓续红色血脉"的要求，文化和旅游部启动了全国红色旅游融合发展试点建设工作。2022年12月，文化和旅游部公布全国红色旅游融合发展试点单位名单，全州县被选为10个试点单位之一。

为推进红色旅游高质量发展，桂林市充分利用湘江战役"三园三馆"红色资源来打造吸引巨大红色流量的"红色大讲堂"，将旅游路线的开发与长征文化两者融合起来，推出涵盖了全州县红军长征湘江战役纪念馆、兴安县红军长征突破湘江烈士纪念碑园等红色旅游景点的"血战湘江·突破包围"精品线路，开辟以"桂林—兴安—资源—全州—灌阳"为主线的"重走长征路"红色旅游线路。其中，"血战湘江·突破包围"精品线路入选文化和旅游部等部门于2021年5月联合发布的"建党百年红色旅游百条精品线路"。湘江战役"三园三馆"所在的全州、兴安、灌阳县也在强力推进红色旅游。全州县以红军长征湘江战役纪念园为中心，以湘江战役红色文化资源为载体，以红色项目为抓手，打造了"纪念园+三大渡口+湘桂古道"等精品红色旅游路线。④ 兴安县围绕"湘江战役"，突出"转折之旅""突围之旅"信念教育红色旅游圈品牌提升。⑤ 近年来，灌阳县坚持把红色文化作为旅游发展重点，在推动红色旅游业发展方面采取的一个重要举措就是结合红军三过灌阳、新圩阻击战的背景，以革命历史遗存为基础，以红军长征线路为主线，以湘江战役·新圩阻击战为主题，以新圩阻击战枫树脚红色文化项目、杨柳井红色旅游新

---

① 国务院.国务院关于新时代支持革命老区振兴发展的意见[EB/OL].http://www.gov.cn/zhengce/zhengceku/2021-02/20/content_5587874.htm,2021-02-20/2023-06-06.
② 国务院.国务院关于印发"十四五"旅游业发展规划的通知[EB/OL].http://www.gov.cn/zhengce/zhengceku/2022-01/20/content_5669468.htm,2022-01-20/2023-06-06.
③ 广西壮族自治区人民政府办公厅.广西"十四五"文化和旅游发展规划[EB/OL].http://www.gxzf.gov.cn/zfwj/zzqrmzfbgtwj_34828/2022ngzbwj/t11144977.shtml,2022-01-04/2023-06-06.
④ 石钖,王海波,黄剑蓉.追寻红色足迹,走好新时代长征路[J].当代广西,2022(9):20-21.
⑤ 广西桂林市兴安县人民政府门户网站.2020年兴安县文化广电体育和旅游局工作总结2021年工作计划[EB/OL].http://www.xazf.gov.cn/zwgk/fdzdgknr/jcxxgk/ghjh/ndjh/202110/t20211028_2152049.html,2021-01-30/2023-06-06.

村、酒海井红军纪念园为主体，形成灌阳红色旅游"串珠成链"的发展新格局。①这些重要举措让桂林红色旅游增添新魅力，进一步提升了热度。据统计，2022年1月至9月灌阳县接待旅游总人数371.24万人次，同比增长3.91%。②

四、挑战

（一）湘江战役学术研究不断深化，前沿研究成果持续增长

党的十八大以来，习近平总书记在各种不同场合多次提及湘江战役，高度评价湘江战役，并在2021年4月25日把到广西考察的第一站放到了全州县红军长征湘江战役纪念园。再加上国家层面对湘江战役纪念设施建设保护和红军遗骸收殓保护工作的有力支持、长征国家文化公园建设等因素，湘江战役学术研究得到重视并不断深化，前沿研究成果持续增长，为湘江战役纪念馆将前沿研究成果及时转化为历史教育的最新素材带来一定挑战。

湘江战役研究队伍不断壮大，相关理论研究日益成熟，研究成果不断涌现，这主要表现在以下几个方面：第一，逐渐形成了多个收集、整理、挖掘湘江战役资源的专门机构或专业队伍。2018年12月中央党史和文献研究院成立"全面梳理湘江战役历史工作领导小组"，随后开展资料搜集和研究、实地调研等工作，形成了中央红军部队编制情况、战役经过等子课题报告。桂林市于2019年9月专门成立了"桂林红军长征湘江战役文化保护传承中心"统筹协调和指导全市做好红军长征湘江战役文化资源的收集、挖掘、整理、研究、宣传和保护利用等工作，并在兴安、全州、灌阳等县分别成立了县委直属的红军长征湘江战役文化保护传承中心。全州、兴安、灌阳等地方史志机构持续推进对湘江战役口述资料、文献资料、实物资料等方面的广泛搜集和深入研究，不断夯实湘江战役研究史料基础。广西师范大学、桂林理工大学、百色学院等高校成立了专门的湘江战役研究机构。第二，具有分量的湘江战役课题项目申报通过评选。如，广西师范大学唐凌教授主持申报的"湘江战役研究"入选2020年度教育部哲学社会科学研究重大课题攻关项目。第三，一批具有重要影响的湘江战役最新学术研究成果不断推出。如，中共党史出版社出版的《红军长征湘江战役研究报告及史料选编》包括了关于湘江战役历史的研究报告、文献资料、红军将领回忆、附录和大事记等部分；广西师范大学出版社出版的《湘江战役史料文丛》系统记述红军长征湘江战役这一历史主线的

---

① 刘健，王游明，时荣林．灌阳 灌江两岸春潮起 乡村振兴勇争先［N］．桂林日报，2022-04-26（7）．

② 灌阳县文化广电体育和旅游局．2022年1-9月份旅游统计情况分析［EB/OL］．http：//www.guanyang.gov.cn/xxgk/fdzdgk/jcxxgk/tjxx/202212/t20221201_2414424.html，2022-12-01/2023-06-06．

史论和史籍史料；广西师范大学"湘江战役研究"课题团队发表了《深化湘江战役研究的思考》《不忘初心，走进湘江战役的历史现场》《论湘江战役中长征精神的"人民情怀"》等文章；中共广西区委党校（广西行政学院）赵晓刚副教授出版了《信仰的力量——湘江战役故事集》《历史的见证——湘江战役遗址遗存与纪念设施概览》《湘江战役精神》等著作；等等。第四，一批以不同视角构建起真实感和可读性强的湘江往事红色文艺作品不断出现。如，推出了光盘的长篇小说《失散》、刘玉的长篇纪实文学《征服老山界》、梁安早的长篇儿童文学《红细伢》组成的"湘江红遍"三部曲，曾平标的长篇报告文学《向死而生》。目前湘江战役相关研究依然处于上升的发展趋势。在中国知网以"湘江战役"为主题进行检索，共检索到688条结果，其中包括458篇学术期刊文献（含43篇发表在核心期刊）、20篇学位论文、2篇会议论文、138篇报纸文章，时间跨度覆盖了1986年5月31日至2023年2月6日。分别以总库、学术期刊文献为检索范围得出的结果可视化分析来看，湘江战役相关研究自2020年呈现快速上升趋势，尽管在2022年有回落，但是整体呈向上趋势（见图3-1）。

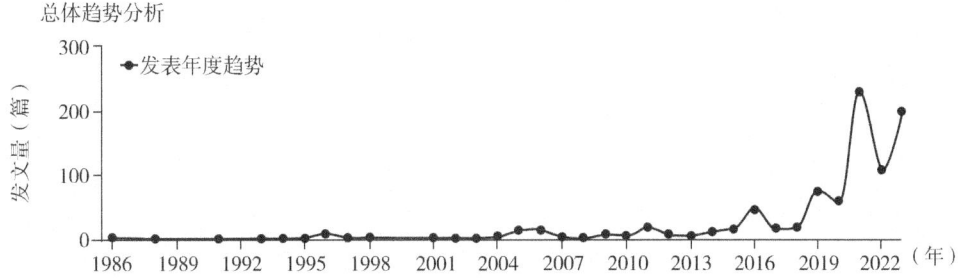

数据来源：文献总数：688篇；检索条件：（主题%='湘江战役' or 题名%='湘江战役' or title=xls('湘江战役') or v_subject=xls('湘江战役'))；检索范围：总库。

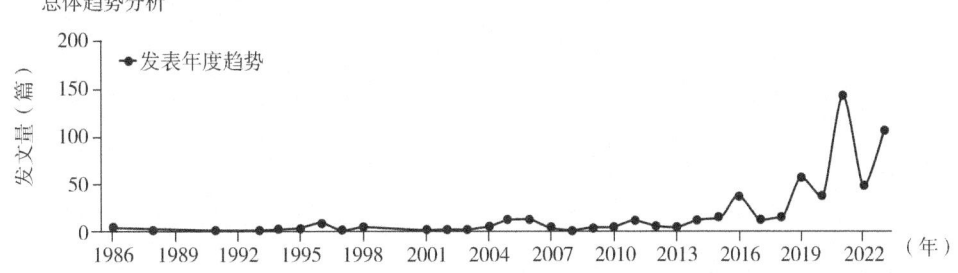

数据来源：文献总数：458篇；检索条件：（主题%='湘江战役' or 题名%='湘江战役' or title=xls('湘江战役') or v_subject=xls('湘江战役'))；检索范围：期刊。

图3-1 以"湘江战役"为主题、总库和学术期刊文献为检索范围在中国知网得出的总体趋势分析

湘江战役前沿研究成果是湘江战役纪念馆进行历史教育的最能体现湘江战役时代价值的重要素材。笔者于2022年10月2—3日到红军长征湘江战役纪念馆、红军长征突破湘江纪念馆、新圩阻击战史实陈列馆进行实地考察，在红军长征湘江战役纪念馆的"不忘初心，走好新的长征路"主题单元展览中发现有专设展示长篇报告文学作品《向死而生》的展柜。遗憾的是，尽管红军长征湘江战役纪念馆设计了藏书丰富，涵盖党的历史、红色故事、马克思主义中国化时代化最新理论成果等主题的红色书屋，以及多处放置展示有"湘江战役历史文化综合资料"板块的卧式触摸一体机，但是红色书屋收藏的湘江战役相关前沿研究成果较少，展示"湘江战役历史文化综合资料"板块所引用的参考文献仅覆盖到2017年资料。由此可以说，湘江战役纪念馆在历史教育中充分展示湘江战役这段历史的现实意义和时代价值方面尚有一定发展空间。

（二）数字博物馆兴起

网络环境创造了人类生活新形态，上网已经成为新时代大多数人日常生活必不可少的一个重要部分。作为博物馆实体在网络空间延伸的新兴事物，数字博物馆具有突破时空限制、充分展示展品、双向互动性强、快速全面传递信息等鲜明特点，满足时代发展要求，逐渐走进大众视野。如何将新媒体技术与湘江战役纪念馆馆藏资源深度融合，实现湘江战役红色资源数字化转化和网络化应用，打造永不闭馆的沉浸式红色文化网上空间，增强红色资源网络宣传教育效果，是湘江战役纪念馆充分发挥历史教育功能所要回答的另一个时代课题。

在对红军长征湘江战役纪念设施的线下展馆进行提质升级的同时，广西积极推进湘江战役红色资源数字化展示传播工作，以增强长征文化的表现力、传播力、影响力。2021年7月，由广西壮族自治区党委宣传部联合广西日报－广西云创新精心打造的广西壮族自治区爱国主义教育基地网上展馆①正式上线运行，其中推出了"红军长征湘江战役纪念设施"数字展馆，采用"5G＋VR"技术全方位无死角地展示"三园三馆"真实景致。广大用户无论处于何时何地，只需要通过电脑或手机走上"云端"，即可"云览"红军长征湘江战役纪念园、红军长征突破湘江烈士纪念碑园、湘江战役新圩阻击战酒海井红军纪念园，既能720度欣赏高空外景、展厅外景和馆内展陈，又能免费聆听智能语音讲解，还能通过"放大"功能清晰观看馆内展出的实物展品和图文版画。"新场景＋新技术"突破时空限制，集文字、声音、图片、影像于一体，主题内容丰富，形式生动活泼，赋予用户沉浸式的浏览

---

① 广西壮族自治区爱国主义教育基地网上展馆. https：//gxajjd. gxnews. com. cn/.

新体验。这种走上"云端"、进入"指尖"的观展模式，不失为湘江战役纪念馆利用馆藏资源使红色文化真正"火"起来，让党史学习教育真正"活"起来的路径探索和创新尝试。国务院印发的《"十四五"旅游业发展规划》，国家文物局、财政部联合印发的《关于加强新时代革命文物工作的通知》《广西"十四五"文化和旅游发展规划》等政策文件的出台为湘江战役纪念馆充分发挥历史教育功能提供了遵循。国家文物局、财政部联合印发的《关于加强新时代革命文物工作的通知》明确，要坚持守正创新，提升革命文物整体展陈水平。从线上线下融合支持拓展革命文物教育功能的视角来说，"守正"即不断提升线下展馆展示展览质量，"创新"即合理运用现代科技手段，融通多媒体资源，加大革命文物数字化展示传播，生动传播红色文化。《广西"十四五"文化和旅游发展规划》强调，发展数字艺术展示产业，鼓励博物馆、文化馆等文博单位利用馆藏文化资源，开发"数字文物""数字壮乡"等数字艺术展示项目。基于广西壮族自治区爱国主义教育基地网上展馆实践探索和相关政策文件指引，湘江战役纪念馆在运用数字化、多媒体等现代信息手段促进红色文化生动传播方面作出了积极尝试。目前，红军长征湘江战役纪念馆和红军长征突破湘江纪念馆均开设微信公众号，分别为"全州红军长征湘江战役纪念园"和"兴安红军长征突破湘江纪念馆"。其中，"全州红军长征湘江战役纪念园"微信公众号提供有纪念馆讲解、网上观展、讲解预约、一键导航等服务功能，"兴安红军长征突破湘江纪念馆"微信公众号提供有纪念碑园简介、全景展览、精品讲解、讲解预约、网上祭英烈等服务功能。然而，湘江战役纪念馆在加大馆藏资源数字化展示传播方面仍有很大的发展空间，主要体现在以下两个方面：第一，系统观念欠缺，应通盘考虑"三园三馆"数字展馆的整体性发展，而不是各自为政。至2022年12月15日，笔者发现，微信平台搜索湘江战役纪念馆三馆相关公众号时，目前尚缺新圩阻击战史实陈列馆相关公众号。此外，"兴安红军长征突破湘江纪念馆"微信公众号的服务功能相对完善，而"全州红军长征湘江战役纪念园"微信公众号推出的"网上观展"功能并不能为参观者提供超高分辨率清晰观看展出实物展品和图文版画的服务，"沉浸式"观展效果体验不佳。第二，数字化纪念馆的设计安排主要侧重于单向信息输出，参观者和纪念馆两者之间的双向互动仍需进一步改善。如，尽管"全州红军长征湘江战役纪念园"微信公众号和"兴安红军长征突破湘江纪念馆"微信公众号设有精品讲解、讲解预约、网上祭英烈、一键导航等服务功能，但是这些功能尚处于双向互动的浅层探索阶段，未能充分利用新媒体的交互特性来实现红色文化的生动展示传播。

(三) 纪念馆数量持续增加

近年来，我国博物馆事业在蓬勃发展，其中一个突出表现就是免费开放的纪念馆数量激增、类型不一，给湘江战役纪念馆避免同质化、充分利用场馆资源做好历史教育带来了挑战。

湘江战役精神的鲜明特色是湘江战役纪念馆发挥好历史功能的一张亮眼名片。与延安、井冈山、遵义等革命圣地相比，以"三园三馆"为代表的桂北红色旅游尚处于初步发展阶段。到2023年2月，新建的红军长征湘江战役纪念馆、完成提升改造的兴安县红军长征突破湘江纪念馆和完成迁建工作的新圩阻击战史实陈列馆正式落成并对外开放两年多时间，整体上而言，尚未形成独具特色的湘江战役红色旅游品牌，湘江战役红色文化资源有待进一步挖掘利用，湘江战役纪念馆仍需加大力度提升景区品质。有学者认为，当前，个别红色旅游景区在红色文化资源的思想内涵方面的深层次挖掘欠缺，由此出现仅停留在宽泛展示革命历史遗址遗存、参观者体验感差、教育功能有待增强、出现同质化现象等问题。① 矛盾的"共性是矛盾存在于一切过程中，并贯串于一切过程的始终"，而且这种共性包含在一切个性之中，否认个性的存在就等于否认了共性的存在，也等于抛弃了辩证法。② 如何在蓬勃兴起的各类纪念馆激烈竞争局面中充分展现湘江战役纪念馆的独特优势，生动呈现湘江战役精神的具体内涵和鲜明特色，关键是要处理好几组关涉共性与个性两者关系的问题。第一，同各类纪念馆相比较，既要展现一般纪念馆普遍具有的开展爱国主义教育、培育践行社会主义核心价值观等教育功能，又要突出"弘扬革命精神、传承红色基因"；第二，同其他革命纪念馆相比较，既要展示作为中国共产党革命历史、革命精神的重要载体所具有的共性，又要突出"两万五千里长征"整体辨识度；第三，在同长征文化线路上其他革命纪念馆相比较上，既要讲好伟大长征故事、弘扬伟大长征精神，又要突出湘江战役在长征史上的历史意义；第四，在湘江战役纪念馆三馆内部，三馆既要共同讲好湘江战役红色故事，弘扬勇于牺牲、勇于突破、勇于胜利的湘江战役精神，又要各自找准定位、呈现鲜明特色。总的来说，纪念馆展陈一旦走向同质化发展道路，就难以使参观者产生共鸣，更不用说实现红色记忆延续、红色文化传承。为此湘江战役纪念馆要在把握好上述四组共性和个性关系基础上，找准定位，避免同质化，是其做好历史教育过程中必须回答好的问卷。

---

① 石培新. 红色旅游教育功能提升与可持续发展机制创新[J]. 宏观经济管理，2020(5)：83-90.
② 毛泽东选集(第1卷)[M]. 北京：人民出版社，1991：319-320.

第四章　湘江战役纪念馆历史教育的实践路径

一、以红军长征湘江战役纪念馆为主导的历史教育实践路径

充分发挥馆藏资源的历史教育功能是纪念馆开展社会教育工作的内在要求。纪念馆的社会教育工作是指纪念馆借助独具特色且丰富多样的馆藏资源，采取多种方式面向社会进行革命传统教育和爱国主义教育，起到连接纪念馆与群众的桥梁作用。社会教育工作的基本任务包括向社会宣传纪念馆；组织接待参观者；引导参观、讲解陈列；开展多层次、多形式的教育活动，如利用重大纪念日和传统节庆日组织主题活动、举办专题讲座和报告会、流动展览等。近年来，湘江战役纪念馆传承红色文化，赓续红色血脉，精心管理和利用文物，创新探索文物资源数字化等工作；积极做好游客接待工作，丰富纪念设施展陈内容；深入挖掘湘江战役红色故事，加强讲解业务培训，提升讲解水平。湘江战役纪念馆在发挥历史教育功能的探索工作方面得到各方肯定。自 2019 年 9 月到 2022 年 3 月，红军长征湘江战役纪念设施"三园三馆"累计接待各类参观团 7.2 万批次、1250 多万人次。[①]桂林红军长征湘江战役文化保护传承中心申报的"以纪念馆建设为载体传承红色基因——湘江战役旧址保护利用实践探索"入选"2020 年度全国革命文物保护利用十佳案例"。2022 年 1 月 11 日，习近平总书记在省部级主要领导干部学习贯彻党的十九届六中全会精神专题研讨班上提出"五个要用好"，其中一个是"要用好红色资源，加强革命传统教育、爱国主义教育、青少年思想道德教育，引导全社会更好知史爱党、知史爱国"[②]。习近平总书记围绕用好红色资源，强化历史教育功能的重要论述，为湘江战役纪念馆在不断取得的良好进展的基础上继续发挥历史教育功能提供了根本遵循和行动指南。

"引导参观、讲解陈列是纪念馆社会教育工作的中心任务。"[③]做好引导参观、讲解陈列工作是纪念馆发挥历史教育功能的重要环节。笔者选取全州县红军长征湘江战役纪念馆的讲解服务作为研究对象，分析全州县红军长征湘江战役纪念馆的讲解服务特点，并进行经验总结。

全州县红军长征湘江战役纪念馆的讲解服务主要有以下特点：

第一，以历史线索为主线，以红色故事为重点。讲解员以时间为脉络，结合

---

① 周文俊.赓续红色血脉　传承红色文化[N].桂林日报，2022-04-24(16).
② 习近平.更好把握和运用党的百年奋斗历史经验[J].求是，2022(13)：4-19.
③ 安廷山.中国纪念馆概论[M].北京：文物出版社，1996：107.

图文版画、油画、文物、复原场景等场馆资源对"战略转移踏征程""血战湘江突重围""伟大转折定航向""浴血奋战勇向前""革命理想高于天""胜利会师开新局""不忘初心，走好新的长征路"七个主题单元逐一进行讲解，帮助参观者站在历史、现实、未来的交汇点深情回望长征历史，切身感受新时代中国特色社会主义取得的历史性成就及实现的历史性变革，在此基础上更加自信地展望第二个百年奋斗目标。在讲解过程中，讲解员重点讲解湘江战役红色故事，如结合当年激烈战斗的复原场景、易荡平使用过的蓑衣等讲述了红一军团二师五团政委易荡平在脚山铺阻击战中负伤后宁死不当俘虏自尽殉职的英雄事迹（见解说1）；结合油画《陈树湘》将红五军团三十四师师长陈树湘重伤被俘后断肠明志的英雄故事娓娓道来（见解说2）。这些红色故事突出展现了红军英烈以生命和热血铸就的伟大长征精神，使参观者能深刻体悟到以易荡平、陈树湘为代表的湘江战役革命英雄正是因为有坚定的理想信念，他们不畏惧任何艰难险阻，为革命理想勇于胜利、勇于突破、勇于牺牲。

第二，根据不同的讲解对象采取不同的讲解方式。红军长征湘江战役纪念馆讲解员面向不同参观者在对馆内展品及其内蕴的红色文化进行讲解时，并非千篇一律地进行简单介绍，而是针对参观者不同的需求有所区别地进行引导和讲解，尽量避免参观者对馆内展品的认知仅停留在浅显层面。面向以成年人为主的参观者，讲解员以时间为顺序，以重要战役战斗、重大历史事件、重要决策过程和重要历史人物为主体进行讲解，帮助参观者从宏观上整体把握红军长征的历史发展脉络及重点理解"英雄史诗，不朽丰碑"这个主题。面向以青少年为主的参观者，讲解员则更加注重将展出的图片资料、历史文物、油画、复原场景等与红色故事结合起来，生动讲述典型的历史细节，激发参观者的兴趣，引导参观者从历史表象去把握历史本质，从历史中对话现实。比如，同样是向参观者介绍展出武器装备的玻璃展柜，当面向以成年人为主的参观者进行讲解时，讲解员介绍这些武器装备的来源、使用方法和杀伤力情况，以此说明红军使用的武器装备与国民党军优良的武器装备相差甚远（见解说3）。当面向以青少年为主的参观者进行讲解时，讲解员则更进一步分析为何红军战士即使拿着这样的兵器却没有退却，并结合现实生活深入讲述理想信念是红军战士勇于胜利、勇于突破、勇于牺牲的精神密码（见解说4）。

第三，注重双向互动交流。讲解员在讲解过程中尽量避免单向传递信息，十分注重跟参观者进行深度对话，加强彼此之间的互动交流，通过密切关注参观者聆听状态并进行讲解、眼神交流、提出问题、引发思考、及时解答参观者提出的问题等方式，激发参观者深入了解湘江战役历史的兴趣，进而加强参观者接受红色教育的主动性和实效性。如,讲解员结合参观者的年龄特点、知识背景等,在介绍序厅的浮雕墙时采用提问的方式带领参观者细致了解前仆后继的红军战士、英勇作战的红军战士、挑着担子帮助红军的老百姓等鲜明的人物形象,生动讲述了红军战士为革命理想无所畏惧及军民鱼水情深(见解说5)。又如,讲解员介绍油画《我们一定会回来》时,结合参观者的现实生活,深情而细致地讲述红军为何要离开家人远征,让参观者的注意力集中于油画中的细节刻画和人物情感,充分体现了红军与亲人之间的依依不舍及亲人对红军坚守理想信念的支持,从而使参观者产生情感共鸣提供可能性(见解说6)。

第四,注重历史与现实结合起来引发参观者的深入思考。"昨天的历史不是今天的人们书写的,但今天的人们不能脱离昨天的历史来把握今天、开创明天。"①中国共产党百年奋进史是革命先烈用流血牺牲创造出来的,这段历史的启迪和教训是我们在新时代新征程团结奋进、开创未来的共同精神财富。党的二十大报告指出:"我们要善于通过历史看现实。"②我们不能将历史与现实割裂开来,而是要从历史中汲取智慧,站在历史的深厚基础上自觉把个人理想信念融入国家富强、民族复兴的伟业之中,把革命先烈为之不懈奋斗、为之流血牺牲的伟大事业奋力推向前进。红军长征湘江战役纪念馆讲解员注重通过具体生动地讲述湘江战役历史的方式去帮助参观者深刻感悟中国共产党人的初心和使命,并引导参观者尝试从现在同过去的历史进行对话,启发参观者在对历史的深入思考中要更加自信地面向未来,坚定理想信念,矢志拼搏奋斗(见解说7、8)。

讲解服务是讲解员对纪念馆展陈有温度、有深度的延伸和补充,是纪念馆发挥历史教育功能的有力武器。红军长征湘江战役纪念馆不断探索讲解服务新思路,学习其他革命历史纪念场所开展讲解工作的好做法,走出独具特色的依托讲解服务发挥历史教育功能之路。

第一,加强讲解队伍建设。讲解员是连接参观者和纪念馆陈列展陈的纽带,是参观者走进湘江战役历史的桥梁。讲解员素质的优劣和讲解水平的高低,直接关系到纪念馆发挥历史教育功能的效果。优秀的讲解员可帮助参观者进一步把握展陈的主题及深入理解展陈的深层内涵,由初步的感性认识上升为理性认识。红军长征湘江战役纪念馆注重对讲解员的专业培训,为发挥历史教育功能配备一支思想政治水平高、专业能力强和历史责任感强的讲解队伍。作为习近平总书记参

---

① 习近平在纪念中国人民抗日战争暨世界反法西斯战争胜利70周年系列活动上的讲话[M]. 北京:人民出版社,2015:11.
② 习近平. 高举中国特色社会主义伟大旗帜 为全面建设社会主义现代化国家而团结奋斗——在中国共产党第二十次全国代表大会上的报告[M]. 北京:人民出版社,2022:21.

观红军长征湘江战役纪念馆时的讲解员,周运良馆长表示:"总书记强调缅怀革命先烈,赓续共产党人精神血脉,当前全党正在开展党史学习教育,我一定要立足本职工作,坚定理想信念,保持工作热情,讲好湘江战役故事,将红色文化发扬光大。"①他还强调"在党史学习教育中,既要不断给自己充电、持续输入,也要进一步锤炼讲解能力,向参观者高质量输出"②。近年来红军长征湘江战役纪念馆成为来自全国各地参观者接受红色教育的热门打卡点之一,参观人数大幅度增加,讲解员有时候一天甚至讲解11场,平均每场40分钟到1小时,如此工作量是比较大的,但他们除了承担好日常的讲解服务之外,还会通过重走长征路的亲身体验来丰富讲解内容,从而实现向参观者高质量输出讲解内容的效果。此外,红军长征湘江战役纪念馆还注重培养红军后代讲好湘江战役英雄故事。习近平总书记指出:"红军后代、革命烈士家属传承革命精神有说服力和感染力,要把先辈们的英雄故事讲给大家听,讲给年青一代听,激励人们坚定不移跟党走,为实现美好生活而奋斗。"③胡雅馨是红军长征湘江战役纪念馆的第一批讲解员。作为参加过湘江战役的红军战士的后代,她将讲好长征历史作为自己的使命,将讲好湘江战役的故事作为工作重点,不断磨炼提升自己的讲解水平,并得到参观者的肯定。有不少家长和小学生在笔者同他们的访谈过程中表示,胡雅馨讲解员细致而深情地向他们讲解了湘江战役的故事,并且将这些故事与他们的现实生活联系起来,使他们加深了对湘江战役历史的了解,更为深刻地认识到今天生活来之不易。

第二,提供个性化服务讲解。美国学者拉斯韦尔提出了"5W"传播模式,将信息传播分为"谁、说什么、通过什么渠道、对谁说、取得什么效果"等五个基本要素。④"5W"传播模式同样适用于纪念馆讲解员对参观者开展历史教育活动的过程,该理论阐释了要取得理想的传播效果,那么就必然不可忽视作为连接主体间的信息和媒介的重要性。只有从参观者需求的角度出发,有重点、有深度地将长征历史采用为参观者所喜闻乐见的方式进行讲解,才能取得历史教育效果最大化。如今,红军长征湘江战役纪念馆已成为来自五湖四海、从事各种工作的参观者接受红色教育的热门打卡点。如何根据不同社会层面、不同年龄阶段、不同文化层次的参观者,有针对性地满足他们不同的需求,进而为他们提供个性化服务讲解已成为有效实现纪念馆历史教育功能性作用的一个关键性问题。有学者将纪念馆的参观者分为三类:一是年龄小、求知欲强的青少年群体,二是知识层次不同、

---

① 王海波,芦俊文,廖雨刚.坚定理想信念走好新长征[J].当代广西,2021(10):43.
② 胡逢超.擦亮红色品牌 打造传承新高地[N].桂林日报,2021-09-13(1).
③ 习近平.论中国共产党历史[M].北京:中央文献出版社,2021:47.
④ 哈罗德·拉斯韦尔.社会传播的结构与功能[M].北京:中国传媒大学出版社,2015:35.

参观侧重点存在差异的一般成人观众；三是同纪念馆事业有关联的参观者和合作者等专家学者。① 也有学者将参观者的构成分得更加具体细致，认为可按参观者的年龄(少年、青年、中年、老年)、参观目的(观光休闲型、学习型、科研型)、身份(普通参观者、特殊参观者)、地域(来自本地、外地、国外)、活动状况(零散、家庭、团体)等进行分类。② 总的来说，根据参观者的年龄和参观目的有所区别地提供讲解服务，这是纪念馆遵循"因人而教"原则的主要方向。红军长征湘江战役纪念馆讲解员在面向青少年群体进行讲解时，根据他们所具有知识相对薄弱、求知欲强的特点，注重加强与参观者的互动交流以及时了解他们兴趣点，适当增加易荡平为不连累战友英勇牺牲、陈树湘断肠明志、杨成武泪别小老表等具体生动的红色故事以帮助他们构建正确的历史认知；在面向一般的成年参观者时，讲解员以让参观者理解讲解内容为目的，不会将过多的历史知识进行深入讲解，而是有选择地突出内容核心点。红军长征湘江战役纪念馆提供的个性化服务讲解根据参观者不同情况进行科学引导，能够使参观者深入理解展陈主题，深刻体悟展品背后的精神意义。

第三，注重讲好红色故事。习近平总书记在多个场合反复强调，我们要讲好党的故事、革命的故事、英雄的故事，把红色基因传承下去，确保红色江山后继有人、代代相传。③ 为使红色基因代代相传，红军长征湘江战役纪念馆讲解员充分挖掘革命文物、历史照片背后的红色故事，结合油画、复原场景、雕塑、实物等细致而深情地向参观者讲解红军长征的故事，尤其是湘江战役的故事，使参观者身临其境，认真聆听。讲好红色故事，不仅要将红色故事讲得生动具体，还要讲得深刻，"防止肤浅化和碎片化，学党史讲党史不能停留在讲故事、听故事层面"，④ 而是要通过讲好党的故事、革命的故事、英雄的故事，引导参观者加深对党的历史理解和理论认识，厚植爱党、爱国、爱社会主义的情感。当参观者在油画《陈树湘》前驻足停留时，讲解员胡雅馨总是动情地做讲解："是什么样的勇气，让红军战士像钢铁般，用血肉之躯去拼搏？总书记给出了答案——革命理想高于天。"⑤讲解员通过细致而深情深刻的讲解引导参观者在想象和共情中构建正确的历史认知，内化为代代相传的历史记忆和红色基因。

---

① 南京市梅园新村纪念馆. 革命纪念馆的现状与发展[M]. 南京：南京出版社，2003：173.
② 同①，94.
③ 在新时代东北振兴上展现更大担当和作为 奋力开创辽宁振兴发展新局面[N]. 人民日报，2022 - 08 - 19(1).
④ 习近平. 在党史学习教育动员大会上的讲话[M]. 北京：人民出版社，2021：27.
⑤ 王海波，芦俊文，廖雨刚. 坚定理想信念走好新长征[J]. 当代广西，2021(10)：43.

红军长征湘江战役纪念馆讲解员解说词实例：

【解说1】这个展厅还原的是当年红军战士英勇作战的场景。我们看到在战壕区域战斗的有一支队伍——红一军团第二师第五团，红一军团第二师第五团的政委易荡平在部队后面断后，处境非常危险。在相互掩护撤退时，易荡平的警卫员一边跑，一边往后看，发现易荡平在原地没有动，非常着急，他赶紧跑回去拉着政委一块儿撤退，就在这个时候才发现易荡平的腿部受了重伤。原来易荡平因腿部受重伤没办法撤退，已抱了必死之心，要在这里战斗到最后一刻。他的警卫员非常着急，赶紧背起了他，但是易荡平不忍连累战友，也不愿被抓做俘虏，在最后一刻，他坚决夺过警卫员的枪，开枪自尽，英勇就义。易荡平是这次战斗中红一军团牺牲的最高级别指挥员。为了不连累战友，不做俘虏，毅然开枪殉志，体现了勇于牺牲、勇于胜利的大无畏精神。我们可以看到这有草鞋、水壶、手电筒等物件，在1934年有这些物件是非常难得的，这是易荡平家人捐赠放在这里给大家瞻仰的。易荡平的家里生活条件是很好的，家里条件这么好，为什么还要进行战斗呢？因为国家是大家的家，每个人都得为国家富强、民族复兴献出自己一分力量。

【解说2】这幅油画所画的主人公是谁呢？他叫作陈树湘。他在湘江战役中担任红五军团第三十四师师长。我们要记住他的名字，为什么？因为当年他带领红五军团第三十四师作为全军的总后卫，非常艰难，在完成掩护任务后，在湘江东岸陷入敌人的包围圈，孤立无援。陈树湘带领余部决定突围到湘南发展游击战争，如果突围失败，誓为苏维埃流尽最后一滴血。陈树湘在转战湘南时腹部被敌人的子弹击中，受了重伤昏迷过去，不幸被敌人抓获。后陈树湘在担架上苏醒过来了，他不愿做敌人的俘虏，用手绞断自己的肠子，断肠明志。

【解说3】我们看到这面玻璃展柜展出的是一些武器装备。这些武器装备是从我县收集到的，大部分为冷兵器，有单刃铁刺刀、铁刀、长矛等。前面有手榴弹。习近平总书记参观纪念馆的时候提了一个问题，这个手榴弹是怎么进行引爆的？这个手榴弹叫作马尾手榴弹，它的上方前面拴了一根绳索，红军战士们用绳索把手榴弹投掷出去，而在手榴弹的下方有一个引爆装置，这个引爆装置需要碰到坚硬的地面，手榴弹才会被引爆。这种手榴弹不像我们常见的用引线点燃或拉环式手榴弹，它是当年红军战士自制的，不适合在树林当中进行战斗，杀伤力不大。

【解说4】前面的展柜展出的是武器装备，有大刀、长矛、单刃铁刺刀、手榴弹等。这些都是当年红军使用过的兵器，那我们看到这个玻璃展柜就可以留意到一个特点，就是这些武器都很落后，它没有像我们现在看到的国庆阅兵的时候，有那么多先进的武器。这些武器装备同国民党军所使用的武器装备相差甚远，敌人有非常先进厉害的武器。但是红军战士即使拿着这样的兵器都没有退却过，这是因为他们心中有理想信念。

【解说5】走进序厅，展现在我们前方的是气势恢宏的浮雕墙，小朋友们，你们看到浮雕墙上有什么人物形象呢，他们是谁？是的，红军战士。我们看到有很多的人物形象，比如说你看这个红军战士在干什么呢？在吹号角，在冲锋，对不对？我们还看到像这两位红军，他们架着机枪在战斗。我们还看到下面这一位在挑着担子，这代表我们桂北老百姓在1934年发生的湘江战役中团结起来，并且用自己的力量来帮助红军，所以我们看到有老百姓在挑着担子帮助红军送粮食。整面浮雕墙是用写意的形式还原了湘江战役的悲壮感。

【解说6】我们看到《我们一定会回来》这幅油画画了很多人物形象，对的，他们在告别，这位妈妈靠在自己儿子的肩上，这名小朋友拿着包袱在送别父亲，这位父亲抱着自己的孩子，她闭着双眼，表情十分难过。他们在离开中央苏区，在于都河畔集结出发，准备要出发了，他们在跟自己的家人告别。我们看到，母亲来送儿子，妻子来送丈夫，孩子来看着父亲远征。这是一件非常难过的事儿，可是为什么他们这么难过还是要走？为什么红军将士还是得离开家乡，离开家人？这些家人即使不舍得还是要送他们离开，因为当年的中国非常艰难，中国需要有这样的一支部队和这样的战士去创造、去奋斗、去牺牲。这些战士们的家人知道他们是在做一件正确的事情，即使再不舍也必须给予支持。

【解说7】习近平总书记用"四个伟大远征"高度概括了长征的现实意义和历史意义。习近平总书记讲述了什么关键词呢，比如第一句的理想信念，我们的理想信念是什么呢？比如，平时考试考100分是我们的理想，我们要好好学习，扎实做功课，考上理想大学是我们的信念，而红军战士的理想信念是什么呢？他们要创造今天的新生活，要革命成功，要完成突破封锁线这个目标、保卫党中央……经历了长征，我们全国老百姓都认可这支部队，开创新局。当时的这些革命先辈们的流血牺牲，他们的理想信念为我们创造了今天的幸福生活。

【解说8】大家请看这个雕塑，三位红军战士拖着什么物品呢？电台。这是红军战斗中进行联络的很关键的一个物品。当时红军渡江非常艰难，国民党军围追堵截，天上还有飞机在不断地轰炸。我们可以看到，这两位战士抬着电台渡江的时候，一个炸弹在旁边炸开，后面的这一位战士快撑不住了，因为他受伤了，在他快要落到江水的一瞬间，后面的战士一个箭步冲上来就护住这个电台。为什么战士们把电台看得比自己的生命还要重要？因为在整个战斗中他们都没有顾及自己的生命，他们就想着一件事，就是突破湘江，保卫党中央，取得胜利，自己可以牺牲，但是像电台这样重要的物品一定不能落入敌人手中。这体现了他们非常高尚的品格。我们在成长过程中，我们做事情不能永远只想着自己，要想到付出，想到奉献，这个世界才是美好的。

二、面向社会公众的历史教育实践路径

近年来，红军长征湘江战役纪念设施"三园三馆"成为国内红色教育的一大热点，来自全国各地的党员、干部、群众、红军后代等纷纷前来参观学习。据统计，2019年9月到2022年3月，红军长征湘江战役纪念设施"三园三馆"累计接待各类参观团7.2万批次、1250多万人次。① 对于参观者来说，"三园三馆"是可以实景式回顾湘江战役历史、深刻感悟湘江战役精神的教育阵地，是赓续红色血脉的精神家园。其中，红军长征突破湘江纪念馆自全面升级改造后同样引来了巨大"红色流量"。2020年10月1日至3日仅三天时间，红军长征突破湘江烈士纪念碑园的游客量就突破2万人次②，来自全国各地的参观者踊跃到此缅怀革命先烈、感受红色文化、接受红色教育。

笔者选取兴安县红军长征突破湘江纪念馆为研究对象，于2022年10月2日采用访谈、直接观察的方式对社会公众视域下的红军长征突破湘江纪念馆历史教育进行考察，主要围绕"通过什么方式""接收了什么信息""有何收获"等核心问题对到红军长征突破湘江纪念馆接受红色教育的参观者进行访谈，访谈获取的素材主要体现在以下几方面：

第一，通过观看历史文物、电影、漫画等深受教育。受访者表示"红军长征突破湘江纪念馆的历史文物很丰富，让我印象最深刻的历史文物是易荡平用过的老虎毯子。从这条毯子可以看出易荡平的家庭条件很不错，但是他为追求革命理想选择了艰难的道路，并为自己的理想信念英勇牺牲，这种精神值得我们学习""影视场景让我印象深刻，在了解了三大阻击战这段历史后再观看电影时更加触及心灵，深受教育""用漫画来讲述红军之间同甘共苦、老百姓支持红军这些红色故事的方式很特别"。

第二，通过聆听红色故事深受教育。受访者表示"听了讲解员讲述陈树湘断肠明志的英勇事迹，陈树湘这种'为苏维埃流尽最后一滴血'的精神力量让人震撼啊""一家三代守护红军墓的故事使我很受感动，说明这些英勇的红军受到当地老

---

① 周文俊. 赓续红色血脉 传承红色文化[N]. 桂林日报，2022-04-24(16).
② 广西桂林市兴安县人民政府门户网站. 国庆中秋假期前三日：我县旅游安全和市场运行稳中向好[A/OL]. 2020-10-05. http://www.xazf.gov.cn/jjxa/xayw_61519/202010/t20201012_1910677.html

百姓的尊崇"。

第三，通过回答知识问答题受到教育。受访者表示"我做了触摸一体机上面关于红军长征和湘江战役的知识问答题，有一些题目会做，比如'被称为少共国际师的是哪个师？''湘江战役中壮烈牺牲的三十四师的师长是谁？''长征途中为保证中共中央安全，各军团采取了什么样的行军方式？'但有一些题目不懂，比如，'湘江战役相关红色遗址遗存是在哪一年被评为全国重点文物保护单位？''电影《从奴隶到将军》的原型讲的是湘江战役中的哪一位？'总体来说，通过答题能了解到更多相关知识。"

第四，通过描摹红军标语受到教育。受访者表示"我写了'打倒屠杀工农的国民党'这些字，还放大投影到墙上了，妈妈告诉我，当年红军战士就是把这些标语写到墙上的""我喜欢在那里写标语，写了'拥护中国共产党'"。

第五，通过总结学习感悟受到教育。受采访者表示"今天的幸福生活来之不易，缅怀革命先烈，我们要传承红色基因，继承弘扬好伟大的长征精神，不忘初心、牢记使命，走好新时代的长征路""我们要珍惜今天的幸福生活，提升境界，拼搏进取，坚决做湘江战役精神的传承者、践行者，紧密结合工作实际，不忘初心、砥砺奋进""通过参观，我们对革命烈士抛头颅、洒热血的革命精神深深感动，我们将这种精神融入日常生活中去，多为群众办实事，为乡村振兴而努力奋斗"。

根据访谈所梳理的资料来看，到红军长征突破湘江纪念馆的参观者接受红色教育经历了这样一个从感性认识上升为理性认识，进而激发他们去实践的具体过程。毛泽东指出："从感性认识而能动地发展到理性认识，又从理性认识而能动地指导革命实践，改造主观世界和客观世界。实践、认识、再实践、再认识，这种形式，循环往复以至无穷，而实践和认识之每一循环的内容，都比较地进到了高一级的程度。"[1]参观者谈及的看、听、答、写等属于参观者感觉和印象方面的认识，处于感性认识阶段，参观者谈及的感悟方面则是理性认识。参观者在观看革命文物、置身战役模拟场景、聆听英雄的故事等过程中并不仅仅是处于感性认识阶段或理性认识阶段，而是逐渐实现了从感性认识到理性认识的跃升。参观者在红军长征突破湘江纪念馆感受红色文化、接受红色教育这一不断深化、循环反复的认识过程也可转换为"让文物说话、让历史说话、让文化说话"三个维度来进行理解。2017年习近平总书记在广西考察工作时明确指出："一个博物馆就是一所

---

[1] 毛泽东选集(第1卷)[M]．北京：人民出版社，1991：296-297．

大学校","要让文物说话,让历史说话,让文化说话"。① 作为纪念性博物馆的其中一类,红军长征突破湘江纪念馆致力于发挥历史教育功能。参观者走进红军长征突破湘江纪念馆,在游览这所"大学校"的同时,通过人与文物、人与历史、人与文化的交流对话,达到了一种从感性认识跃升到理性认识的情境。

第一,让文物说话,"聆听"红色故事。

文物是指历史遗留物,是民族历史的见证,承载着珍贵的历史信息,亦是优秀传统文化的象征,蕴含着优秀传统文化的思想观念、人文精神、道德规范。红军长征突破湘江纪念馆共展出246件文物,这些珍贵的历史文物承载着或感人至深、或发人深思、或催人奋进的红色故事,是激发参观者爱党爱国热情、振奋民族精神的鲜活教材。习近平总书记指出,"讲故事就是讲事实、讲形象、讲情感、讲道理,讲事实才能说服人,讲形象才能打动人,讲情感才能感染人,讲道理才能影响人。"②参观者通过"聆听"文物背后兼具事实、形象、情感、道理等因素的红色故事,在游走于红色故事空间的过程中逐渐实现构建正确历史认知、坚定历史自信、铭记革命历史、促进历史自觉的纵横贯通。

"聆听"文物讲述雄辩事实。易荡平烈士使用过的老虎毯子、铜制烟杆、红军长征时使用的水壶和马镫等珍贵文物向参观者讲述了红军将士在湘江战役中英勇奋战,视死如归,用鲜血和生命在中国革命历史上树立了一座不朽的丰碑。易荡平烈士使用过的老虎毯子是2015年易荡平的重孙汤裕福一家向红军长征突破湘江纪念馆捐赠的。通过这张保存近百年历史且十分珍贵的老虎毯子,参观者可"聆听"到易荡平以荡平天下为己任而改名、为了革命理想毅然放弃优厚生活、为不当俘虏决然拔枪自杀的红色故事。铜制烟杆是兴安县于2019年红军烈士遗骸收殓保护工作中在界首镇和家平岗岭发掘一名红军无名烈士的遗骸时发现的,它见证了湘江战役广大红军指战员"誓死保卫党中央"的悲壮历史。红军长征时使用的水壶、马镫等向参观者"讲述"了湘江战役作为长征中的第一场紧张激烈的突围战,为长征胜利奠定了重要基础。参观者通过"聆听"文物背后一个个有温度的红色故事,在敬畏历史的基础上去了解客观事实,弄明白为何红军战士在敌人围追堵截、战争如此激烈的情况下勇于胜利、勇于突破、勇于牺牲,为何说"失败论""无关紧要论""让路放生论"是错误认识等问题,进而构建起关于湘江战役的正确历史认知,坚决抵制历史虚无主义。

---

① 中共中央文献研究室. 习近平关于社会主义文化建设论述摘编[M]. 北京:中央文献出版社,2017:193.

② 同①,212.

"聆听"文物讲述生动形象。参观者可通过红三军团红五师师长李天佑在长征时使用过的武器和穿过的蓑衣、红五团政委易荡平烈士使用过的老虎毯子和碗盆、耿飚用了30多年的小文件箱、老红军刘型使用过的毯子、红三十四师参谋长张福升烈士用过的刀、老红军李卓然在中华人民共和国成立后使用的水杯、湘江战役中牺牲的红三军团原新兵师师长刘世浩烈士穿过的棉袄及使用过的砚墨等文物,"聆听"有细节、有温度的红色故事,一定程度上消除因年代久远产生的距离感和陌生感,从而体会到强烈的现场感和真实感,感受到革命英雄个体顽强拼搏、勇往直前、无私奉献的鲜明形象。比如,湘江战役时任红五军团后勤部政委刘型使用过的军毯是2013年刘型的亲属捐赠给红军长征突破湘江纪念馆的,它是刘型在生活条件异常艰苦的革命战争年代用粗的再生布做的,上面缝有刘型的名字,伴随着刘型出生入死、南征北战。在中华人民共和国成立后刘型还一直使用这条军毯,而且一家三代人用了70多年。参观者从刘型及其家人将这条并不精美但蕴藏着刘型革命精神的毯子视如珍宝的这一细节,能感受到革命英雄个体坚守理想信念、不怕流血牺牲的可贵精神力量,并能体会这些感人至深、催人奋进的精神力量是任何物质都无法替代的。红军长征时使用过的矛、鸟铳、马尾手榴弹、印章、用来装硝药的牛角、马灯,桂北民团埋设在山道上防阻红军的有毒竹签,失散红军使用过的铜制饭盒等文物还有助于向参观者塑造中国共产党人"革命理想高于天"的群体形象。这些文物向参观者讲述中国共产党人在面对敌军的围追堵截、简陋的武器装备限制、恶劣的自然环境等境况下依然表现出无所畏惧、勇往直前的精神状态,以坚如磐石的理想信念支撑着他们攻克一个又一个难关,最终取得长征的胜利。

　　"聆听"文物讲述真挚情感。参观者游走在以历史发展为脉络的包括实物、图片、文字、数字化展示等文物展示过程中,还会受到传达真挚情感的动人故事的感染,激发情感共鸣。例如在"红军长征过桂北,宣传群众、武装群众、依靠群众,以自己的模范行动,留下许多红色记忆,撒播下革命的火种"这一条基本情节线索的统领下,参观者不仅通过朱镇中手稿、红军写宣传标语用的刷笔、油灯、水壶等文物实物,还通过历史图片、清晰文字、动画视频等多种形式去了解"失散红军刘华连六十年圆梦记""一锅野菜猪潲粥""火线救助""医治苗族群众"等故事发展情节及感受故事主体的情感变化,逐渐同红军战士产生情感共鸣,并将这份情感体验升华为"中国共产党人同人民休戚与共、血脉相连"的理性认识。

　　"聆听"文物讲述深刻道理。参观者依次参观"战略转移""突破湘江""伟大转折""精神永存"等主题展览,"聆听"文物背后的红色故事,结合当下生活深刻理解"中国共产党为什么能,中国特色社会主义为什么好,归根到底是马克思主义行,是中国化时代化的马克思主义行"①的道理。例如,参观者通过"聆听"桂北民团埋设在山道上防阻红军的有毒竹签及红军长征时使用的鸟铳、马尾手榴弹、矛等文物了解历史背景和过程,产生关于中央革命根据地第五次反"围剿"为何失利、中央红军为何在敌军的围追堵截中处于如此被动局面、湘江战役中中央红军为何惨遭重大损失等问题的思考,由此体悟到遵义会议的历史性意义,从这一段历史的挫折和教训中深刻认识到坚持和发展马克思主义是我们应对各种风险挑战、把握历史主动的根本所在,而"坚持和发展马克思主义,必须同中国具体实际相结合"。②参观者在互动性体验过程中描摹"打倒屠杀工农的国民党""反对李宗仁强迫群众修马路""拥护中国共产党""红军是工农自己的军队""当红军有田分""打倒国民匪党"等红军标语时,就能更深刻认识到中国共产党人坚守初心使命的过程也是一个追求真理、揭示真理、笃行真理的曲折发展过程。

第二,让历史说话,"聆听"湘江战役史。

同呈现红军长征全貌的红军长征湘江战役纪念馆、突出新圩阻击战壮烈悲歌的新圩阻击战史实陈列馆不同,红军长征突破湘江战役纪念馆突出展现的是湘江战役史实,以一个个兼具事实、形象、情感、道理等因素的红色故事串成了红军将士浴血湘江、一往无前的壮丽篇章,向参观者述说着湘江战役历史,让参观者站在历史、现实和未来的交汇点上回眸历史、缅怀先烈。

让历史说话,讲述湘江战役的悲壮。2014年10月,习近平总书记在福建省上杭县古田镇同老红军、军烈属代表座谈时谈到,长征出发时,红军队伍中有两万多闽西儿女,其中担任中央红军总后卫的红三十四师6000多人主要是闽西子弟,湘江一战几乎全师牺牲。③ 2017年4月,习近平总书记在广西考察工作结束时的讲话中谈到湘江战役时用了"惨烈"一词。"突破湘江"主题单元是红军长征突破湘江战役纪念馆展出的"战略转移""突破湘江""伟大转折""精神永存"主题单元的核心,分为"三大阻击战""生死抢渡""铁流后卫"三部分,运用声光影像、场景再现、主题雕塑等多种现代技术手段重现战火纷飞的阻击战战场,使参观者身临其境地感受战斗的激烈和残酷。如,有参观者谈及通过观看历史图片、文物、油画、电影等及在卧式触摸一体机上进行"红军长征及湘江战役知识问答"答题,并置身于脚山铺阻击战、光华铺阻击战场、界首红军堂、中央红军抢渡湘江等复原场景中,能更为深刻地了解湘江战役的悲壮历史,更加触及心灵,深受教育。

---

①② 习近平.高举中国特色社会主义伟大旗帜为全面建设社会主义现代化国家而团结奋斗——在中国共产党第二十次全国代表大会上的报告[M].北京:人民出版社,2022:16-17.

③ 在古田会议光芒照耀下继续前进 习近平主席出席全军政治工作会议侧记[N].人民日报,2014-11-03(2).

让历史说话，讲述理想信念是红军绝处逢生、突破重围的支撑力量。从主题单元"突破湘江"到"伟大转折"，参观者通过大量丰富的历史图片、文字、图表、实物、油画、复原场景等充分了解湘江战役历史知识，同时能深刻认识到红军把坚定的理想信念化为勇于胜利、勇于突破、勇于牺牲的具体行动，最终突破敌人重兵布下的天罗地网，并使中国共产党和中国革命事业走向伟大转折、不断打开新局面。铁血后卫"誓死保卫党中央"的绝对忠诚使参观者深受震撼，而这就是红军将士始终坚守理想信念、视死如归的很好例证。2021年4月25日，在全党开展党史学习教育之际，习近平总书记再次来到广西考察，并将红军长征湘江战役纪念园作为考察的第一站，特别强调革命理想信念对于中国共产党革命事业的至关重要性。习近平总书记指出，如果没有这么一批勇往直前、舍生忘死的红军将士，红军怎么可能冲出敌人的封锁线，付出了那么大的牺牲，靠的是什么？靠的正是理想信念的力量！① 牢不可破的理想信念经过血与火的淬炼，是红军将士取得长征胜利的有力支撑。

第三，让文化说话，"聆听"长征精神。

长征精神是红色文化的重要精神内涵之一，是1934年10月至1936年10月，中国共产党领导中国工农红军主力从长江南北各根据地向陕北根据地进行战略转移过程中克服超出常人想象的千难万险，最终突破重围，胜利完成长征这一伟大壮举所展现出来的强大精神力量。中央红军长征从1934年11月25日进入广西，到12月13日离开广西，足迹遍及桂北兴安、全州、灌阳、资源、龙胜五县，无数革命先烈血染桂北大地，留下座座丰碑，红军长征精神永放光芒。红军长征突破湘江战役纪念馆展览设置了"精神永存"主题单元，对长征精神在桂北大地的具体呈现进行展示及进一步升华。

让文化说话，讲述长征精神的具体内涵。习近平总书记在纪念红军长征胜利80周年大会上的讲话中用"伟大"一词对长征精神下定义，并对其内涵进行了高度概括，他明确指出："长征这一人类历史上的伟大壮举，留给我们最可宝贵的精神财富，就是中国共产党人和红军将士用生命和热血铸就的伟大长征精神。伟大长征精神，就是把全国人民和中华民族的根本利益看得高于一切，坚定革命的理想和信念，坚信正义事业必然胜利的精神；就是为了救国救民，不怕任何艰难险阻，不惜付出一切牺牲的精神；就是坚持独立自主、实事求是，一切从实际出发的精神；就是顾全大局、严守纪律、紧密团结的精神；就是紧紧依靠人民群众，同人民群众生死相依、患难与共、艰苦奋斗的精神。"②参观者行走在红军长征突破湘

---

① 林晖，周玮，施雨岑等. 习近平的文化情怀[N]. 人民日报，2022-05-12(1).
② 习近平. 在纪念红军长征胜利80周年大会上的讲话[M]. 北京：人民出版社，2016：8-9.

江战役纪念馆的文化叙述空间里,能够强烈感受到经过血与火淬炼的伟大长征精神。一是坚定理想信念,坚信必胜。比如,参观者通过富有感染力的油画《我们一定会回来》《新圩阻击战》《走向胜利》《红军三大主力会师》等能够感受到,二万五千里长征历时两年多,途中红军披荆斩棘,无所畏惧,绝境重生,最终走向胜利,就是因为"心中有信仰,脚下有力量"。换言之,红军义无反顾地将相信中国共产党说的就是真理,相信中国共产党干的事情就是为人民群众好的这个重要信念转化为勇往直前的强大支撑力量。二是不怕艰难险阻,勇于牺牲。参观者从毛泽东诗词《七律·长征》手写体、中央红军(红一方面军)长征路线图、雕刻有"四渡赤水河""巧渡金沙江""强渡大渡河""飞夺泸定桥""翻过大雪山""跋涉过草地""抢占腊子口""会师吴起镇"八组主题画的巨幅凹曲形浮雕墙的展示中可以了解到,红军历经千难万阻,不仅要经受住常人不可想象的自然气候环境的考验,还要应对上百万穷凶极恶的敌军的围追堵截,以藐视一切险恶的气魄和不怕牺牲的精神,谱写了震撼人心的英雄史诗。三是坚持独立自主,实事求是。参观者从主题单元"战略转移"到"突破湘江"再到"伟大转折"的展陈能够认识到,湘江战役之所以会产生如此惨烈悲壮的结果,其中一个关键因素是由"左"倾教条主义者操控的"三人团"盲目听从共产国际派来的军事顾问李德的错误指挥,这就使得中国共产党人逐渐意识到解决中国革命问题不必受制于共产国际,中国共产党必须独立自主地领导中国人民实事求是地解决中国革命问题。湘江战役为遵义会议的召开提供了历史条件,遵义会议是中国共产党百余年奋进史上生死攸关的一个伟大转折点,是中国共产党开始摆脱对中国实际情况不甚了解的共产国际的干预,第一次独立自主地运用马克思主义正确解决中国革命问题的重要会议。四是严守党的纪律,紧密团结。在湘江战役新圩阻击战中,由于敌我双方战斗异常惨烈,红军大批伤员负伤掉队,连日来的鏖战,红军将士们疲惫不堪,饥肠辘辘,为了生存,红军将士们沿途摘野菜、捡群众丢弃的红薯根、捞群众的潲水渣充饥,然而在极端恶劣的生存条件下,红军始终将"不拿群众一针一线"的铁的纪律铭刻在心。"精神永存"主题单元展陈中播放的《一锅野菜猪潲粥》动画片讲述了红军战士饥饿难耐,来到好几户群众家都没发现有人在家,反而发现有一锅已煮好的野菜猪潲粥,红军战士吃完后洗好锅并留下银毫和说明理由的纸条。从这则微小动人的湘江战役经典故事中我们深刻体会到红军将士始终严守党的纪律,紧密团结。五是依靠人民群众,命运与共。从主题单元"精神永存"的"红色印记"部分可以了解到人民群众是红军克服艰难险阻、突破生死重围、赢得长征胜利的动力和靠山。在湘江战役中,红军深得民心,当地群众帮红军带路、送饭送水给红军、为红军架设浮桥、救助负伤红军。陈云在《随军西行见闻录》中写道:"红军之所以能突破重围,不仅在于有军事力量,而且在于深得民心。"①龙坪红军楼亦是红军深得民心的见证。1934年,国民党反动派为离间红军和当地少数民族的关系,企图烧毁民房和鼓楼,幸得红军及时将大火扑灭,使这座历史悠久的鼓楼免于火灾。当地少数民族为铭记红军的恩情,将此楼改名为"红军楼"。红军长征突破湘江战役纪念馆将位于龙胜县平等乡龙坪寨的"红军楼"进行场景复原,参观者可以在龙坪红军楼复原场景中体悟"军民鱼水情深"的动人故事。

让文化说话,讲述长征精神的时代价值。长征精神具有坚定理想信念、不怕艰难险阻、不惜付出一切、坚持独立自主、严守党的纪律、依靠人民群众等丰富内涵。这些丰富的精神内涵是红色文化的重要组成部分,在新时代必须得到继承和发展。2013年12月31日,习近平总书记首次提到了"新长征"的概念,指出"在改革开放新的长征路上,共同谱写实现中华民族伟大复兴中国梦的新篇章"。②之后习近平总书记在不同的场合多次提及"新长征",强调:"我们党领导的红军长征,谱写了豪情万丈的英雄史诗。伟大的长征精神是中国共产党人革命风范的生动反映,我们要不断结合新的实际传承好、弘扬好。推进中国特色社会主义事业的新长征要持续接力、长期进行,我们每代人都要走好自己的长征路。"③虽然今天与过去的历史条件不同,但是中国共产党人为之奋斗的理想和事业没有改变。我们不仅可以从伟大长征精神中深刻感悟中国共产党人的初心和使命,也可以从伟大长征精神中汲取在新时代长征路上不断攻坚克难、奋勇前进的强大精神动力。红军长征突破湘江战役纪念馆的主题单元"精神永存"设置了"湘江英烈"展区,除了通过展出文物、图片、1934年湘江战役大事记墙等方式向参观者叙说湘江战役中无数红军烈士的鲜血浸染桂北大地湘江两岸的英雄事迹,还采用光电投影无数鲜艳五角星以烘托湘江英烈精神永存的技术来引导参观者铭记红军丰功伟绩,弘扬伟大长征精神,以润物细无声的方式对参观者进行爱国主义教育和革命传统教育。此外,展览的尾厅展出了习近平总书记在纪念红军长征胜利80周年大会上关于伟大长征精神及新长征的重要论述,帮助参观者进一步提升思想认识,还放置电子纪念屏,参观者可借助向革命烈士敬献电子鲜花这一具体行动升华情感。有不少参观者在访谈中就谈道"无论遇到多大的困难,想想湘江战役的革命英雄们,我们就有勇气顽强拼搏,永不言弃""我们要珍惜今天的幸福生活,提升境界,拼搏进取,坚决做湘江战役精神的传承者、践行者,紧密结合工作实际,不忘初心、

---

① 中国工农红军长征史料丛书编审委员会. 中国工农红军长征史料丛书·回忆史料(2)[M]. 北京:解放军出版社,2016:174.
② 习近平. 在全国政协新年茶话会上的讲话[N]. 人民日报,2014-01-01(3).
③ 习近平. 解放思想真抓实干奋力前进 确保与全国同步建成全面小康社会[N]. 人民日报,2016-07-21(1).

砥砺奋进""通过参观,我们为革命烈士抛头颅、洒热血的革命精神深深感动,我们将这种精神融入日常生活中去,多为群众办实事,为乡村振兴而努力奋斗"。毛泽东指出:"认识的能动作用,不但表现于从感性的认识到理性的认识之能动的飞跃,更重要的还须表现于从理性的认识到革命的实践这一个飞跃。"① 从让文化说话这个视角而言,长征精神的时代价值不但包括从感性认识到理性认识来把握长征精神,更重要的还要实现从理性的认识向具体实践的转化。长征永远在路上,每一代人有每一代人要走的长征路。今天我们踏上了中国式现代化道路的新征程,要继承和弘扬好伟大的长征精神,持续接力推进中国特色社会主义事业的新长征,"新长征路上,每一个中国人都是主角、都有一份责任"。② 在伟大长征精神的鼓舞下,不论遇到多大的困难和挑战,我们都有决心奋进新征程,走好新时代的长征路,满怀信心实现中华民族伟大复兴的中国梦。

三、红色研学综合实践活动

2016 年 12 月教育部等 11 个部门印发《关于推进中小学生研学旅行的意见》,提出把研学旅行逐步列入教育教学计划,依托红色教育和综合实践基地开展。③ 2017 年,教育部正式发布《中小学综合实践活动课程指导纲要》,文件提出要在义务教育阶段和普通高中阶段,设置中小学生综合实践活动这一必修课程,且覆盖所有的学生,并将研学旅行作为综合实践活动课程的实施形式之一。④ 随着国家课程改革踏入核心素养时代,研学旅行得到大力推广,其对加强青少年的思想政治教育、树立正确的价值观极为重要。

就目前的教育形势而言,以知识性为主的教学方式越来越不适应新课程改革的要求。陈新民老师认为,在某种程度上什么样的课程就会产生什么样的教育效果。⑤ 在教育的新形势下,研学旅行是当下备受关注的一种综合实践活动新模式。研学旅行是学校教育的有力补充,是综合实践活动目标和价值的有效实现。实现红色研学综合实践活动的有效开展对于推进课程改革、发展学生核心素养以及落实立德树人的任务具有重要意义。围绕红军长征突破湘江纪念馆开展各种类型的综合实践活动,挖掘多种资源,在综合实践活动中加以融合学科知识,促进学生

---

① 毛泽东选集(第 1 卷)[M]. 北京:人民出版社,1991:292.
② 习近平. 在全国政协新年茶话会上的讲话[N]. 人民日报,2016 - 12 - 31(2).
③ 中华人民共和国教育部. 关于推进中小学生研学旅行的意见[EB/OB]. 中华人民共和国教育部官网. (2016 - 12 - 19)[2022 - 12 - 1]. http://www.moe.gov.cn/jyb_ xwfb/gzdt_ gzdt/s5987/201612/t20161219_ 292360. html.
④ 教育部. 中小学综合实践活动课程指导纲要[M]. 北京:人民教育出版社,2017.
⑤ 陈新民. 历史与社会综合性学习研究[M]. 上海:上海交通大学出版社,2017:1.

从多渠道获取知识、运用知识,提高学生的思维能力、实践能力和自主探究能力等,旨在发展学生的核心素养和落实立德树人的根本任务。

(一)有效开展综合实践活动的意义

长征精神是革命先烈们给我们留下的精神滋养,需要我们每一代人赋予其新的时代内涵,传承红色基因,走好属于我们每一代人的长征路。在红军长征突破湘江纪念馆开展红色研学活动,让学生在红色土地上学习、成长,传承红色基因,赓续红色血脉,厚植家国情怀。

一是有助于加强青少年爱国主义教育和思想道德教育。习近平总书记在参观红色革命纪念馆后多次强调,我们要认识到红色政权来之不易,要讲好党和红军的故事,做好红色传人。湘江战役是红军长征的关键一战,面对着敌我实力悬殊,红军将士们向死而生,凭借一往无前的革命信念取得了奇迹般的胜利,淋漓尽致地展现了"革命理想高于天"的坚定信念和英勇无畏的革命精神。红军长征突破湘江纪念馆是"全国爱国主义教育示范基地""国家国防教育示范基地",利用好红色文化资源开展红色研学活动,有助于加强青少年的爱国教育、革命传统教育和思想道德教育,补足青少年精神上的"钙"。

二是丰富教学活动形式,激发学生学习热情。红色研学综合实践活动是一种自主性、探究性、开放性和实践性的校外教育活动,延伸了校内课堂教学,衔接了学校教育和社会教育。研学旅行综合实践活动是在真实生活的情境中开展研究性学习,能够使学生拓宽视野、丰富知识、拥抱自然,注重学生的体验和探究,引导学生在"做中学"①,让教育回归"知行合一"的本质。在红军长征突破湘江纪念馆开展红色研学综合实践活动,有利于丰富教学活动形式,激发学生的学习热情。

三是推进素质教育,培养全面发展的社会主义建设者和接班人。研学旅行强调多学科融合的实践活动,重视学生综合素质的提升和全面发展。目前的教学方式大多是学习单一的课程体系,学习的各个学科被割裂。在开展红色研学综合实践活动中,是跨学科开展活动,近距离体验和感受新鲜事物,学生运用生活经验和平时所学知识去思考、解决问题,多学科融合的方式更有助于促进学生的思维发展,提高他们的创新能力、实践能力和沟通表达能力等。在红军长征突破湘江纪念馆红色研学活动中,学生的品格、心理、体能等多方面能力得到锻炼和检验,跨学科开展社会实践活动,有助于培养社会主义事业所需要的全面发展的接班人。

---

① 董保良. 陶行知教育论著选[M]. 北京:人民教育出版社,1991:225.

(二)桂北地区开展综合实践活动的概况

桂北地区拥有较为丰富的红色资源,但相关资源开发利用的研究比较少。黄爱莲、翟艳洁的《桂北红色研学旅行产品开发研究——以桂林市兴安县为例》一文,以桂林市兴安县为例,分析其红色研学旅行产品开发的现状及存在问题,提出树立研学品牌、加强红色旅行示范基地建设等策略,以此来推动当地的红色研学旅行进一步发展。文章仅从兴安县的研学旅行产品的开发、游客的行为角度进行阐述,开发的影响因素、教育教学等方面还缺乏进一步的研究。① 曾荣的《桂北红色研学旅行的发展路径探讨》一文着重阐述桂北丰富的旅游资源和特色鲜明的少数民族文化在红色研学当中的设计研究,从资源分布、开展红色研学旅行的必要性、旅行路线设计和实施模式方面进行阐述。而文章里呈现更多的是为游客的红色研学旅行而研发的多类型旅行路线。② 桂北丰富的红色资源是发展教育旅行、开展红色研学综合实践活动的前提保证,将红色资源充分利用好,发挥其教化功能,加强青少年的革命传统教育,引导青少年树立正确的价值和观念。

(三)有效开展综合实践活动的内涵

2016年教育部等11部门联合发布的《关于推进中小学生研学旅行的意见》指出,中小学生的研学旅行是由国家教育部门和学校按计划组织学生以集体旅行、集中食宿的方式而开展的研究性学习和旅行体验相结合的校外教育活动。③ 笔者认为,红色研学是基于红色文化,综合观光旅游和教育实践学习于一体,以传承红色基因,弘扬革命精神和民族精神的综合性实践活动课程。在新课改的形势下,红色研学旅行综合实践活动使学生在真实情境之下,通过自主学习和合作探究的方式去思考问题、解决问题,不单只是读"书本"去了解世界,而此刻"世界"就是书本。读万卷书,也要行万里路,红色研学旅行不仅能培养学生的实践和思维能力,还能厚植学生的家国情怀,加强青少年的思想政治教育。

(四)有效开展综合实践活动的要求

红色研学综合实践活动是当下进行素质教育的重要组成部分,近年来在全国

---

① 黄爱莲,翟艳洁.桂北红色研学旅行产品开发研究——以桂林市兴安县为例[J].广西职业师范学院学报,2022,34(2):41-47.
② 曾荣.桂北红色研学旅行的发展路径探讨[J].西部旅游,2021(18):16-18.
③ 中华人民共和国教育部.关于推进中小学生研学旅行的意见[EB/OB].中华人民共和国教育部官网.(2016-12-19)[2022-12-1].http://www.moe.gov.cn/jyb_xwfb/gzdt_gzdt/s5987/201612/t20161219_292360.html.

范围内掀起了红色研学的热潮。红色研学综合实践活动的开展，在学生接受革命传统教育的同时，也学习文化知识，学会做人做事，学生在良好的学习氛围下，教师进行正确的引导，秉承着寓学于游、游、学结合的理念，促进身心健康、锻炼坚强意志力和树立正确的世界观、人生观和价值观，培养德智体美劳全面发展的社会主义接班人。通过开展桂北红色研学综合实践活动来实现立德树人，培养人才的目标，需要满足以下活动要求：

第一，遵循学生的身心发展特点。《关于推进中小学生研学旅行的意见》指出，要根据学段特点和地域特色，建立不同阶段学生的研学旅行范围的研学活动课程体系。① 不同阶段的学生开展不同的研学旅行范围，是因为学生的发展水平和认知能力不同，培养的素养水平也不同。高中学生是参加活动的主体，红色研学活动的开展应以行为和价值观的选择能力为目标，遵循高中生的身心发展特点和学习能力，以学生为主体，开展集知识、科学和趣味与系统于一身的活动课程。开展红色研学活动，能强化政治引领、助力文化传承、加强思想政治教育和坚定历史自信，有效推进了素质教育和课程改革。② 在研学中拓展了校内课堂的内容，补充了中国革命的光荣历史，发展了思维和实践能力，有利于培养高中学生的心理品质，塑造人格意志，契合高中生的全面发展要求。

第二，明确活动的核心素养。红色研学旅行作为综合实践活动的一种新模式，必然发挥综合实践活动培养学生在价值认同、责任担当、问题解决、创意物化等意识和能力方面的积极作用。③ 红色研学活动开展依托湘江战役的革命纪念馆，有助于加强学生革命传统教育和爱国主义教育，也与高中生的语文、政治和历史等学科的学习有着紧密联系。红色研学活动，是一门跨学科的实践活动课程，活动的开展注重与语文学科的核心素养（语言建构与运用、思维发展与提升、文化传承与理解），政治学科的核心素养（政治认同、理性精神）和历史学科核心素养（唯物史观、时空观念、史料实证、历史解释、家国情怀）等学科课程和素养相融合。开展这样的活动，既符合综合实践活动课程的特点，又满足研学与旅行的有效融合。

第三，依托当地的红色文化资源。《关于推进中小学生研学旅行的意见》指出，

---

① 中华人民共和国教育部. 关于推进中小学生研学旅行的意见[EB/OB]. 中华人民共和国教育部官网. (2016-12-19)[2022-12-1]. http://www.moe.gov.cn/jyb_xwfb/gzdt_gzdt/s5987/201612/t20161219_292360.html.

② 张革. 依托红色教育基地与红色资源 推进中小学生红色教育研学活动[J]. 中小学校长，2022(9)：59-62.

③ 安桂清，张昱瑾. 研学旅行主题课程的设计——以红色教育基地的学习为例[J]. 上海教师，2021(2)：92-98.

高中阶段应以省情、国情为主开展研学旅行活动。① 研学旅行应注重与家乡地域特色文化相结合,学生厚植家国情怀,亦是从了解家乡开始。卢梭在《爱弥儿》中认为,最好的启蒙老师是自己的手、脚和眼睛。要尊重儿童自然发展的规律。② 红色研学旅行综合实践活动的开展,学生不再是坐在教室里接受教师传授的知识以获得间接经验,而是学生置身于红色的土地上,通过鲜活的革命人物形象获得直接经验,符合"知行合一",自觉接受红色文化的熏陶,传承红色基因。作为红军长征途中的关键一役,湘江战役在桂北地区留下了许多的遗址和遗迹,这是当地丰富的红色文化资源,蕴含着教育功能和政治内涵,对引导高中生形成正确的世界观具有积极作用,对青少年的爱国主义教育也具有深远意义。

(五)有效开展综合实践活动的措施

综合实践活动的内容是非常广泛的,活动形式也是丰富多样的。按照不同的标准划分,综合实践活动的开展有多种类型。依据综合实践活动的内容划分,可划分为信息技术教育资源、研究性学习活动资源、社区服务与社会实践活动资源、劳动与技术教育活动资源和其他校内外活动资源。③ 实际上,综合实践活动资源的开发,就是开展综合实践活动的过程。红军长征突破湘江纪念馆是"鲜活生动的教材",是丰富的红色资源宝库,在这洒满红军战士鲜血的土地上,围绕纪念馆开展各式各样的活动,引导青少年从党史学习中感悟家国情怀,在丰富多彩的活动中厚植红色基因、赓续红色血脉具有重大意义。

1. 开发信息技术教育资源

古人云:度之往事,验之来事,参之平素,可则决之。借鉴、重视历史,始终是中华民族的文化传统。2021年2月,习近平总书记在党史学习教育动员大会上指出,党史是最具生动和最有说服力的教科书。以史为镜,以史明志,学习党史能够了解中国共产党团结带领人民群众为中华民族所作出的伟大贡献和成就,我们才能认清所处的历史方位,在时代的洪流中永葆屹立不倒。青少年生活在互联网快速发展的时代,网络活动是当代青少年参与度广泛和深入的活动之一,在高中阶段,学生接受信息技术教育是一项重要任务。在当代社会,掌握信息技术已成为社会成员的基本素质,学校可以鼓励学生进行红色微电影、历史短剧创作

---

① 中华人民共和国教育部. 关于推进中小学生研学旅行的意见[EB/OB]. 中华人民共和国教育部官网. (2016-12-19)[2022-12-1]. http://www.moe.gov.cn/jyb_ xwfb/gzdt_ gzdt/s5987/201612/t20161219_292360.html.
② 卢梭. 爱弥儿——论教育[M]. 北京:商务印书馆,1978:9.
③ 徐继存. 中学综合实践活动[M]. 北京:北京师范大学出版社,2015:75-82.

等，将信息技术与红色题材融合，从而规范、正确引导青少年充分利用信息技术。在参观纪念馆之后，收集、选择相关资料，在充分掌握信息资源的基础上，鼓励、引导学生自发策划、组织拍红色微电影或者短剧。学校、教师可适当给予指导，最重要的是尊重学生的主体地位，发挥学生的主观能动性，将印象最深刻的红军故事，或者难忘的英雄人物给记录下来，结合党和红军带领群众艰苦奋斗的光荣历史，让学生用自己所掌握的知识、技术来记录红色记忆，不忘记革命先辈们奋斗的历史。例如，光华铺阻击战中红军队伍渡江前的军事动员，学生在收集相关资料后，设计脚本，挑选"演员"，准备服装等一系列的红色微电影创作，最后完成作品进行创作评比。以赛促学，不仅是规范学生正确使用网络、信息技术，利用好资源，引导学生成长为适应信息时代所需人才，还在创作过程中让学生深刻感悟长征精神，加深爱国情感。用学生特有的方式铭记历史，自觉传承红色文化。

2. 开发研究性学习资源

青少年是建设社会主义事业的主力军，作为未来的接班人，不仅要努力学习科学文化知识，还要树立远大的理想信念。每个人都有自己的理想，却不是都拥有信念。[①] 拥有信念是拥有理想的前提条件，在革命战火纷飞的年代，无数的革命烈士用鲜血捍卫国家独立和民族解放，他们前赴后继、舍生忘死，他们的英雄事迹是宝贵的红色文化，充分诠释了高尚的理想信念。2017 年教育部印发的《中小学综合实践活动课程指导纲要》指出，开展综合实践活动要遵循自主性、实践性、开放性、整合性和连续性原则，真正让学生"活"起来，"做"出来，强化实践课程育人导向。[②] 开展好综合实践活动，充分利用好资源，帮助学生在活动中树立坚定的理想信念，在中华民族伟大复兴的路上，踔厉奋发。

红军长征突破湘江纪念馆是"活"的教科书，纪念馆里直观、生动地展现了红军长征的全貌、湘江战役的详细战况，学生置身其中，能真切体悟到在血与火交织的战争年代，共产党领导下的红军将士们展现出"革命理想高于天"的坚定信念和伟大的英雄胸襟气概。学校组织参观学生纪念馆的活动，要求参观纪念馆结束后，学生需要上交参观学习成果。以任务为导向，活动前布置好参观任务让学生有目的、有针对性地去参观和学习，从而避免重"游"轻"学"或者"只学不旅"。例如，围绕湘江战役主题展开研究。湘江战役精神是什么？在今天你如何践行湘江战役精神？长征精神的内涵是什么？对你的学习有什么启发？也可以自己拟定题

[①] 唐吕俊驰. 本土红色文化资源对当代大学生理想信念塑造的路径探究——以"三导向"本土红色场馆研学活动为例[J]. 重庆电子工程职业学院学报，2022, 31(4)：51-55.

[②] 教育部. 中小学综合实践活动课程指导纲要[M]. 北京：人民教育出版社，2017：6.

目。参与的方式有：手抄报制作、撰写研究性报告、写观后感、演讲比赛、制作短视频、PPT制作汇报等多种方式，引导学生制定完成自己的研究学习计划，选择自己喜欢或者感兴趣的方式，充分调动学生的积极性来完成任务。用任务加深学生对参观的纪念馆内容的记忆，在完成研究性学习成果的过程当中获得情感的升华，完成研究性学习成果就是将参观纪念馆的成果具体化、形象化。参观纪念馆不是"一场说走就走的旅行"，也不是走马观花式的学习，而是引导学生有目的地进行参观，让学生成为主动学习者、建构者，发挥他们个人的主观能动性，进一步增强学生的信仰认同，引导学生树立远大的理想信念。

3. 开发社会实践资源

社会实践是增强学生动手实践能力的重要方式，也是展示学生能力的舞台。学校加强与纪念馆的合作，引导学生利用寒暑假进行假期社会实践和开展服务社会的志愿活动，开展纪念馆讲解员评比活动，开展"争当优秀的红色传人"的社会实践活动。活动组织形式分为小组赛和个人赛，评比方式分为线下集中人员现场评比，线上提交短视频评比等方式。活动准备阶段：学生个人或者组队通过参观红军长征突破湘江纪念馆、采访红军烈士后人、查阅书籍、上网等途径充分搜集整合有关湘江战役资料。在纪念馆有组织、有计划的培训和指导下，利用充裕的假期完成讲解员工作，向前来纪念馆参观的人讲解有关湘江战役的历史。学生在进行社会实践的过程中进行了大量的准备工作，这不仅考验学生解决实际问题的能力，还对学生的表达能力、语言组织、记忆等进行锻炼和加强。这是一次社会实践活动，也是一次志愿服务行动，学生从中不仅能获得自身的能力发展，还可为社会发展贡献一分力量。在成长为一名讲解员的过程中，学生能在活动中加深对湘江战役的理解，进一步感受责任担当和感悟革命精神，并用自己的方式讲好红军故事，当好红色文化传人，让革命薪火代代相传。

4. 开发劳动与技术教育资源

劳动与技术教育是当前素质教育的重要内容，就是要引导学生培养正确的劳动观念，掌握一定的技术技能，以适应复杂的社会生存。在红军长征突破湘江纪念馆中，我们能够看出，红军战士们在行军途中生活保障方面是非常困难的，在炮火纷飞的年代，有衣服、鞋子穿，有食物吃已经是很幸运的了。纪念馆展出的红军遗物展品，有草鞋、破旧衣服、水壶等，这让前来参观的人明白，今天的幸福生活都是革命先辈用血和汗为我们创造出来的，我们要珍惜这来之不易的生活。革命先辈们用他们的双手，给我们创造了和平，但是我们不能忘记这些艰苦奋斗的岁月。教育家杜威认为，劳动受人推崇。参观纪念馆后的劳动教育是非常有必要，不仅要有精神上的体会，还要用行动去强化劳动教育，让学生认识到劳动创造财富，劳动是光荣的。教育学生要懂得尊重劳动成果，增强热爱劳动和热爱劳动人民的情感。因此，学生在参观纪念馆后，完成学校布置的制作红军餐食的任务，并且还要展示环节。首先，学生在家长的帮助下选好食材；其次，用简单的原材料和简单的制作方式，经家长指导独立完成红军餐食的制作；最后带到学校，进行红军餐食制作的分享并谈感悟。在红军餐食的制作过程中，学生不仅能体验简易版红军餐食的味道，还能接受劳动教育，参观纪念馆不再是枯燥而又单调的学习之行，而是得到行动和精神的双重洗礼。

5. 开发校内外其他活动资源

红军长征突破湘江纪念馆拥有陈展面积2800平方米，展出6万多的文字、400余幅图片、400余件文物等，给参观者提供了具体、丰富的材料。

组织学生进行纪念馆参观。为避免学生漫无目的地参观，可以以问题为导向。例如，以历史学科教学为切入点。在高中历史的教科书《中外历史纲要》（上）里有关于"红军长征"的内容，根据教学安排，可同步安排前往纪念馆进行参观，在红军长征突破湘江纪念馆里开展这一内容的教学。此时的红军长征不再是课本上的文绉绉的汉字，在纪念馆中，学生更能进一步感受红军长征，有利于增加课堂的生成性。将课程目标分解，分析、解决问题。首先，明确参观纪念馆的主要目的，是引导学生认识红军长征的意义。其次，提出的问题应与解决问题的环节相衔接，在参观前，给学生抛出问题引子"为什么要进行红军长征？"使得学生在参观中有意识地收集信息，通过个人或者小组合作的形式进行探究、验证、得出结论，理解"长征实现了战略的大转移，保存了党的革命力量，传播革命的火种"等意义，以及获得参观的个人感悟和启示。学生需要梳理清楚红军长征的原因、起始时间、过程、结果、意义和启发等，解决问题的过程，就是发展和落实学生的历史学科核心素养，从而完成立德树人的任务。

开设红色故事讲堂。综合实践活动课程目标以培养学生综合素质为导向，活动课程既包括旅行又包含了研学。开展的活动课程强调学生能够综合运用各学科知识，认识、分析、解决问题和获得感悟，以期提升综合素质，着力发展核心素养，培养社会责任感和提升实践能力等，最终使学生能够适应激烈的社会竞争和满足个人自主发展的需要。[①] 红色研学既要发挥教育功能又要满足趣味性，这样才能激发学生参与活动的兴趣和热情，如此，红色研学旅行才能达到目的和实现价值。在参观纪念馆的基础上，后续还要加强参观的成效，让学生回味无穷。参观结束并不是真正的结束，而是开始，后续可定期开展红色讲堂。例如，以师长

---

① 教育部. 中小学综合实践活动课程指导纲要[M]. 北京：人民教育出版社，2017：3.

陈树湘的英雄事迹、红军标语楼、某一支英雄部队、某一场战役等为故事素材。参观结束后，学生继续搜集资料、整理资料，组织语言，最后将故事在红色讲堂中呈现。把一个红色故事梳理清楚并且完整呈现之后，学生的阅读文本能力、语言表达能力、逻辑思维能力等语文核心素养也会得到发展。讲好红军故事，就是在传承红色基因，培养家国情怀。

排练血战湘江的历史舞台剧。让学生写剧本、排练历史舞台剧，在学生能了解到在敌我力量悬殊的情况下，演绎红军将士们凭借坚强的革命意志力开出了一条血路，红军将士们绝处逢生。湘江战役之后，红军由出发时的 8.6 万多人锐减到 3 万多人，人数的骤减能让学生深刻体会到中国共产党领导的军队展示出英勇顽强、不怕牺牲、自强不息的长征精神，领会到勇于担当的湘江战役精神。学生演员经过长时间的排练、演绎之后，越能够深刻体会只有中国共产党能拯救中国，坚决拥护中国共产党的领导！革命先辈们凭借坚定理想信念完成了长征，后辈青年们也定不会忘记他们的理想信念，勇担使命，完成新一代人的长征，从而实现中华民族的伟大复兴！

举办节日主题教育活动。每年的清明节、"五四"青年节、建党节、建军节、烈士纪念日、国庆节等节日是加强青少年革命传统教育、爱国主义教育的良好契机。学校事先要设计好相对应的节日主题活动，再组织学生前往红军长征突破湘江烈士纪念碑园举行纪念仪式和参观活动。如"缅怀革命先烈，寄托无限哀思"为主题的清明节、烈士纪念日扫墓活动。活动流程为：在纪念突破湘江纪念碑下，全体参加人员奏唱国歌，学生奏唱共青团团歌并向烈士们致以崇高敬意。全体默哀完毕，学生代表敬献花圈，学生们依次献花和瞻仰烈士雕塑等，深切缅怀革命先烈，寄托后人无限哀思。参观英名廊、红军长征突破湘江纪念馆等，从中学生能够了解红军长征的历史和革命先烈们的伟大事迹，有利于学生传承长征精神，厚植红色基因，认清使命担当，走好青年一代人的长征路。通过举行特有的仪式，身处特有的场合，让学生深刻感悟到正是革命先烈们昨日的负重前行，才换来了我们今天的岁月静好。

重走长征路。湘江战役留下了很多的战争遗址和遗迹，是丰富的红色旅游资源。红色研学旅行既要游，又要学，开展红色研学活动课程要结合学生的兴趣点，也要覆盖更多类型的课程形式。综合实践活动课程不仅仅是涉及日常的学习生活和社会生活，还要与大自然接触，开展具有教育意义的主题活动，从真实的体验中建立学习和生活的联系。① 在参观纪念馆的基础上，为了让学生进一步体会革

---

① 教育部. 中小学综合实践活动课程指导纲要[M]. 北京：人民教育出版社，2017：2.

命将士的艰难险阻，拉近学生与历史的距离，设计"重走长征路"之旅：红军长征突破湘江烈士纪念碑园——红军堂。重走长征路上，确保学生安全的情况下，在能力范围之内，设置模拟障碍攀爬、匍匐前进、负重拉练等活动内容。模拟行进路途的坎坷和曲折，让学生尝试体验革命先烈们披荆斩棘的经历，体验突破敌人围剿的勇气和决心，进一步感知英雄先辈们坚定革命理想、顾全大局、英勇无畏的崇高品格，学生在模拟重走长征路上不仅接受了体力的考验，还有精神的浸润和情感的升华。在战争年代，先辈们自强不息，勇于战斗，不怕流血，而在安定祥和的今天，青年一代更应该有所作为，努力成长为一名合格的社会主义接班人。

红色研学旅行是综合实践活动课程的重要形式，以强化实践育人为导向。桂北丰富的红色文化资源为开展红色研学旅行提供有利的资源，要充分认识到开展红色研学的重要意义，遵循学生的身心发展规律，引导学生积极参与实践活动课程，从而提升学生的综合素质能力。思想观念和行为方式都要与时俱进，紧跟时代发展脚步，积极开展各式各样的综合实践活动，进一步加强学生的思想政治教育和爱国教育，发展学生的核心素养，塑造学生的坚毅品格，强化学生的责任担当，增强学生对祖国的文化自信。开展红色研学综合实践活动是落实立德树人的根本任务的有效途径，能够培养全面发展的社会主义建设者和接班人。

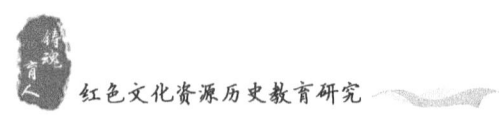

第五章　湘江战役纪念馆在高中历史教学中的开发与运用

2021年2月，习近平总书记在党史学习教育动员大会上大力倡导，要发扬红色传统、传承红色基因。长征精神是中国共产党人和红军将士用生命谱写的光辉篇章，集中体现了中华民族精神自强不息的品格。红军长征突破湘江纪念馆是重要的历史课程资源，与高中历史教学相融合，有助于落实历史学科立德树人的根本任务。随着新课改的持续推进，高中历史教学的方式亟待转变。普通高中历史教科书修订基本结束，要求全国在2022年推行新课程和使用新教科书。[1] 2020年5月，《普通高中历史课程标准（2017年版2020年修订）》（以下简称"新版历史课程标准"）颁布实施[2]，强调历史学科核心素养的落实，大力呼唤历史课程资源的开发。2025年全面贯彻新课程理念、内容和要求等到普通高中教育之中。[3] 新版历史课程标准着重要求提升学生的综合素养和学科核心素养，引导终身学习，培养独立自主和合作交流的能力。

历史课程承载着立德树人的根本任务，旨在发展学生的历史学科核心素养。本章以桂林市兴安县红军长征突破湘江纪念馆为例，结合高中历史教科书《中外历史纲要（上）》的"红军长征"内容，探讨湘江战役纪念馆在高中历史课堂的开发与运用。湘江战役纪念馆与高中历史教学相结合，不仅有助于挖掘湘江战役纪念馆的教育性价值和进一步培养学生的家国情怀，还有利于推动我国高中历史课程改革纵深发展，深化地方课程开发理论，为中学历史教师进行有效开发和运用课程资源提供借鉴。

一、湘江战役纪念馆在高中历史教学中开发的可行性

红军长征突破湘江纪念馆是爱国主义教育基地之一，是丰富的历史教学素材资源库，是培养学生家国情怀的"宝地"。1934年11月25日至12月1日期间，湘江战役爆发。这是中央红军长征史上生死攸关的一场战役，在敌我力量悬殊的情

---

[1] 国务院办公厅. 国务院办公厅关于新时代推进普通高中育人方式改革的指导意见[EB/OL]. 2019-06-20[2021-03-12]. http://www.gov.cn/zhengce/content/2019-06/19/content_5401568.html.

[2] 教育部. 教育部关于印发普通高中课程方案和语文等学科课程标准（2017年版2020年修订）的通知[EB/OL]. 2020-05-13[2021-03-12]. http://www.moe.gov.cn/srcsite/A26/s8001/202006/t20200603_462199.html.

[3] 教育部. 关于做好普通高中新课程新教科书实施工作的指导意见[EB/OL]. 2018-08-16[2021-03-12]. http://www.moe.gov.cn/srcsite/A06/s3732/201808/t20180824_346056.html.

形下，红军将士们凭借着勇于胜利、勇于突破、勇于牺牲的精神，冲破了国民党部队设计的第四道封锁屏障，充分展现伟大的湘江战役精神，为红军长征告捷铺设了前进的通道。湘江血战发生在湘江上游，以兴安县为中心的全州、兴安和灌阳一带。在这场战役中，灌阳阻击战伤亡最惨重，脚山铺阻击战规模最大，光华铺阻击战最为关键。新圩阻击战制止了桂军阻断红军西进之路的计划，是中央左翼的安全保障。李天佑率领红五师阻拦敌军，红五师浴血奋战三昼夜，伤亡惨重，被迫缩编为一个团。全州脚山铺阻击战中，红一方面军以不足 1 万的兵力成功抵抗湘军 4 个师的夹击，在右侧掩护军委纵队渡江。光华铺阻击战虽然是三大阻击战中规模最小的战役，但有力地阻挡了敌军两天三夜的进攻。作为界首渡口的最后一道防线，光华铺阻击战承受的压力不言而喻。桂系军队夜袭突破红军防线后，红军在敌军狂轰滥炸下顽强抵抗，充分展现了英勇无畏的精神，确保红军队伍从界首渡江。

灌阳的新圩阻击战史实陈列馆从新圩阻击战的角度进行展陈，生动还原了新圩阻击战历史场景，展陈内容分为三个主题，共展出照片、文物、主题雕塑、美术作品和场景展示等资源。全州的红军长征湘江战役纪念馆是全国唯一一座展现红军长征全景的专题纪念馆，内设有战略转移到胜利会师等七大部分，展出历史文物、图片资料、战略沙盘等资源，采用多种现代技术手段，系统地展现红军长征全貌。兴安的红军长征突破湘江纪念馆展陈既有红军长征全貌，又有详细的湘江战役过程，给参观者呈现出一个完整的历史事件，使参观者在没有相关历史知识储备的情况下，也能在参观过程中了解事件的前因后果。纪念馆的展览主题为"铁血湘江，不朽丰碑"，是了解湘江战役全景的最佳窗口，把将士们冲破第四道防线时英勇无畏的形象以多样的艺术形式呈现出来。湘江战役是长征初期规模最大、时间最久、损失最大、意义深远的一次战役，证明"左"倾路线是谬误，为遵义会议的举行做好铺垫。

桂林市灌阳县、兴安县、全州县都设有与湘江战役有关的陈列馆、纪念馆，近年来都在积极开展红色文化资源保护和修缮工作。其中，红军长征突破湘江纪念馆按时间顺序全景式展现湘江战役。通过各种手法和先进技术，生动、直观地再现血战湘江这一历史画卷，馆内展出文字 6 万多字、图片 400 余幅、文物 400 余件、场景 10 处，为历史教学提供了丰富的教学素材和教学组织形式。

(一)红军长征突破湘江纪念馆资源的分类

依据文化和旅游部的《革命纪念馆工作试行条例》对纪念馆的规定可知,革命纪念馆属于带有纪念性质的博物馆,集收藏、宣教和科研功能于一体,是中国博物馆事业不可替代的一分子。[①] 红军长征突破湘江纪念馆的馆藏资源丰富,按照资源的属性区分,可区分为物质资源、非物质资源。物质资源就是有形的馆藏物品、大型雕塑等;非物质资源就是无形的湘江战役精神、伟大的长征精神等。按照资源的性质划分,可分为藏品资源、图文资源、环境资源、信息化资源、影像资源、人力资源等六类。[②] 依据资源性质对馆藏资源进行划分是比较清晰的划分方式。

第一,藏品资源是红军长征突破湘江纪念馆的根本所在,是参观学习的主要目的。藏品资源依照文化属性区分,又有文物、标本、模型和复制的藏品形式区分。[③]该纪念馆主要是文物、复制及模型形式的藏品。其中,文物藏品有红军烈士们使用过的短枪、土炮、镰刀、铁水壶等。复制藏品有军旗、手榴弹、购物发票、红军服、作战命令文件等。模型藏品有红军烈士们抢渡的浮雕、红军标语楼、毛泽东雕像等,纪念馆的这些藏品都或多或少有其收藏的意义。如图5-1中的文物藏品是长征时红军穿的草鞋。这是一双用藤枝简单编织而成的鞋子,既没有保暖功能,又不能保护双脚。但就是这样一双简陋的草鞋陪伴着红军将士们冲锋陷阵、跋山涉水、日夜兼程。从这一藏品中可窥见红军将士们艰苦作战的情景:在艰苦的条件下,战士们咬紧牙关,勇往直前。图5-2中的红军标语楼,是模型藏品,原位于兴安华江瑶族乡千家寺,是由青砖砌成,灰瓦盖顶,墙涂白漆的两层小楼。1934年的冬季,红军路过华江时在此楼外墙写下许多的标语,宣扬了红军的政策和革命精神,现为中国重点文物的保护对象。通过图片我们可清晰地看到标语楼上的标语:"拥护中国共产党""红军是工农自己的军队 打倒屠杀工农的国民党",以及漫画版李宗仁等。红军在人数、武器等方面都与国民党存在较大差距,因此只能在长征途中不断壮大自己的力量,通过制定一系列的政策,积极发动人民群众,做好宣传工作。如图5-3、图5-4的复制藏品是鼓励加入红军的政策文件,列出加入红军的好处,动员广大人民群众,还鼓励白军加入红军队伍。由此可见,红军争取一切可争取的力量,不断壮大红军实力。

---

① 文化部文物局. 中国博物馆学概论[M]. 北京:文物出版社,1985:45.
②③陈静. 博物馆资源与初中历史教学——以南京博物院为例[D]. 江苏:南京师范大学,2016.

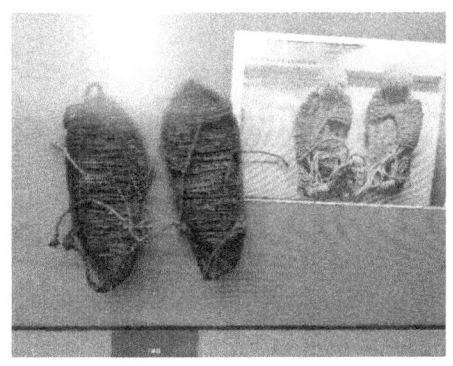
图 5-1 草鞋(笔者摄于 2020 年 10 月 24 日)

图 5-2 红军标语楼(笔者摄于 2020 年 10 月 24 日)

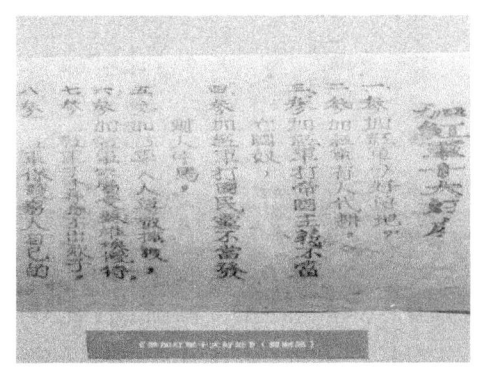
图 5-3 《参加红军十大好处》(复制品,笔者摄于 2020 年 10 月 24 日)

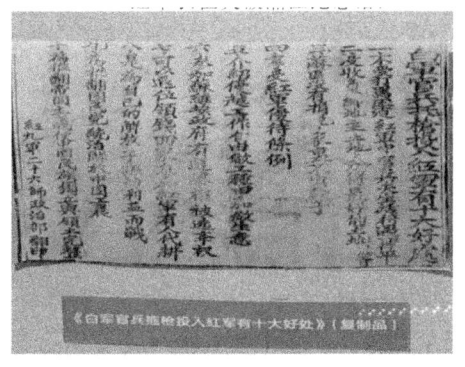
图 5-4 《白军官兵拖枪投入红军有十大好处》(复制品,笔者摄于 2020 年 10 月 24 日)

第二,图文资源是纪念馆为藏品而设计的展出、宣传和相关的资料说明。红军长征突破湘江纪念馆呈现的是红军长征的整个历史事件,分为序厅、战略转移、突破湘江、伟大转折、精神永存五个部分,以时间顺序为线索展出。相当多的图文资源直观又形象地说明了历史事件的大概情况,最大限度地为参观者提供了有效的历史信息。如图 5-5 是战略转移部分展出内容的图文说明,对湘江战役的背景和情况作了简要介绍,呈现出清晰的历史信息和历史事件主线,使参观者能在短时间内获取湘江战役的历史发展及战况信息。如图 5-6 的作战示意图,直观具体地呈现出脚山铺阻击战的时间、双方作战信息、地势情况、敌我进攻情况等信息,化繁为简,同时给参观者创造想象的空间。

图 5-5　第二部分前言

（笔者摄于 2020 年 10 月 24 日）

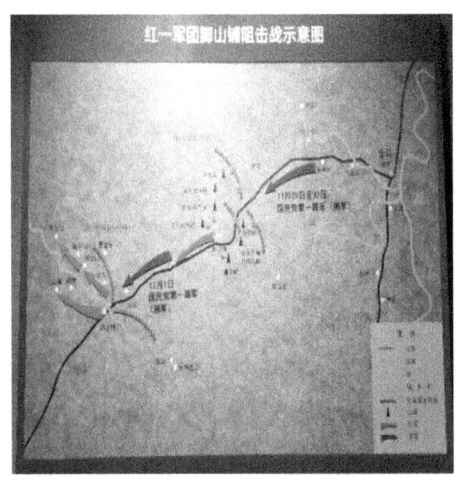

图 5-6　脚山铺阻击战示意图

（笔者摄于 2020 年 10 月 24 日）

第三，环境资源是纪念馆为了给参观者创造一个较为真实的体验感而设计的展览设施，真实再现了湘江战役的某些场景。纪念馆运用先进技术还原某些历史情境，营造出特定的环境氛围，增强历史气息感，增强参观者的体验感。如图 5-7 和图 5-8 展现的是光华铺阻击战中红军与敌军展开生死较量，掩护队伍渡江的场景。敌人的狂轰滥炸使得红军战士们的鲜血染红了江水，红军军委纵队强渡后的江边，尸体、武器等一派狼藉，满目疮痍。湘江战役的壮烈场景给予参观者直接、震撼的视觉冲击，进一步凸显了红军战士的伟大形象，深化湘江战役精神。

图 5-7　军委纵队渡江

（笔者摄于 2020 年 10 月 24 日）

上篇　湘江战役纪念馆的历史教育研究

图 5-8　军委纵队渡江（笔者摄于 2020 年 10 月 24 日）

第四，信息化资源是纪念馆为了宣传相关信息、提供自助服务等而开设的微信官方公众号，如兴安红军长征突破湘江纪念馆微信公众号、微官网（图 5-9）等。微信公众号开通全景虚拟网上参观（图 5-10）、提供最新动态、预约线下讲解、线上祭英烈等功能。人们即使足不出户，也可通过微信公众号的自助服务功能了解到纪念馆及馆藏资源的相关信息。

图 5-9　微信微官网首页

图 5-10　微信全景线上展馆

第五，影像资源是切合展馆主题，于展厅内播放相关的录像、视频等，观众可以在参观期间自行选择观看。纪念馆里播放的是根据湘江战役拍出的电影《血战湘江》片段，如图5-11、图5-12、图5-13所示，分别为红军渡江前的思想动员、与敌军激战、行军队伍背着机器设备赶路等场景，淋漓尽致地展现出红军战士伟大的湘江战役精神。湘江战役影像资源能够满足参观者视觉、听觉等感官需要，尽快将参观者引入湘江战役历史情境，进一步感受长征精神。

图5-11 电影《血战湘江》片段
（笔者摄于2020年10月24日）

图5-12 电影《血战湘江》片段
（笔者摄于2020年10月24日）

图5-13 电影《血战湘江》片段（笔者摄于2020年10月24日）

第六，人力资源指红军长征突破湘江纪念馆里负责藏品保护的专业人员和馆内讲解人员等。该纪念馆设有专业的讲解员，带领参观者在馆内参观，特色展区还设有志愿者。图 5-14 为陈树湘师长的塑像。在长征路上,英烈们用生命书写出无数的丰功伟绩,他们崇高的革命精神深深地感染着每一个参观者。此外,纪念馆还设有自助参观展区,参观者如对某些展陈感兴趣,可以使用手机微信扫描馆藏品的二维码,听提前录好的语音讲解,讲解更为详实,满足不同参观者的参观需求,给参观者提供多样化的选择。如图 5-15,讲述的是 6 名红军指战员宁死不屈的英雄事迹。

图 5-14　师长陈树湘塑像　　　　　　　图 5-15　英勇六战士
(笔者摄于 2020 年 10 月 24 日)　　　　(笔者摄于 2020 年 10 月 24 日)

将湘江战役纪念馆资源运用到历史教学中,有助于历史课堂教学更加直观、生动。因此,运用红军长征突破湘江纪念馆馆藏资源与历史教学相结合,以多种教学形式设计课内、课外活动,深入探索高中历史新教科书中"红军长征"课程的相关教学思路和方法,培养学生的家国情怀,助推历史课程目标的实现。

(二)红军长征突破湘江纪念馆资源的开发

红军长征路过广西的时间虽短暂,但留下的痕迹堪称浓墨重彩,这段历史值得后人深切纪念和缅怀。湘江战役中勇于胜利、勇于突破、勇于牺牲的精神是伟大长征精神中最英勇悲壮、气吞山河的史篇,对新时代的爱国主义教育具有重要意义和价值。

其一,举办湘江战役主题红色讲座。如何充分利用身边的红色资源对中学生进行教育,将党史学习教育渗透到各个方面,为国家栽培能够实现民族复兴大业的主力军,是教育者们应该要深思的问题。校方请纪念馆的专业研究人员或者研究湘江战役的名师、学者到校开展讲座,讲述湘江战役中鲜为人知的故事,展示红军长征突破湘江纪念馆的馆内资源。纪念馆的展品有由丁玲主编的《红军长征记》、朱镇中纪念文集《一位老红军的传奇岁月》等,这些都是丰富的教育素材。

培养中学生的家国情怀重在日常积累,学校有责任为学生做好引导和创造氛围,将立德树人的任务落实到各教育环节中。红军长征过广西这一段历史,在长征史上占有重要地位,加强党史学习教育,让红色基因代代相传。

其二,参观红军长征突破湘江纪念馆。教师布置参观纪念馆后的作业,以上交个人观后感或组队以图片展示的形式做汇报等方式,加强学生对红军长征特别是对湘江战役的体会和感悟。观后感的要求:具体谈纪念馆里呈现的英雄人物、回忆录、雕塑或者某件文物等,自己有什么认识、收获。做汇报要收集好相关的资料和图片,可聚焦某一场战役、作战文件、标语、漫画等,让学生在整理资料、准备汇报的过程中形成自己对湘江战役历史的认识和理解。学生置身于历史情境里,从中获得直观、富有意义的知识,自身的感受力、理解力甚至是创造力能够得到很大的锻炼,增进学生对家乡和国家的情感。

其三,开展红色文化主题班会。以湘江战役为主题,开展多种活动形式的班会,分享湘江战役中红军与少数民族之间的故事,例如红军颁布的民族政策,红军与苗人、瑶民之间往来密切,协同作战等,感受军民鱼水情。还可以欣赏电影《血战湘江》等,让学生感受艺术镜头下的"湘江血战",直观地感受先辈们的革命精神。除了在历史课堂中创造浓厚的红色文化氛围,在学习中的其他环节也可以潜移默化地进行渗透,厚植学生的家国情怀。

(三)红军长征突破湘江纪念馆资源的教育功能

湘江战役是红军长征中的生死攸关之战,不仅推动了马克思主义中国化进程,还为党和红军的伟大转折提供了历史契机。新课程改革要求加强课程资源开发,湘江战役与历史教学中的"红军长征"内容紧密联系,湘江战役纪念馆是了解红军长征的重要窗口。其中,红军长征突破湘江纪念馆主题突出,内容丰富,形式多样,是非常贴合新课改要求下高中历史课堂教学所需要的素材。湘江战役纪念馆资源具有教育功能,纪念馆的展厅布局和展示内容无不体现以唯物史观为指导的宏观角度。就微观角度而言,馆藏传递的历史信息、内部环境布置等具有对高中历史教学资源填补和扩充的作用。纪念馆是集收藏、宣教和科研的综合体,宣传教育功能是其根本特征和最终目的,且为核心地位。[①] 把红军长征突破湘江纪念馆资源运用到历史教学是立德树人的催化剂。

第一,红军长征突破湘江纪念馆资源具有红色教育功能。纪念馆通过专门设计和先进技术尽可能还原湘江战役的历史情景,发挥着红军长征时期的革命历史

---

① 王秀文. 发挥纪念馆宣传教育作用浅论[J]. 北方文物, 1994(2): 125.

宣传和展示功能，引起情感共鸣，让参观者真实感受到红军长征的艰难与困苦，领会革命先辈们伟大的长征精神。纪念馆的馆藏资源将红军将士们的革命传统和坚定的理想信念淋漓尽致地展现出来，是革命先辈留下的永恒精神财富。纪念馆是一部教学宝典，兼有丰富的人文历史知识和高中历史教学所需的情感、态度和价值观，是加强青少年红色教育的优质教育素材，对培养红色文化继承者和传承者具有重要作用。

第二，红军长征突破湘江纪念馆资源具有社会教育引领作用。"红军长征突破湘江纪念馆"属于革命纪念馆，依据事件的发展顺序，划分为五个部分贯穿了红军长征历史事件的前因后果，较为完整地展示出红军长征的全貌。纪念馆主要依靠文物、地图、多媒体荧幕、大型雕塑等表现形式以及声、光等先进手段，生动、直观地再现湘江血战的情景。革命之情赋予革命纪念馆别样的意蕴，有了活的灵魂。纪念馆内含有众多的红色革命资源，蕴含着深厚的历史文化内涵，凝聚着追求理想、心系国家的民族精神，对培育学生树立远大理想和社会主义核心价值观具有积极的作用。纪念馆丰富的教育素材也为历史教学的选择提供了很大的空间，以其丰富的类型、庞大的数量、多样的形式，充分辅助历史教学。

二、湘江战役纪念馆在高中历史教学第一课堂的运用

情境与知识的关系如同"汤"与"盐"的关系，盐溶于汤中，方好入口。将知识融进情境里，更有益于领会和吸收。[①] 知识的情境化，能够使学习者的直观感受更加强烈，增进理解，发展学生的感性思维，激发对事物的探究欲，释放情感，进而提高学习质量。大多数人往往把教科书视为唯一的课程资源，在学生看来，自己与教科书非常有距离感，认为历史已经成为了历史，和现实生活没有关系，甚至认为学习历史仅仅是了解历史知识，毫无意义。高中历史新教科书编写简洁，整合度高，任务比较重。如何高效地在课内完成教学计划、提升教学效果，是值得深思的问题。历史课程承载着立德树人的教育功能，居于核心地位的家国情怀，是实现历史教育育人功能的重要象征，是五大核心素养追求的终极目标。因此，培养学生的家国情怀意义重大。充分开发家乡的红色历史课程资源并合理运用到历史教学中，不仅能够填补教科书的有关信息，还能增强学生的爱国之情。以学生的现实生活为教学的切入点，拉近学生与历史的距离，让学生在现实生活中感知历史，认识到没有革命先辈的负重前行，就没有如今的岁月静好，深化了历史课堂的教学意义。

---

① 余文森. 核心素养导向的课堂教学[M]. 上海：上海教育出版社，2017：191.

历史教科书是历史教学的主要依据。在开发和运用教科书时需要体现时代的要求,敢于突破和创新,发挥其核心课程资源的作用。把高中历史新教科书《中外历史纲要(上)》第七单元第22课的第三子目"红军长征"教学内容与桂林市兴安县红军长征突破湘江纪念馆相融合,运用纪念馆的馆藏实物资源、非实物资源创新历史课堂教学方式,为桂林地区学校的部分历史课堂教学活动提供思路。新版历史课程标准努力改变课程内容难、繁、偏、旧等不足,克服课程内容局限于教科书的弊病,提倡构建发展、开放等的课程内容,着重开发和运用丰富的课程资源,选择的内容和呈现方式应符合学生的认知水平,聚焦学生的兴趣和经验等。① 在设计课堂教学活动时,运用有关馆藏资源,讲解湘江战役后红军改变原定行军路线,另辟蹊径深入敌军力量薄弱的腹地,巧妙地突破敌人的封锁线,最终赢得了战略上的胜利。湘江战役有力地推动了遵义会议的召开,因而在中国革命史和战争史上具有不可磨灭的历史意义。

(一)导入新课

(课件展示)

选用红军长征突破湘江纪念馆正门图片导入本课(如图5-16)。

图 5-16 红军长征突破湘江纪念馆

(笔者摄于 2020 年 10 月 24 日)

师:同学们知道这个纪念馆的位置吗?有哪位同学能对这个纪念馆做个简单介绍?

---

① 普通高中历史课程标准修订组. 普通高中历史课程标准(2017年版)解读[M]. 北京:高等教育出版社,2018:9-10.

生：红军长征突破湘江纪念馆坐落在桂林兴安县。国民党设置封锁线，猛烈进攻红军，湘江战役爆发。这场战役发生在流经广西桂林和湖南省的湘江边上，国民党对红军围追堵截，红军突破重围，最终强渡湘江，取得了胜利，但为此付出了沉重的代价。

师：这位同学把纪念馆的背景介绍得比较清楚，看来是比较了解红军长征突破湘江纪念馆。做个小调查，请问有多少位同学参观过这个纪念馆呢？同学们知道湘江战役与红军长征有什么关系吗？这场战役在长征中又有怎样的历史地位呢？说起红军长征这段历史，同学们都大概了解，但是我们在课本上学习到的相关历史是比较有限的。接下来我们"走"进这座纪念馆，探寻长征路上更多的历史，开始今天的学习之旅——红军长征。

（设计意图：通过运用学生身边的红军长征突破湘江纪念馆，使用图片引入新内容，抓住学生的好奇心和求知欲，启发思考，帮助学生尽快调整学习状态，带领学生进入红军长征的情境中。）

（二）讲授新课

"红军长征"

师：请同学们结合课本和所学知识，概括红军长征的背景，在三分钟内进行对比归纳。

生：领导人犯了"左"倾错误，导致第五次反"围剿"失利。

师：同学们回答得很正确但不全面，我们再进一步归纳。

（课件展示）

1. 背景

（1）军事上：红军在第五次反"围剿"行动中失败（直接原因）。

（2）政治上：中央领导人的"左"倾军事路线错误。

师：在这样的背景之下，发生了什么历史事件？

生：被迫实施战略转移——红军长征。

师：从什么时候开始？

生：1934年10月。

（课件展示）

2. 过程

（1）开始：1934年10月，中央红军开始长征。

师：红军第五次反"围剿"的军事行动中，毛泽东已被革除军事职务，失去了话语权，军事指挥权由坚持走"左"倾军事路线的博古、李德主导。又因敌我实力差距大,红军处于被动局面,不得已变换战略。然而,继前三道封锁线被冲破后,蒋介石精心谋划了第四道封锁线,企图凭借湘江之险和兵力优势对红军进行包围。红军长征遭遇的重创,是从湘江血战开始。

(课件展示)

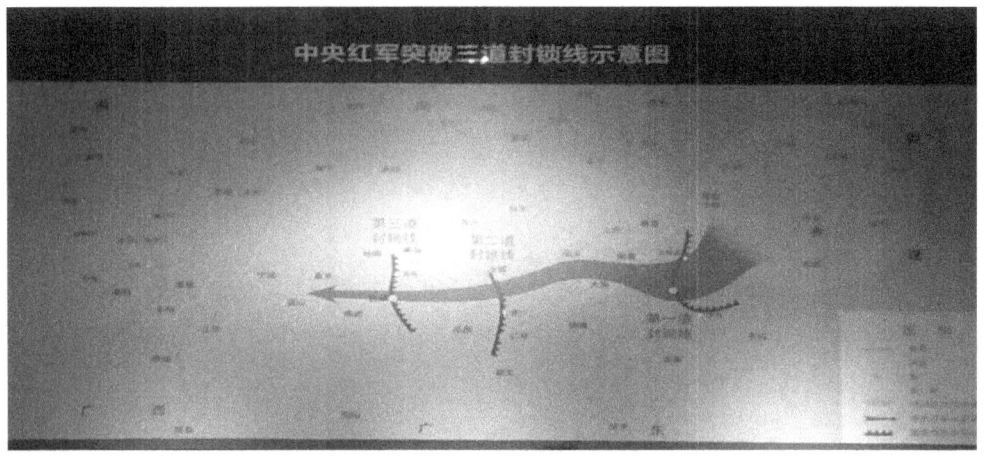

图 5-17 中央红军突破三道封锁线示意图

(笔者摄于 2020 年 10 月 24 日)

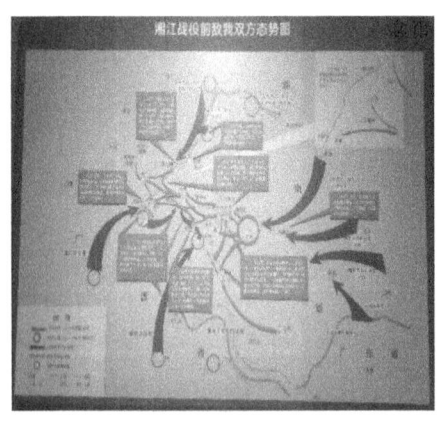

图 5-18 湘江战役前敌我双方态势图

(笔者摄于 2020 年 10 月 24 日)

图 5-19 红三军团新圩阻击战示意图

(笔者摄于 2020 年 10 月 24 日)

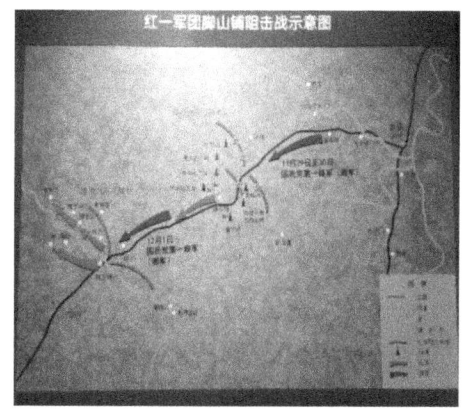

图 5-20　红一军团脚山铺阻击战示意图　　图 5-21　红三军团光华铺阻击战示意图
　　（笔者摄于 2020 年 10 月 24 日）　　　　　（笔者摄于 2020 年 10 月 24 日）

师：1934 年 11 月 25 日，湘江战役拉开了序幕。原计划两天完成渡江任务，至 12 月 1 日，中央红军才最终完成了抢渡。耗时 7 天的湘江战役主要以灌阳新圩阻击战、兴安光华铺阻击战、全州脚山铺阻击战等为主要战场。除了敌强我弱、湘江险要的地势原因，同学们认为造成战线过长的原因还有哪些？

生：红军内部的原因。

师：中央红军最开始的转移计划是"西征"，试图和红二军团、六军团在湘西会合。这一队伍如一条灰色长龙，缓缓地在崎岖的山路前进。长征初始红军人数为 8.6 万，其中，军委纵队和中央纵队人数共计 1 万。行军队伍背负了大量辎重，有众多工厂机器设备的大批骡马，还有数千名挑着"坛坛罐罐"的挑夫，一路摇摇晃晃，如同搬家一般阵仗。① 这样庞大的队伍，还要与敌军周旋，红军只能选择荒僻的山道。虽然红军突破了前三道防线，但是敌军摸清红军的路线和意图之后，在第四道防线上做出了调整。蒋介石集结近 30 万大军，凭借湘江天然的险要地势部署了"口袋阵"等着红军踏入。在冒险主义、力量悬殊、贻误战机等综合因素作用下，中央红军在湘江战役中陷入了一次又一次困境，即使最后完成抢渡，也只是险胜敌军。湘江之战是红军长征初期伤亡最大的一次战役，从长征初始的 8 万多人，在完成抢渡后，锐减到 3 万多人。之后，就有这么一首军谣流传：

---

① 张琦. 红军长征纪实丛书 历史选择——长征中的红军领袖[M]. 北京：中共党史出版社，2006：26-27.

湘桂古道红军路，一寸千滴红军血；湘桂古道红军路，一步一尊英雄躯；湘桂古道红军路，一草一木一英魂；湘桂古道红军路，一山一石一丰碑；红军血染湘江渡，江底尽是忠烈骨；三年不饮湘江水，十年莫食湘江鱼！（课件展示）

图5-22　红军行军队伍

（笔者摄于2020年10月24日）

图5-23　光华铺阻击战　　　　　图5-24　军委纵队渡江

（笔者摄于2020年10月24日）　　（笔者摄于2020年10月24日）

图 5-25　红军渡江敌军的飞机轰炸
（笔者摄于 2020 年 10 月 24 日）

图 5-26　敌军轰炸后的渡口
（笔者摄于 2020 年 10 月 24 日）

图 5-27　《湘江—1934》（复制品）作者：张庆涛
（笔者摄于 2020 年 10 月 24 日）

师：看到这些图片，同学们是否能想象出当时红军战士与敌军展开殊死搏斗场景呢？斗争的惨烈程度远不止我们现在所看到的，我们再通过一些革命先烈的故事来细细感受先辈们大无畏的革命精神。

师：红军指挥作战师长陈树湘，一位从农民到师长的人物，他身体力行诠释了"誓为苏维埃新中国流尽最后一滴血"。陈师长的雕像陈设在红军长征突破湘江纪念馆里，陈师长目光深邃、神情坚定，参观者们都为他的献身而感到痛心。红三十四师主要负责红军队伍的后卫工作，队伍实力强，能作战。1934 年的最后一个月，红三十四师在湘江以东被敌军围追堵截，此时，他们已陷入孤立无援的境地。陈师长最后集合战士清点人数时，最后一位连长报告，仅剩 50 余人，伤员

20多人,子弹仅剩103发。一阵沉默后,战士们掩护陈师长突围的请求被师长拒绝了,陈师长高声说道:现今没有官兵之分,我们同生死、共进退,是可以把后背交出来的战友!哪怕只剩一滴血也要用来捍卫苏维埃政权!在那个冬夜,师长身受重伤,子弹打穿了腹部,昏迷后被敌军挟持。入夜的桂北寒风肆虐,伤口的疼痛和对战友的思念让陈师长夜不能寐,看淡生死的陈师长誓不当俘虏。最后,他趁敌军不备,用手使尽全力将肠子绞断,在担架上光荣牺牲,绝不拖累战友。之后,陈师长的头颅被敌军悬挂在陈师长家对面的城门上。陈树湘师长于1934年12月牺牲,年仅29岁!

师:从这些红军将士们身上,我们有什么感悟?

生1:将士们顾全大局、勇于牺牲。

生2:红军将士们英勇无畏、坚韧不拔。

……

(课件展示)

图5-28 陈树湘雕像(1906—1934) 　图5-29 油画《陈树湘》(复制品)作者:白展望

(笔者摄于2020年10月24日) 　　　(笔者摄于2020年10月24日)

师:我们听到或被记录在册的英雄事迹只是冰山一角,发生在湘江战役甚至长征中不为人知的英雄故事更是数不胜数。从这些故事中,我们能感受到红军将士们对理想信念和革命事业的热忱,他们意志坚定、纪律严明、不屈不挠的革命精神令人动容。虽然红军为强渡湘江作出了巨大的牺牲,付出了沉重的代价,但是,红军将士们越挫越勇,更加坚定前进的步伐,给后人留下的是无尽的精神财富!

红军强渡界首,黑压压的敌机扫荡过湛蓝的天空,投下了一颗颗炸弹。红军将士们的鲜血染红了清澈的湘江水,戴红军帽、穿灰布军装的战士尸体,被炸死的马匹,残缺的机器设备……把湘江水面遮盖得严严实实。最后,27岁的博古来到湘江东岸,目睹了混乱的物品、遍地的尸体,他害怕革命事业毁在自己手上,痛苦的拿起了手枪，对准了自己……最终，被路过的聂荣臻及时制止。生死存亡之际，是谁站出来力挽狂澜呢？

生：毛泽东。

师：这时候，毛泽东站出来了，反对博古"左"倾军事路线，说服众人不去湘西自投罗网，而是另辟蹊径转战贵州——敌军兵力单薄的区域。通过不懈努力，中央红军开始西进贵州，毛泽东的军事才能得到了进一步发挥。毛泽东等人积极开展挽救党和红军事业的工作，多次召开会议，制定新的军事作战计划，总结以往的失败经验，逐渐一步一步迈向康庄大道。1935年1月，历史的重大转折、革命的春天到来了，发生了什么呢？

生：遵义会议。

（课件展示）

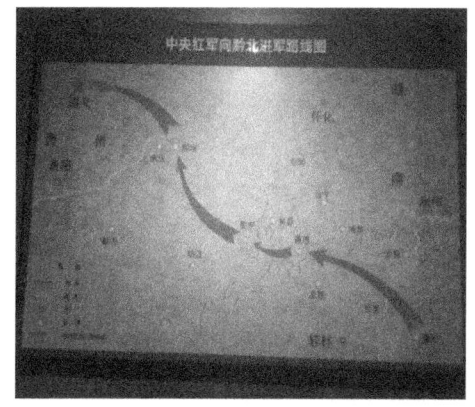

图 5-30　中央红军向黔北进军路线图
（笔者摄于 2020 年 10 月 24 日）

图 5-31　遵义会议会址
（笔者摄于 2020 年 10 月 24 日）

图 5-32　遵义会议会址
（笔者摄于 2020 年 10 月 24 日）

师：回答完全正确！遵义会议的内容主要是反思失败教训和改变领导两大主题。反思被迫进行长征以及在长征遇到大大小小的挫折，尤其是湘江战役，博古等人"左"倾军事领导就是根源。会议总结经验教训，对症下药，重新确定领导者，解决党内矛盾，积极探索中国革命事业。请同学们阅读以下材料，结合教科书知识，梳理遵义会议的主要内容，并分析会议的意义。

（课件展示）

图5-33 《中国工农红军总政治部布告》（笔者摄于2020年10月24日）

生1：领导机构发生改变，毛泽东同志当选政治局常委。

生2：结束"左"倾错误，挽救了革命事业。

……

师：同学们都表达了各自的想法，给出了不同的角度，都很正确。我们一起来整理和归纳。

（课件展示）

(2)转折——遵义会议(1935年1月)。

①内容：进行军事路线拨乱反正，纠正博古等人"左"倾冒险主义错误；改组中央领导机构，增选毛泽东为政治局常委。

②意义：确立了以毛泽东为主要代表的马克思主义正确路线在党中央的领导地位；挽救了党、红军和革命事业，成为党的历史上生死攸关的转折点。

师：会议结束后，党内纠正了教条主义，党组织认清中国实情，开始独立运用马克思主义基本原理分析、解决中国革命的众多问题，体现了中国共产党开始从幼稚迈向成熟。之后，红军在长征途中还遇到哪些挑战？

生：渡赤水河、金沙江、大渡河等，抢夺泸定桥、翻雪山和趟草地等。

师：不仅如此，还有国民党军队的围追堵截！我们看到长征路上遇到的困难和挑战，管中窥豹。排除万难之后，各红军队伍胜利会师，数万里的红军长征落下帷幕！

（课件展示）

（3）胜利。

吴起镇会师：中央红军和陕北红军（1935年10月）。

会宁会师：红一方面军、红二方面军、红四方面军（1936年10月）。

图5-34 《红军三大主力军会师》（复制品）作者：蔡亮

（笔者摄于2020年10月24日）

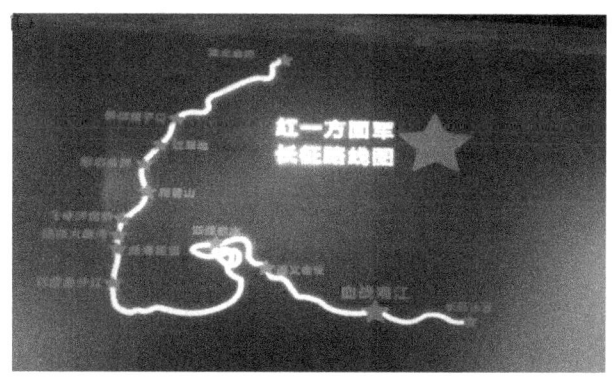

图5-35 红一方面军长征路线图

（笔者摄于2020年10月24日）

师：长征精神是先驱们留下最可贵的精神财富，请同学们以五人为一小组，进行5分钟的讨论、交流，红军长征有何意义？随后请小组派代表发言。

（学生小组讨论后进行发言）

师：同学们都有自己独到的见解，而且都言之有理。我们再一起来简单归纳。

(设计意图:小组进行讨论、交流,尊重主体地位,带动学生主动参与,帮助学生提升语言组织和表达的能力,拓展学习思维,增强合作意识,培养良好学习习惯。)

(课件展示)

3. 意义

(1)粉碎了国民党军消灭红军的企图,实现了红军的战略大转移。

(2)宣扬了党的政治主张,撒下了革命的火种,鼓舞了广大群众,铸就了长征精神,开启了中国革命新征程。

(设计意图:运用、分析材料,帮助学生培养"论从史出"的学习习惯;运用图片,直观、形象地再现历史情境;运用地图,培养学生时空观念。)

(三)课堂小结

师:同学们,通过对"红军长征"相关历史的学习,是不是特别感激先辈们为我们创造了安宁祥和的生活?今天的祥和安宁来之不易,湘江战役精神、长征精神等都是革命先驱们在抛头颅、洒热血的革命斗争中留下的,我们必须继承和弘扬革命精神,铭记历史,传承红色基因。习近平总书记说,每一代人都有每一代人的长征路。先辈们的长征路已经成为了历史,为我们开好了头,树立了榜样,我们作为新时代的主力军必须继承先辈们的光荣传统,在他们的指引下走好属于新一代的"长征路",为实现中华民族的伟大复兴而奋发图强!

三、湘江战役纪念馆在高中历史教学第二课堂的运用

第一课堂教学是历史教学的基础组织方式之一,第一课堂教学之外的教学方式,都属于第二课堂,也就是常说的课外活动。杜英美等人认为,第二课堂是在国家大纲的指导下,有一定规划和步骤地进行多角度的历史知识教育活动,与历史第一课堂教学互为补充的一种方式。[1] 汪刘生认为,第二课堂就是课外活动,历史第二课堂与历史第一课堂是同等的地位,而非从属关系。[2] 宁裕先等人认为,区别于第一课堂由教师引导学生所进行的活动,且是超越计划以外的有意义活动,是第二课堂,是完成教育任务不可或缺的部分。[3] 随着历史第二课堂的研究不断深入,历史第二课堂的地位在不断提高,不置可否的是,历史第二课堂是历史教

---

[1] 杜英美等. 历史第二课堂在高中教学中的价值研究[J]. 新课程:中学,2013(1):119.
[2] 汪刘生. 开辟历史教学第二课堂[J]. 历史教学,1985(6):48-49.
[3] 宁裕先等. 历史教育方法论[M]. 桂林:广西师范大学出版社,1992.

学活动的重要组成部分。

首先，从一定意义上说，课外活动是对课内教学活动的增补和扩展，有助于学生拓宽视野，丰富历史知识。有意义的课外教学活动容易激发学生的学习兴趣和热情，增加对历史学科的好感。其次，课外活动的推行考验教师的组织能力和策划能力，有助于提升教师的素质和能力，活动的直观性和形象性有利于提升教学质量。最后，高中新课程改革对学生积极参加实践活动提出更高的要求，学习不能只局限在学校、课堂和课本中，还要在实践活动中进一步提升。实践活动能够让学生的精神世界活跃起来，有助于各方面素质的提升，促进学生身心良好地发展。

红军长征突破湘江纪念馆作为爱国主义教育基地，具有丰富的教育资源，对公众免费开放，是非常适合培养学生家国情怀的教育场所。在进行"红军长征"相关内容的教学之后，可以利用红军长征突破湘江纪念馆展开多样的第二课堂活动。

（一）社会实践

新版课程方案根据学科特点和学生学习需要，倡导因地制宜，课程安排特别突出综合实践活动，包括研究性学习、社会考察等，目的是发挥综合实践活动促进学生发展的独特作用。[①] 社会实践以班集体活动为主要形式，重走长征之路，重游湘江战场，参观和考察红军长征突破湘江纪念馆。任何一个事件的发生都有其特定的时空背景，学生只有聚焦到特定的时空，对史实才有比较正确的认识和理解，只有具备良好的时空观念，才能真正掌握、运用时空观，从而进行历史学科的学习和研究。教师在完成历史教科书《中外历史纲要（上）》"红军长征"的教学内容后，可组织班级前往红军长征突破湘江纪念馆进行历史学习和考察活动。

1. 参观前准备

教师应提前到红军长征突破湘江纪念馆熟悉参观场所，预约讲解行程，选定参观内容，安排好出行交通事宜。出发前对学生说明参观和考察的目的：一是配合课堂教学"红军长征"内容，加深和巩固所学知识；二是走进红军长征突破湘江纪念馆，感受红军烈士们的革命精神，增强家乡认同感，培养爱国情感。在参观前，教师要明确地给学生提出思考问题：①参观后思考，先辈们身上有什么样的革命精神？谈谈作为一名中学生如何传承这些精神？②记录在长征中印象最深刻的一场战役、一位人物或者一幅图片等。③返程后，撰写观后感作为考察报告上

---

① 教育部. 普通高中课程方案（2017 年版 2020 年修订）[EB/OL]. 2020 – 05 – 13 [2021 – 03 – 12]. http://www.moe.gov.cn/srcsite/A26/s8001/202006/t20200603_462199.html.

交，在下次上课时举办汇报交流会。几点提示：一是集体行动，严守纪律，注意人身安全。二是文明参观，遵守规定。三是带着问题参观。参观前提好要求，避免进行游览式参观，成为无效的历史课外活动。

2. 参观和考察

跟着讲解员的引导，按照展厅的顺序参观，"穿越"回红军长征之时，体会红军烈士们的漫长征途。纪念馆分为序厅、战略转移、突破湘江、伟大转折、精神永存五大部分，除序厅外的四个部分与教科书的内容都有相关之处，教师可在参观中适时给学生提出问题以巩固所学知识。战略转移部分，如红军进行战略转移的原因？突破湘江部分，如红军为何改变原定"西征"行军计划，挺进贵州？伟大转折部分，如遵义会议有何重大意义？并且在讲解员进行解说时，教师维持好纪律，不可放任自流，适时提醒学生带着问题进行参观。学生集体参观后可进行个别活动，完成老师布置的任务，或者选择自己感兴趣的内容参观，如三大战役、翻越老山界、龙坪红船楼等等，其间可与讲解员、教师或者同学进一步交流。教师也要做好活动实施的情况记录，为后期总结做准备。

3. 总结、提升

返程后，学生及时撰写观后感，下节课组织汇报交流会，教师做主持人，引导学生把参观纪念馆内容与课堂学习联系起来，巩固和扩大参观成果。分享会内容有：一是谈个人收获。如在参观之后，对自己有什么启发，如何落实到实际行动中。二是谈学习历史的方法。通过纪念馆的参观，同学们对学习历史有什么看法，总结出什么方法？三是谈记忆最深刻的内容等，了解陈树湘师长的事迹、彭德怀和聂荣臻等人的回忆录后谈个人体会等。"祖国是扩大的家乡，而家乡则是看得见的祖国"，将家乡的革命纪念馆引进历史课堂，避免陷入了教条式的空洞说教，培养家国情怀。① 在交流会过程中，教师要注意观察学生的反应，并做好记录。最后教师进行整个社会实践活动的总结，点评活动的可取之处和不足之处，并且针对问题给出改进的建议。教师对活动的准备、实施和总结工作做好整理，不断地提升，逐步完善课外活动方式，努力提高教学质量。

（二）举办红色故事分享会

高中的学习、生活节奏都比较紧张，学生参加课外活动比较少，学生在学习《中外历史纲要（上）》"红军长征"内容后，举办班级红色故事分享会。第二课堂发

---

① 缪晓虹，刘洪生. 核心素养导向下的中学历史学科育人课程研究[M]. 广州：暨南大学出版社，2020：83.

挥的作用是第一课堂无法替代的，第二课堂并非师生随心所欲或者迎合学生的兴趣追求热闹而没有目的地开展，是在国家教学指导下进行的，与历史第一课堂相配合，相辅相成。① 生活应该是新式历史教育要关注的对象，要突出的是差异特点。国家课程应该要聚焦共性，由于篇幅限制的原因，难以兼顾众多地区的不同特点，因而学生对历史的认识自然是模糊的，从这一不足着手，则需要依靠开发和运用学生生活中的历史课程资源来提高认识的清晰度。② 通史体例是《中外历史纲要（上）》必修课程的编排形式，精挑二十四个专题，几乎覆盖中外通史，精炼的内容，在历史课程梯度上，凸显了与义务教育阶段的不同，对学生要求更严格。③ 因此，历史课堂的教学容量是有限的，红色故事分享会以学生为本，特别强调学生要积极主动参与，刺激求知欲和创造力，学生通过生动活泼的方式，主动学习，寓教于乐，增强学生对历史的学习兴趣。

教师布置课后任务：班级以5人为一小组，收集一个关于湘江战役或者红军长征过广西的故事，展示方式不限，时间控制在8分钟左右。每组展示后进行小组自评、小组互评，最后进行全班投票，对票数最高的前三名进行奖励。方法指导：前往红军长征突破湘江纪念馆参观、收集资料，可以通过老红军或者其后代等进行拜访求教，也可查阅图书馆的资料等。特别要提示学生，在收集素材、资料过程中注意鉴别真伪，也可寻求教师的帮助。呈现方式：讲故事（可配乐）、利用资料制作PPT、漫画设计、视频剪辑等。注意事项：①小组明确分工，做好计划。②教师主持，学习委员、历史课代表协助，组织各小组布置场地。③后一小组给前一小组计时，每超时30秒，总票数扣1票。

分享会过程中，教师主持、引导各小组展示，维持分享会纪律，并做好活动记录。分享、自评、互评之后进行投票，选出前三名，并奖励其学习用品、历史课外书等。教师针对每个小组的亮点与不足，给予点评并给出具体建议。在教师点评环节，要强调史料的获取方法，运用可信度高的历史资料尽可能还原历史，循序渐进地指导学生掌握史料实证的方法。引导学生认识到历史过程是无法逆转的，唯有通过搜集、整合和辨析现存的史料，才能对历史做出正确、非主观的判断和认识。良好的史料实证素养需要慢慢培养，掌握后才能运用正确的方法进行

---

① 钱家先，太俊文. 中学历史新课程教学论[M]. 昆明：云南大学出版社，2007：57.
② 邓璟生，陈雄章，唐凌等. 历史意识、教学方法、课程资源[M]. 南宁：广西人民出版社，2007：189.
③ 普通高中历史课程标准修订组. 普通高中历史课程标准（2017年版）解读[M]. 北京：高等教育出版社，2018：81.

历史学科的学习。① 史料实证体现了历史学的真实品格，新课改强调史料实证素养的养成，养成求真、求实的品格。

高中历史课程改革不断深入，发展和落实家国情怀素养是大势所趋。《普通高中课程方案(2017年版2020年修订)》和《普通高中历史课程标准(2017年版2020年修订)》要求因地制宜地开发课程资源，有效开展第一课堂和第二课堂活动。红军长征突破湘江纪念馆是爱国主义教育基地，是教育资源宝库，其独特的教育价值应该得到重视、开发和运用。不管是在高中历史第一课堂或第二课堂，开发与运用湘江战役纪念馆馆藏资源都有助于实现课程目标、提高教学质量、深化落实立德树人根本任务。

---

① 缪晓虹，刘洪生. 核心素养导向下的中学历史学科育人课程研究[M]. 广州：暨南大学出版社，2020：43.

下篇

红色文化资源融入历史课程的实践

第六章　八路军桂林办事处纪念馆红色文化资源在高中历史教学中的开发与运用

随着新一轮基础教育课程改革的不断深入，课程资源开发与利用显得尤为重要。《基础教育改革纲要》指出"除了校内的图书馆、实验室等基础设施，还应结合校外的博物馆、展览馆等地方社会资源进行课程开发完善国家、地方、学校三级课程管理制度，合理开发和利用地方社会、自然资源将其转化为课程资源"①，故高中历史教学亟须与地方红色文化资源相结合。《普通高中课程方案（2017 年版 2020 年修订）》提到课程内容应遵循思想性、时代性、关联性等原则。② 因此课程内容要加强中国特色社会主义教育，有机融入革命文化民族团结等教育，更加注重学科内容的选择、活动设计与学科核心素养的有机联系，要及时更新教学内容，发挥历史学科的育人作用。

挖掘地方红色文化资源将其与高中历史教育相结合，有助于深化地方课程开发理论。广西是革命老区，红色文化资源相当丰富，这里以当地红色文化资源的八路军桂林办事处纪念馆（简称"八办纪念馆"）作为切入点，深入挖掘八路军桂林办事处纪念馆的教育价值，深化历史课程研究，以进一步完善历史课程体系理论。八路军桂林办事处纪念馆这一本地红色文化资源的研究开发，不仅有助于开发高中历史课程资源，对国家课程进行补充，还有利于开发特色校本课程，增加选修和实践课程的选择性。通过课程实践，激发学生学习中国近现代历史的兴趣、培育家国情怀、史料实证等历史学科核心素养，树立正确的价值观。

一、八路军桂林办事处纪念馆概况

（一）八路军桂林办事处旧址与八路军桂林办事处纪念馆

八路军桂林办事处旧址指的是原为黄旷达所经营的"万祥槽坊"，在中央南方局的指示下租用此处成立了八路军桂林办事处。1996 年八路军桂林办事处旧址被国务院公布为第四批全国重点文物保护单位。八路军桂林办事处纪念馆便是依托

---

① 中华人民共和国教育部. 基础教育课程改革纲要. 2001 年 6 月印发.
② 中华人民共和国教育部. 普通高中课程方案（2017 年版 2020 年修订）[EB/OL]. 2018 – 01 – 05 [2020 – 11 – 01]. http：//www.moe.gov.cn/srcsite/A26/s8001/201801/t20180115_324647.html.

八路军桂林办事处旧址建立起来的纪念性博物馆,是全国爱国主义教育示范基地,也是全国百个经典红色旅游景点之一。

(二)八路军桂林办事处纪念馆具体介绍

1977年依托八路军桂林办事处旧址建立的八路军桂林办事处纪念馆,是展示广西抗战和全民抗战的专题性纪念馆,馆名由叶剑英元帅为之题写。现有馆藏文物2000余件,珍贵历史资料照片5000余幅。其中有周恩来、李克农和胡志明等人在抗战期间使用过的物品。馆内有旧址陈列以及《抗日烽火映桂林》两大基本陈列,多层次、多视角地展示了战争的原貌以及办事处对中国人民抗日战争做出的巨大贡献。八路军桂林办事处纪念馆不仅展示了在中国共产党倡导的抗日民族统一战线的旗帜下,全民族人民共同抗战光辉历史,还特别呈现出桂林人民为了保卫国家所做出的贡献,在中国共产党的领导下,文人荟萃,推动了桂林抗战文化城的兴起。

二、八路军桂林办事处纪念馆红色文化资源在高中历史教学中的开发

(一)八路军桂林办事处创立的背景及作用

1. 创办八路军桂林办事处的背景

1937年七七事变爆发,日本发动侵华战争全面。在此危急存亡之时,为调动一切积极因素抗日,在中国共产党的推动下,建立了以国共两党合作为基础的全国抗日民族统一战线。

1938年秋,广州、武汉相继失守,抗日战争进入相持阶段。由于广西地处西南,地势险要,易守难攻,桂林作为当时广西的省会城市,已成为联络华东、华南,通达我国香港与海外的重要交通枢纽。①除了地理位置具有重要战略意义外,盘踞广西的桂系军阀亦是中国共产党要联合的地方势力统战对象。在种种因素交织下,1938年初冬,中共中央南方局为加强对广西等地抗日救亡运动的领导,决定在桂林设立八路军办事处,也是新四军驻桂通讯处,也称为国民革命军第十八集团军驻桂通讯处。皖南事变后,八路军桂林办事处被迫撤离。

2. 八路军桂林办事处在抗战时期的作用

八路军桂林办事处的建立,推进了我国西南后方抗战力量的发展。在武汉办事处时期时,周恩来就积极联络广西桂系军队,向李宗仁、白崇禧等人宣传毛泽

---

① 左超英.八路军桂林办事处纪念馆研究文集[M].桂林:广西师范大学出版社1998:3.

东的军事主张以及中国共产党的抗日民族统一战线的主张。这为后来在八路军桂林办事处时期争取桂系上层的统战工作打下了基础,争取联合桂系军队抗日,团结如李任仁、李济深等爱国民主人士进一步扩大抗日民族统一战线。

办事处担任的其中一项重大任务即为抗日前线筹运军需物资。1939年1月16日,南方局致电中央,报告"南方局设重,桂林办事处,联络湘赣粤桂及香港运输"。① 桂林由此作为西南大后方的重要交通枢纽,西通云、贵、川、陕,东达湘、赣、浙、皖,是通往新四军驻地的要道。据当年八路军桂林办事处押运的副官吴宗汉回忆,当年最艰苦的一次任务是1939年5月同其他一批副官被派往越南同登、海防,并要赶在日军切断这条唯一的通道之前完成这一大批军需物资的抢运任务。"那时候白天敌机轰炸、道路坎坷,沿途国民党又设关检查阻挠,大家不顾疲惫,夜间行车,白天隐蔽,甚至带病工作。"②抗战时期中共中央南方局以八路军桂林办事处为交通枢纽,为前线转运了大量物资,并输送进步青年、爱国人士到延安和抗日前线参军,有力地支援了抗战,为最后的胜利做出了重大贡献。

(二)八路军桂林办事处纪念馆资源

1. 旧址复原陈列展览

八路军桂林办事处是中国抗战进入相持阶段的历史产物。纪念馆外墙上有四个大字"万祥醋坊"。万祥醋坊是当年房东黄旷达先生卖酒的铺面,八路军为了掩护工作才决定租用此地作为公开的办公地点。皖南事变前,一些地下党和进步人士利用来醋坊买酒作为掩护,避开国民党特务的监视和跟踪与办事处工作人员取得联系。

中华人民共和国成立后,政府对旧址进行了保护和修缮,1977年1月对外开放,旧址复原陈列主要有警卫室、值班室、办公室、救亡室、行政科、小阁楼休息厅、男同志宿舍、会议室、机要科、处长室、秘密电台室、秘书室、战士宿舍。③ 当年的救亡室上还贴着毛主席的标语,是办事处的工作人员学习马列主义、毛泽东思想的地方,相当于今天的阅览室。阅览室主任之一的胡志明,是越南共产党的领导人,亦是中越友谊的培育者。展厅内有一台法文打字机,是李克农专门让人从国外秘密购买供胡志明使用。胡志明用这台打字机,以"平山"之名,在

---

① 八路军桂林办事处纪念馆. 滴水烽烟[M]. 桂林:八路军桂林办事处纪念馆,1983.
② 冷德慧,张伴娣. 八路军桂林办事处的历史作用[M]//左超英. 八路军桂林办事处纪念馆研究文集. 桂林:广西师范大学出版社,1998:12-13.
③ 八路军桂林办事处纪念馆. 丰碑——桂林抗战纪实文物史料图集[M]. 桂林:广西师范大学出版社,2008.

《救亡日报》①发表了10多篇文章。在桂林期间，胡志明还写了很多文章寄回越南，为越南人民的抗战和革命工作做出指导，充分说明了桂林当时不仅是国内抗战大后方，为前线提供物质和人员支援，也是国外反法西斯正义人士聚集地之一。麻雀虽小，五脏俱全，小小的办事处是当时西南地区重要的情报中转站，并且成为中国共产党领导统战工作的据点。桂林的抗日救亡运动，由于有了正确的领导，依托八路军桂林办事处，迅速发展成为桂林抗战文化城。而在给学生讲授分析中国人民抗战胜利的原因时，可以利用八路军桂林办事处的事迹，体现共产党领导下的抗日民族统一战线的重要性，以及正面战场与敌后战场共同发挥的重要作用。在国际层面上，抗战胜利也受到国际反法西斯联盟的帮助。在讲授新民主主义革命时，通过讲述胡志明在八路军桂林办事处的事迹，体现了中国共产党在不断发展，同时也给越南共产党人领导国内民主革命提供了一定帮助，促进了中越友谊。

2.《抗日烽火映桂林》陈展

《抗日烽火映桂林》陈展除了序厅外共有10个部分，分别是：第一部分"日寇铁蹄下的呻吟"，以历史照片展出的形式讲述了从1931年到1945年14年间日寇在整个中华大地上犯下的罪行。其中展出的"抗战时期死于轰炸机的儿童""日机轰炸桂林后的全景"等图片，说明日本曾经在桂林实行大面积的无差别轰炸，无情掠夺桂林市人民的生命，对各种建筑遗址造成了严重破坏。展柜中展示了侵华日军使用过的95式防毒面具，说明日军曾经在中国使用惨无人道的化学战。在课堂上讲解侵华日军对中国人民犯下的罪行内容时，可以使用这些图片和文物作为史料依据。第二部分"炮火硝烟下的觉醒"以历史图片以及铜铸造景再现场景的方式，呈现了在亡国灭种的危急关头，中国共产党倡导抗日民族统一战线的旗帜，促进了国共两党达成共同抗日的合作协议，一致对外，全国军民奋起反击，共赴国难。第三部分"共同抗日的统战协作"和第四部分"南国抗日红色指挥部"通过展出老照片、旧文件、旧报纸、军事地图等史料以及场景复原等展示方式，为参观者展示了在广州、武汉失守后桂林这座边陲古城成为抗战时期的战略要地，并在此成立了八路军桂林办事处，以及共产党在此统战工作的开展。第五部分"没有硝烟的文化抗战"展出了老照片、旧报纸以及办事处旧物，向大家呈现了当时在八路军桂林办事处的领导和引导下，数以千计的文化人云集桂林，开展了轰轰烈烈的抗日文化救亡运动，促进了桂林抗战"文化城"的形成。第六部分"绽放的友谊之花"以图片史料展出的方式讲述了法西斯战争席卷全球，心系祖国的海外华侨、正义国

---

① 《救亡日报》，1937年由上海文化界救亡协会筹办的，夏衍先生任总编辑。上海沦陷后，被迫迁往广州后复刊；1937年10月广州沦陷，再度停刊，于1939年1月迁往桂林复刊，直至皖南事变后被迫停刊。

际友人、国际反法西斯战士莅临桂林，直接参与中国抗战，开展反法西斯斗争。第七部分"誓死保卫祖国大西南"、第八部分"南国的抗日红色武装"、第九部分"八桂大地的抗日英雄"和第十部分"最后的胜利属于人民"通过新闻照片、历史文物等多种方式展现了广西军民积极参军、英勇杀敌，为前线输送了大批兵员，以及广西人民积极参与战时劳役，为抗战胜利创造了必要条件。展厅的观展顺序以时间顺序为主线，交代了八路军桂林办事处创办的大背景以及在抗战时期所做出的贡献。其承载的不仅仅是桂林人民乃至广西人民为抗战胜利做出的贡献，更是中国共产党英明领导的呈现以及国际正义之士为反法西斯斗争所做贡献的缩影。

（三）八路军桂林办事处纪念馆资源与高中历史课程内容的相关性

八路军桂林办事处存在的时间是1938年11月到1941年1月，八路军桂林办事处纪念馆所展出的历史则贯穿1931年到1945年整个抗日战争时期。根据新版高中历史教材《中外历史纲要（上）》①的编排，第八单元"中华民族的抗日战争和人民解放战争"中的第23课"从局部抗战"到全面抗战和第24课"全民族浴血奋战与抗日战争的胜利"则符合纪念馆展览的时间线。根据《普通高中历史课程标准（2017年版2020年修订）》文件中的要求，本单元知识与能力方面要求学生了解日本侵略者在华犯下的罪行，这与八路军桂林办事处纪念馆第一展厅"日寇铁蹄下的呻吟"展示的主题内核是一致的。另外，在给学生讲解正面战场与敌后战场以及全民族团结抗战，在共产党的领导下建立起抗日民族统一战线内容时，可以对应使用展馆中第二和第三部分的内容。在给学生讲授相关内容或进行实践教学时，可利用八路军桂林办事处纪念馆的资源丰富教学内容。第六部分"绽放的友谊之花"展出内容的内核，有助于学生认识中国战场是世界反法西斯战争的东方主战场，为欧洲战场牵制住了大量兵力，而中国人民在国际反法西斯阵营的援助下，最终获得了这场正义之战的胜利。

（四）开发八路军桂林办事处纪念馆资源于中学历史教育的意义

1. 开发八路军桂林办事处纪念馆场馆资源，有利于增加学生对近现代史学习的兴趣

根据布鲁纳（Jerome Seymour Bruner）的认知心理学说，内在动机是维持学习的基本动机，最基本的内在动机包括求知欲、成就感及互惠的内驱力，具有长期的

---

① 张帆，李帆. 中外历史纲要（上）[M]. 北京：人民教育出版社，2019：132-139.

效应。① 教师要激发学生学习的内在动机，可以通过学生的探究活动来促进调节。高中历史作为文科中综合素质以及思辨能力要求较高的科目，很多学生对其兴趣并不高。论其原因，首先是因为传统的授课方式较为枯燥，课堂上很多时候老师都在强调知识点的记忆以及学科能力的提高。很多学生对文科本来就有着"背多分"的刻板印象，为此而更加厌烦，从而降低了学生好奇的内驱力。如果能利用本地学生较为了解的八路军桂林办事处纪念馆的文化资源，让历史课堂更加贴近学生的生活，引起学生的共鸣，则有利于增加学生对于这一段历史学习的兴趣。

2. 运用八路军桂林办事处纪念馆资源进入高中历史课堂教学，可有效培育学生的历史学科核心素养

一方面，八路军桂林办事处纪念馆中展有大量文字、图片、实物史料，把这些史料运用到教学中，可以很好地让学生明白史料具有的多样性。学生通过参观展馆或者教师课堂讲解，学会如何研读史料，做到"论从史出"，从而能培育提升学生史料实证的历史学科核心素养。另一方面，"学科核心素养形成的主要路径即学科活动，学科活动的特性之一即实践性"②。利用第二课堂组织学生参观纪念馆，实地切身地感受抗战时期在八桂大地挥洒热血的先辈们的英姿和当年战争的惨烈，体会今天的和平来之不易，从而培育学生的家国情怀。

3. 八路军桂林办事处纪念馆作为本地的一种红色文化资源，将其运用至高中历史教学中，有利于丰富课程资源，丰富高中综合实践内容

根据《普通高中课程方案（2017年版2020年修订）》文件中提到的"学校要系统规划校内外课程资源的使用"，学生才可以获得多样便捷的实践体验机会。如今高中历史教育的发展趋势，是要更加贴合社会、贴合生活实际，帮助学生以古鉴今。而八路军桂林办事处纪念馆作为一种地方红色文化资源，既代表了一个时期的文化，更是一种民族精神的寄托。以此作为基础进行课程开发利用，有利于进一步丰富现有的课程资源，完善教学内容。

三、八路军桂林办事处纪念馆红色文化资源在高中历史教学中的运用

1993年，八路军桂林办事处纪念馆在广西率先被确定为"桂林市第一批爱国主义教育基地"。③ 2021年4月12日，八路军桂林办事处纪念馆作为广西首个"全

---

① 皮连生. 学与教的心理学[M]. 武汉：华东师范大学出版社，2009：31-34.
② 余文森. 核心素养导向的课堂教学[M]上海：上海教育出版社，2017：72.
③ 左超英. 爱国主义永放光芒——桂林市爱国主义工作概述[A].[M]左超英. 全国第五届八路军办事处纪念馆学术研讨会文集. 桂林：广西师范大学出版社，1998：266-273.

国国家安全教育基地"在桂林举行命名揭牌①。八路军桂林办事处纪念馆同时也是一部桂林抗战地方史的缩影，记录了抗战时期桂林人民积极抗战，为反法西斯斗争胜利做出卓越贡献的历史丰碑。纪念馆只有被充分挖掘其教育作用，才真正具备现实意义。因此可以充分合理利用桂林现有的文物、旧址及历史资料进行历史课堂教育，弘扬爱国主义精神。历史教学包括第一课堂教学和第二课堂教学，第一课堂教学和第二课堂教学相辅相成。第一课堂教学奠定学生知识储备和技能学习的基础，第二课堂教学在第一课堂的基础上，扩展学生的思维能力和知识运用能力，促进其对第一课堂知识的进一步理解和消化。

（一）八路军桂林办事处纪念馆在高中历史第一课堂教学的运用

八路军桂林办事处纪念馆有丰富的红色旅游资源，其展览的文字和图片等史料内容可以根据新课标的相关要求进行筛选，运用到历史课堂新课讲授中。例如：

教学设计案例：《中外历史纲要（上）》第24课《全民族浴血奋战与抗日战争的胜利》

第一子目：正面战场的抗战

课堂导入：教师播放《太行山上》影视片段，并提问该片段讲述了什么历史事件。

学生观看后回答"平型关大捷"。

师：没错，平型关大捷又称平型关伏击战，是1937年八路军配合新四军阻挡日军攻势，集中较大兵力对日军进行的一场成功的伏击战。在华北战场上，中国军队主动歼灭敌人获得胜利，打破了日军不可战胜的神话。面对日本侵略者，中国正面战场和敌后战场是如何相互配合的呢？中国军队是怎么取得抗战最后的胜利？今天我们一起来学习。

设计意图：通过播放相关视频，引起学生学习的兴趣，帮助学生回忆起初中学习过的相关内容的知识，更好地进入学习状态。

1. 新课讲授

（1）正面战场的抗战。

师：请同学们用5分钟时间阅读课本，按照时间顺序，用框架图或者表格的形式归纳出正面战场发生过的重大战役，以及相对应的结果和影响。

学生阅读课本进行标注，并根据自己的喜好进行归纳。

---

① 李耿. 广西首个"全国国家安全教育基地"在桂林揭牌［N/OL］. 广西日报，2021-04-12［2021-04-22］. http://www.gxzf.gov.cn/gxyw/t8561683.shtml.

师：同学们都很认真，相信同学们都已经归纳好了，接下来请和老师一起完成下面表6-1。

表6-1 正面战场的战役整理

时间	地点	会战	结果	影响
1937年8月13日至11月中旬	上海	淞沪会战	坚持抵抗四个月后失败，日军占领上海	粉碎了日本三个月灭亡中国的狂妄言论
1937年9月	山西	平型关大捷、忻口会战	11月初，太原失守	抗战初期华北战场规模最大，战斗最激烈的一次战役
1938年1月至5月	徐州	徐州会战	台儿庄大捷	抗战以来中国军队在正面战场取得的最大胜利
1938年6月	武汉	武汉会战	武汉失守	武汉会战是抗战以来规模最大的一场战役。广州、武汉失守后，抗战进入相持阶段
	广州	广州会战	广州陷落	
1941年12月	长沙	第三次长沙会战	胜利	长沙会战的胜利在国内外产生了积极影响

设计意图：通过让学生自主学习阅读，锻炼概括归纳的能力。教师利用表格帮助学生更加清晰直观地了解正面战场的重要战役及其影响，不至于混乱。

(2)抗战时期的战略大迁移。

师：在广州、武汉失守后，抗日战争进入了相持阶段，上海、南京等经济要地也被日军占领。当时的中国在各方面都远落后于日本，虽然一直在进行军事抵抗，但也难挡日军深入国土。于是中国进行了一场了不起的战略大迁移，从而保存了部分实力，以支撑抗战。而广西也是当时重要的西南大后方战略要地，尤其是当时的省城桂林，更可以说是群英荟萃。八路军桂林办事处就是在这样的背景下建立起来的。

2. 教师用多媒体展示相关材料以及八路军桂林办事处纪念馆相关展厅的图片

材料一：抗战前，广西是桂系军阀势力所在地，当局长期与中央在政治经济等各方面分庭抗礼，各行其是，所以长期以来并无"国营"工业。抗战爆发后，抗日民族统一战线形成。广州、武汉沦陷后，从战区撤出的国营工业迁入广西（见表

6-2)。①

表6-2 战时迁入桂林的部分国营企业②

工厂名称	所属部门	迁出地	迁入时间
中央造币桂林分厂	财政部	上海	1938年
中央无线电器材厂	资源委员会与中央广播企业管理处合办	长沙	1938年
中央电工器材第二厂	资源委员会	长沙	1939年
中央电工器材第四厂	资源委员会	长沙	1939年
军政部兵工署第四十三兵工厂	军政部兵工署	衡阳	1937年
军政部军需署桂林被服厂	军政部军需署	南京	1939年

材料二：浙江大学西迁入宜山（现广西河池宜州区）（见图6-1至图6-5）。

图6-1

图6-2

材料三：八路军桂林办事处纪念馆展出的相关材料。

图6-3 八路军桂林办事处纪念馆抗日烽火映桂林陈展序厅

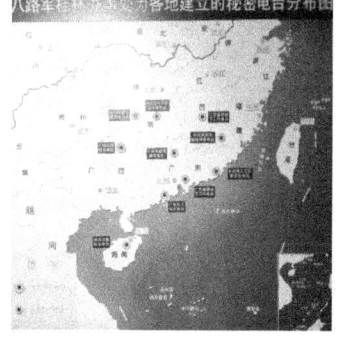

图6-4 八路军桂林办事处为各地建立的秘密电台分布图

---

① 陈磊.抗战时期迁桂工业研究[D].桂林：广西师范大学，2015.
② 广西省政府建设厅统计室.广西经济建设手册[M].桂林：崇大印刷厂，1947：37-41.

图6-5　八路军桂林办事处为前线筹运军需物资路线图

师：请同学们根据所学内容以及材料，以小组为单位在5分钟内讨论中国是如何进行西部战略迁移的，为什么广西桂林会成为西南大后方战略要地之一，八路军桂林办事处在当时发挥了什么作用？

3. 学生进行小组讨论，老师巡堂并指导

师：时间到。首先来解决第一个问题，中国是如何进行西部战略转移的？哪个小组代表来回答？

小组代表甲回答：从图表中可以得到信息，抗战时期，广西工业一度繁荣，说明东部沿海工业以及兵工厂等曾大规模西迁以保存实力；广西宜山（今广西河池宜州区）曾是抗战时期浙江大学的校址，说明在当时华东、华北地区的著名高校也向西南迁移，保存国家文教实力。

师：很好，从工业和教育这两个方面说明了"西迁"的方式。也正是由于当年著名高校西迁，许多文化名人、知识分子齐聚桂林，形成了盛极一时的桂林抗战文化城。接下来我们来解决第二个问题：为什么广西桂林会成为西南大后方战略要地之一？

小组代表乙回答：广西地形险要，被崇山峻岭环抱，易守难攻。

师：不错，地形是一个很重要因素，还有别的方面吗？

……

师(总结):桂林地形险要,同时地理位置具有重要的战略意义,沟通湖南、贵州、云南、广东等地,便于中央建立交通运输及情报路线。此外,桂系军阀盘踞于此,是建立抗战民族统一战线的团结对象。好,那我们请下一位小组代表来回答"八路军桂林办事处在抗战时期发挥了什么作用"?

……

(答案比较多样,可以启发学生从不同角度分析,让多位学生补充)

4. 总结

教师引导学生通过小组合作探究的方式,结合有关八路军桂林办事处纪念馆的资料,让学生以小见大,论从史出,以桂林为典型例子,了解进入相持阶段后中国共产党是如何领导民众进行西迁保存实力,发展抗日力量。以本土资源进行教学,有利于学生产生亲切感,提高学习兴趣。

(二)八路军桂林办事处纪念馆在高中历史第二课堂教学的运用

1. 组织学生有目的地参观八路军桂林办事处纪念馆

学生的参观学习是研学的过程,红色研学倡导把历史课堂与红色实践相结合,从而达到立德树人的目的。① 通过走进历史现场来理解历史事物,有利于促进历史学科核心素养的逐步形成。学生在学习完教材第八单元的内容后,教师带领学生参观纪念馆,相当于有意识地为学生创设某一阶段的历史活动时空、人文环境和历史氛围,以馆藏资源为基础让学生获取知识和技能的教育过程。这种研究性学习改善了以往单一的教学形式和学生被动接受信息的不足,为学生自主学习创造必要前提。②

组织学生参观学习首先要设定参观的目的:一是巩固课堂教学的成果,让学生更直观地感受抗战年代的风云和相关历史事件发生的前因后果;二是为了让学生近距离观看一手史料,学会通过解读史料形成自己对历史的解释和认识;三是学生通过参观地方红色文化纪念馆,了解发生在自己家乡的某些历史,产生更深的历史代入感,进而深入探究家乡的历史,增强对家乡、对祖国的高度认同感。

确定参观的目的后,可以开始进行组织参观,在落实安全、交通和联系纪念馆讲解员等管理组织问题后,和学生明确地提出参观任务:①在参观过程中记录下最感兴趣的事件、物品或者人物,并说说对其感兴趣的原因;②参观结束后,

---

① 王玉功,陈虎堂. 基于历史学科核心素养的研学课程实践研究——以宁夏育才中学"红色研学"活动为例[J]. 宁夏大学学报,2020(02).

② 李帆,马卫东,郑林. 21世纪全球历史教育的发展与挑战[M]. 北京:社会科学文献出版社,2018:330-333.

写一篇观后感，并告诉学生将在下次课堂上进行分享。

在参观过程中，先让学生跟着解说员按照展厅参观顺序进行参观，并辅以讲解。学生首先参观了"抗日烽火映桂林"陈展，该陈展的10个部分是根据抗日战争爆发的时间顺序讲述了日本侵略者对中国人民犯下的罪行；在风雨飘摇的年代，中国人民是如何奋起抵抗，尽管遭受挫折被迫将基业转移至西部地区。八路军桂林办事处就是在这种情况下诞生的，并在抗日战争中发挥了重要作用。旧址复原陈展是当年办事处各个部门的办公署的复原，可以由学生在参观完"抗日烽火映桂林"陈展后解散自行参观。自由参观的时候教师要提醒学生注意结合课堂知识，在把握抗战的全国背景下，体会地方抗战，从而提高学生知识迁移能力。教师还要明示学生切忌走马观花式参观，要有自己的思考，让学生在比较轻松愉快的环境下学到知识，提升能力。

参观结束后，确保学生安全回到学校，在合适的时间组织举办成果展示活动。成果展示既是学生展示学习成果的平台，也是教师获得教学活动反馈的一种方式。成果展示可分两步走：第一步教师通过批阅学生上交的观后感，选出比较有代表性的优秀作品在课堂上展示或读出来与学生分享。第二步，鼓励学生积极上台分享自己的心得体会。教师通过学生的文字作品以及发言分享，能了解到学生在本次学习的效果。

纸上得来终觉浅，学生基于历史第一课堂内容的研学学习应该是探究式、实践式的。学生参观八路军桂林办事处纪念馆的过程，也是对桂林抗战的地方史与艰苦奋斗、爱国团结红色文化精神的学习过程。历史教育应"不拘泥传统课堂，应延伸至课外，深入社会生活和社会实践，帮助学生获得规律性的认识"①。历史第一课堂能带给学生的东西有限，可以传授学生基础知识，也能指导学生学习思考研究的方法，但是具体应用还是要与第二课堂的研学实践结合起来，才能做到既授人以鱼，也授人以渔。

2. 红色文化资源融入学生社团活动

基于学生兴趣的基础，将红色文化资源融入学生社团活动。社团以活动为重要载体，通过开展多种多样的活动起到教育目的，成为学校的"第二课堂"。② 促进学校社团活动多样化，是丰富教学形式的途径之一。《基础教育课程改革纲要（试行）》指出，学生要通过实践，增强探究和创新意识。为了使得学生能够较好

---

① 夏卫东. 历史教学研究论丛[M]. 北京：中国社会科学出版社，2014：53-54.
② 徐秀华. 基于实践育人理念的高校学分制社团研究——以浙江师范大学为例[D]. 浙江：浙江师范大学，2013.

地适应社会的需要,还应该学习科学的研究方法,发展其综合运用知识的能力。①开展有特色的学生实践活动,是国家对基础教育人才培养的要求,学生社团实践在此基础上越来越受到学校和社会的重视。社团活动的开展要注意以下三个方面问题:第一,制定切合实际的目标,既要有团体目标,也要注重个人目标的达成。第二,避免活动内容和活动形式单一,增加学生的参与度。第三,健全社团活动的评价机制,比如成果展示环节,评价方式如果仅仅是教师评价,就会导致客观度降低。②

在学生拥有一定的历史知识储备后,更容易对身边的历史文化感兴趣。例如近些年来广泛流行于年轻人群体的汉服文化,基于对汉文化的喜爱形成了汉服文化社团。同理,学生长期生活在一个地方,当课堂讲授的内容可以联系到自己家乡、自己从小生活的地方,就会对相关文化产生很大的兴趣。桂林市红色文化资源丰富,例如抗战文化资源。把红色文化融入学生社团,是建立在学生的认知基础以及兴趣之上的。例如在社团活动中以八路军桂林办事处纪念馆展览的主题为研究课题,进行课外兴趣小组探究活动,首先是建立在学生有一定的抗日战争知识认知,以及具有了解家乡历史的兴趣的基础上开展的。

该活动可分为以下几个步骤进行:第一,八路军桂林办事处纪念馆有两大陈列展厅,纪念馆主体部分主要展出"抗日烽火映桂林"陈展,该展览分为10个主题,讲述了抗战时期以八路军桂林办事处为主要线索的桂林历史。还有一个在八路军桂林办事处旧址的"万祥醋坊"展出的旧址复原陈展,主要还原当年办事处的风貌。指导教师组织社团成员分好小组,最多10个小组,每个小组选择一个不同的主题进行研究。第二,每个小组确定好主题后,首先要制定组内分工、研究思路,以及成果展现的方式,方式可以是小作文、调查报告,也可以是口述史展示等。第三,指导教师向学校提交申请和策划,组织社团成员参观八路军桂林办事处纪念馆,并指导同学收集资料,解答社团成员在探究过程中遇到的问题。第四,指导教师组织成果展示活动,通过教师点评以及社团学生观摩打分,综合评分后给予分级评价,为优秀作品的作者团队颁发奖励。

案例示范:

探究主题:某小组以八路军桂林办事处纪念馆的"没有硝烟的文化抗战"为主题背景,对桂林抗战文化城现象进行探究。

---

① 教育部. 基础教育课程改革纲要(试行)[N]. 中国教育报,2001,7(27):2.
② 姜清基. 高中学生社团实践活动的个案研究——以甘肃省 M 中学为例[D]. 甘肃:西北师范大学,2020.

成果展现形式：小作文

小组分工(以每组五人为例)：资料收集(全员参与)；资料分类1人；活动过程记录员1人；文章撰写2人(一人主笔，一人润色)，成果展示1人，负责呈现小组的探究成果。

探究活动过程：

(1)小组集体参观八路军桂林办事处纪念馆，跟随纪念馆讲解员的脚步，从第一部分到第十部分按顺序参观。大致了解抗日战争期间桂林乃至广西的抗战，了解八路军桂林办事处的概况，并在参观二楼第五部分"没有硝烟的文化抗战"展览时认真听讲并做好记录，对桂林抗战文化城这一特殊现象有大致的了解。自由参观时间再次参观该部分内容，认真阅读并做记录。

(2)根据从八路军桂林办事处纪念馆内获得的信息和史料，小组思考并讨论抗战文化城形成的原因、来桂的文化名人有哪些、他们在其间做出了何种成就、涉及了哪些文化领域、产生了什么影响等。指导教师可从讨论中了解学生现有认知的不足，指导学生进行下一步阅读，可阅读相关历史以及当时文化名人们来桂留下的文艺作品，进而获得更深层次的体会。

(3)结合从纪念馆以及阅读所得的资料进行分类，根据所收集的资料进行小组讨论确定小作文写作的大纲。

执笔当剑——论桂林抗战文化城的兴盛

一、桂林抗战文化城的兴起

二、来桂文人援抗战

三、战时绽放的文艺之花

(4)撰写小作文以及准备展示工作。

(5)成果展示。

社团活动基于兴趣性质的参与，活动组织既要体现研究地方红色文化的特色，让学生感受到桂林不仅是一座拥有山水秀丽、历史悠久的文化名城，在国难当头的抗日战争时期，也可以暂时舍弃古往今来的温柔文雅，充满血性，又要从中提升学生的能力，基于历史教学第一课堂认知的第二课堂实践探究，不断培育学生史料实证、家国情怀等历史核心素养。

下篇　红色文化资源融入历史课程的实践

第七章　井冈山红色文化资源在高中历史教学中的应用

当前，国家呼吁全社会要充分利用红色文化资源，要注重红色资源在社会、经济等方面的价值。井冈山红色文化资源具有代表性，将井冈山红色文化资源融入历史教学对传承红色文化具有重要意义。

这里基于当前高中历史教学对井冈山红色文化资源的利用现状，以"南京国民政府的统治和中国共产党开辟革命新道路"一课为例，从课前准备、课堂教学、课后活动三个方面提出相应策略，以期为高中历史教学运用井冈山红色文化资源提供借鉴。

一、井冈山红色文化资源概况

（一）红色文化资源的内涵

广义上的文化是指人类所创造的一切物质与精神产品，狭义上的文化仅包括语言、文学、艺术以及一切思想。① 红色文化是文化的一种，"红色"的含义包括：吉利、喜庆；与共产党相关的共产主义；"左派"革命者；坚定的政治信仰；新民主主义时期。②"红色"的内涵有两个方面：一是积极的、美好的期望；二是与中国共产党的关系。中国共产党赋予了红旗生命、建设了红军、建设了红色政权、划定了红线、加强了红色地区。中华人民共和国成立以后，红色已经成为中国的一种象征。红色所代表的爱国热情和不屈不挠的精神早已渗透到每个中国人的血液里，中国红也成了中国的一张名片，中国共产党成立至今的历史就是一段红色的奋斗历史。

"资源"是存在于特定的社会和历史环境中，能够满足人类的需要，能够被人类利用的社会、政治、经济、文化等各个方面的劳动创造财富的总和。③ 从这一点可以看出，资源具有可利用性和有用性。从资源论的观点来看，红色文化是一种资源，即红色文化资源。

---

① 中国大百科全书总编辑委员会《社会学》编辑委员会. 中国大百科全书·社会学[M]. 北京：中国大百科全书出版社，1991：409.
② 《辞海》编委会. 辞海[M]. 上海：上海辞书出版社，1979：1686.
③ 陈华洲. 思想政治教育资源论[M]. 北京：中国社会科学出版社，2008：4.

红色概念规定了红色文化资源的主体和年代,即主体是中国共产党和中国人民,年代主体是指革命战争时期。文化概念说明了红色文化资源的内涵为中国共产党领导中国人民所进行伟大革命斗争的全部活动及其结果,这一过程和结果表现为文化形态的历史物质遗存与非物质遗存。资源概念则揭示了红色文化具有资源属性,强调红色文化可以被人们传承、开发与利用,并且这种资源具有一定的文化价值与应用价值。[①]

所以红色文化资源是中国共产党带领全国各族人民在革命斗争和建设的伟大实践中形成的崇高精神及物质载体的总称,是党团结、带领中国人民进行革命、建设、改革的有力见证。

红色文化资源的表现形式有物质形式、文学艺术形式、精神形式三大类。红色文化资源的物质形式主要指革命遗址、领袖故居、博物馆、纪念馆等。红色文化资源的文学艺术形式主要指革命时期的诗词、革命标语、红色诗词、红色题材影视剧、歌舞等文学作品。精神形式主要是指在革命时期革命先辈体现出来的精神品质,是对物质形式和文学艺术形式的高度凝练,是革命先辈"理想信念高于天"的集中体现。

(二)井冈山红色文化资源

在自然地理上,井冈山是位于江西与湖南两省交界的罗霄山脉中部的井冈山山脉;在行政区划上,井冈山是井冈山市;在历史上,井冈山也同井冈山革命密不可分。[②] 秋收起义受挫后,毛泽东率领革命队伍来到井冈山,在这里找到了一条适合中国国情的革命道路。虽然革命队伍在井冈山停留的时间不长,但在井冈山地区创造了丰富的红色文化并留下许多可歌可泣、代代相传的感人故事。因此,井冈山地域范围是指跨越"六县一山"的井冈山革命根据地,即江西宁冈(现为井冈山市)、永新、莲花、遂川、酃县、茶陵、井冈山。[③] 时间范围是指井冈山革命时期,即从中国共产党建立井冈山革命根据地(1927年10月)到第五次反"围剿"失败后井冈山革命根据地沦陷(1930年2月)。综上所述,井冈山红色文化资源是指在井冈山革命时期(1927年10月至1930年2月),在由中国共产党领导建立井冈山革命根据地的过程中创造的一切物质产品和精神产品。

据《井冈山市志》(1991—2010)记载,井冈山物质形式的红色文化资源有革命

---

① 张泰城.论红色文化资源[J].红色文化资源研究,2015(1).
② 郭慧.红色资源在中学生家国情怀培育中的作用[D].闽南师范大学,2021.
③ 王青梅.井冈山红色文化资源在中学历史教学中的运用[D].辽宁师范大学,2021.

遗址 83 处，包括黄洋界保卫战遗址、古城会议旧址、中共湘赣边界一大旧址等。八角楼旧址、茨坪旧居等革命领袖旧居 19 处；纪念建筑共有 24 处，包括井冈山革命博物馆、井冈山会师纪念碑、井冈山烈士陵园。① 其中，2007 年建成开放的井冈山革命博物馆馆藏文物有 3 万余件，珍贵文物资料和历史图片 2 万余份，珍藏党和国家领导人、著名书画家及社会各界知名人士的墨宝珍迹数百幅；保存毛泽东、朱德重上井冈山的电影资料和老红军的电视录像数十件。② 文学艺术形式的井冈山红色文化资源更为丰富多样，尤其是毛泽东在井冈山时期创作了大量的文章和诗词，如《中国红色政权为什么存在》《井冈山的斗争》《西江月·井冈山》等，人民群众创作了《红米饭　南瓜汤》《毛委员和我们在一起》等红色歌谣。井冈山的斗争铸就了"坚定信念、艰苦奋斗、实事求是、敢闯新路、依靠群众、勇于胜利"的井冈山精神。形式多样的井冈山红色文化资源见证了井冈山斗争的光辉历史。

（三）井冈山红色文化资源的特征

时代性。井冈山斗争史具有强烈的时代印记，这一时期的文化反映了红色割据区的政治经济特点，以及共产党人到达井冈山后人民群众崭新的精神面貌。可知，这一时期的文化是无产阶级领导人民群众反帝反封建的文化。比如，在共产党刚到达井冈山时，宣传标语大多数都是号召贫苦农民打土豪分田地；红色政权建立之后，宣传标语的内容则是宣传党的纲领和政治主张，呼吁工农群众加入红军，保卫土地革命的成果。和宣传标语一样，这一时期的歌谣、演出等都有强烈的政治鼓动性，反映出武装割据时期的时代特点。

群众性。中国共产党及其领导的广大人民群众是红色文化资源创造的主体。毛泽东指出："革命战争是群众的战争，只有动员群众才能进行战争，只有依靠群众才能进行战争"。③ 井冈山时期，广大人民群众正在遭受着"三座大山"的沉重压迫和无情剥削。革命党人到井冈山后依靠群众、组织群众进行土地革命、武装斗争和根据地建设，全心全意为人民群众谋福利，形成了鱼水情深的党群关系，留下了丰富生动的红色文化资源。

先进性。"马克思列宁主义的普遍真理一经和中国革命的具体实践相结合，就

---

① 梅黎明，龙波舟主编．井冈山市志[M]．北京：方志出版社，2012(10)：33－34.
② 周见美．星星之火点亮革命之灯——井冈山革命博物馆纪实[J]．重庆社会科学，2011(06)：84－85.
③ 毛泽东选集(第1卷)[M]．北京：人民出版社，1991：136.

使中国革命的面目为之一新,产生了新民主主义的整个历史阶段"。① 井冈山斗争之前,中国共产党一直向苏联学习却忽视了我国国情的特殊性。大革命失败后,共产党人在井冈山与敌人进行斗争。共产党人以马克思列宁主义为理论基础,从中国的特殊国情出发,放弃城市中心道路,开辟出"农村包围城市,武装夺取政权"的革命道路,创建了第一个红色政权,建立了第一个革命根据地,第一次提出党对军队的绝对领导……不仅成功地用马克思主义基本原理指导中国的革命实践,还创造了具有中国特色的理论,创造性、科学性地回答了"什么是中国的革命""怎样进行中国革命"这一重大历史议题。

井冈山有多样的红色文化资源。如在这一时期革命先辈用过的生活用品、劳动生产工具、老房子上写的标语、楹联、口耳相传的感人故事、当地的博物馆与纪念馆、与这段历史直接相关的文学作品以及井冈山革命精神等,都是理想信念教育、道德情操教育、爱国主义教育、社会主义核心价值观教育以及现代史和党史教育方面的鲜活教材,这些都可以在历史教学中结合相关的内容进行教学。

二、井冈山红色文化资源在高中历史教学中的价值

井冈山既是中国革命的发源地,又是世界著名的革命圣地。中国第一个农村革命根据地是由老一辈革命家们在井冈山建立的,并且在井冈山找到了符合中国国情的革命道路。井冈山是中国革命的一个新起点,在中国革命的历史上有重要的地位。

(一)井冈山是中国革命道路的起点

井冈山革命根据地创建以前,中国共产党一直向苏联学习,走的是苏联式的以城市为中心的革命道路。经过一系列的革命挫折和失败后,党吸取了深刻的经验教训,深刻地明白了以城市为中心的革命路线在中国并不是行之有效的道路。在这一时期,中国共产党人顶住重重压力舍弃了"城市中心论",扎根于乡村,开创了属于中国的革命之路并取得了胜利。井冈山是这条道路的重要起点和实践基地。

(二)井冈山是马克思主义中国化的开端

马列主义的基本原则反映了矛盾的普遍性,但不可忽视的是矛盾除了普遍性

---

① 毛泽东选集(第3卷)[M].北京:人民出版社,1991:1093.

还存在特殊性。只有把马克思主义理论和中国的实际国情结合起来，才能指导中国革命取得成功。

当时中国的国情与俄国的国情有很大不同。中国当时的社会环境中，占人口比重最大的不是城市工人而是贫苦的农民，仅凭俄国的经验是不可能成功的。中国革命究竟要走什么样的路，还得由中国的革命家们自己去摸索。在国民党右派叛变革命，全国上下被白色恐怖笼罩的严峻形势下，中国共产党经过艰苦的摸索，终于找到了适合中国国情的井冈山革命之路。来到井冈山后，毛泽东带领井冈山地区的革命队伍和民众进行革命斗争，同时不断对中国革命进行经验总结，反思革命受挫的原因，并进行理论概括，创作出一系列优秀的作品。这不仅为毛泽东思想奠定了基础，而且为中国特色社会主义理论的产生提供了一个良好的开端。

（三）井冈山精神是中国革命精神传统的源流之一

中国共产党在长期的奋斗和建设中，涌现出许多伟大的革命精神。井冈山精神是中国革命精神的源泉之一，它的内涵包含了以后一系列革命精神的基本内容。"坚定信念、艰苦奋斗、实事求是、敢闯新路、依靠群众、勇于胜利"[1]，短短的二十四个字既是井冈山革命时期党和人民群众的生动写照，也是对井冈山精神的高度概括和对中华民族精神与革命精神的高度凝练。正是这种精神转化为实践动力，使社会主义建设继续向前发展。

因此，无论是对中国革命发展史的学习，还是对毛泽东思想发展的学习，或者是对学生进行生动的思想教育，都能充分挖掘和利用这一珍贵的红色文化资源。例如，在历史教学过程中讲述这段时期的历史时，教师可以在课堂教学中展示与这一时期相关的标语、歌谣、器具、毛泽东在这一时期创作的诗词等，还可以在课后组织学生参观相关遗址、遗迹、博物馆等或者是组织学生观看与之相关的红色影视作品。一方面有助于深化学生对这一时期的历史的理解，加深学生对中国革命发展历程的认识，培养学生的时空概念、对史料的理解和研究能力。另一方面，可以让学生体会革命前辈的艰辛，感知当下幸福生活的来之不易，同时也可以促使学生把对革命前辈的敬意提升到对故乡、对国家的认同。总之，把井冈山红色文化资源与历史教学相结合，可促使历史学科核心素养得以充分体现，可以达到促进学生全面发展的目的。

---

[1] 叶福林. 近年来我国理论界关于井冈山精神研究综述[J]. 党史文苑，2007(16): 61-64.

三、井冈山红色文化资源在高中历史教学中应用的基本情况

(一)调查方法及调查对象

这里使用调查研究法,以江西省井冈山地区×中学的师生为调查对象进行问卷调查和访谈调查研究。

(二)调查内容

1. 学生问卷调查内容

为了保证问卷的实效性,本次问卷调查采用单项选择和多项选择的形式,共设置12个问题,单项选择题和多项选择题各占一半。问卷主要围绕四个方面进行展开:一是调查井冈山地区的学生对井冈山革命历史的熟悉程度。题目:第1题和第7题是调查学生对井冈山革命根据地地域范围的认识。二是调查学生对井冈山的红色文化资源类型和井冈山革命时期他们自身所处县、市的红色文化资源情况的了解程度。题目:第2题是为掌握学生对自身所处县市的红色文化资源的了解;第8题是为了解学生心中红色文化资源种类。三是调查学生对于学习井冈山红色文化的态度。题目:第3题是询问学生关于当今学习革命战争精神的态度;第4题是为了解课堂上教师结合井冈山红色文化资源讲课时学生的态度;第6题是让学生从他们自身的角度出发,评判老师结合红色文化资源进行教学对他们的学习是否有帮助。四是从学生和学校两个主体出发,分别调查学生认识这一资源的途径和学校对这一资源的应用情况。题目:第9题是探究学生认识井冈山红色文化资源的途径;第5题和10题是为了解教师是否会在历史教学中运用井冈山红色文化资源及运用形式;第11和12题是为了解学生希望教师和学校用何种方式来帮助他们了解井冈山红色历史。

2. 教师访谈内容

在访谈之前,先对老师的基本情况有一定的了解。接着,探究教师对井冈山红色文化资源的认识。最后,对井冈山红色文化资源与教学的结合进行分析,主要包括采用何种方式、目的、是否注重核心素养的落实、教学效果以及遇到的困难等。

3. 问卷回收情况

查阅相关文献可知,对于简单随机抽样,在95%置信度下,绝对误差为5%,在真实总体比例是0.5的情况下,400份有效的调查问卷已经足够满足×中学

3500名学生的需求。① 问卷回收情况如下：本次网络问卷调查共收到学生问卷412份，有效问卷共计406份，问卷回收的有效率是98.54%。

4. 问卷调查分析（因数据为四舍五入取值，部分数据指标百分比加总可能不等100%）

下面是问卷具体内容和调查结果及分析。

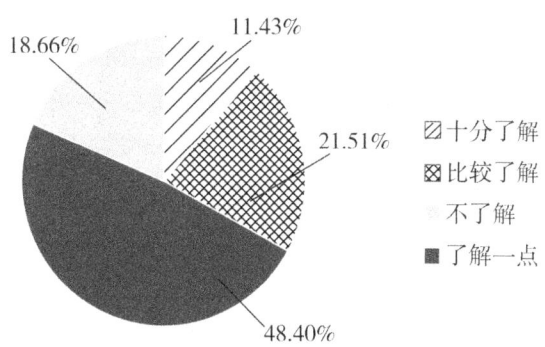

图7-1 学生对井冈山革命根据地地域范围了解的情况

从图7-1数据可知，将近一半学生表示对井冈山革命根据地的范围有了一点了解，认为十分了解和比较了解的学生只有11.43%和21.51%，还有小部分学生表示不了解。《中外历史纲要》上册第22课出现了《1929—1932年农村革命根据地示意图》，但图片上并没有具体标记出井冈山革命根据地的范围，根据地图学生只能做出一个模糊的判断。由此可知，大部分学生对井冈山革命根据地的范围并不了解。

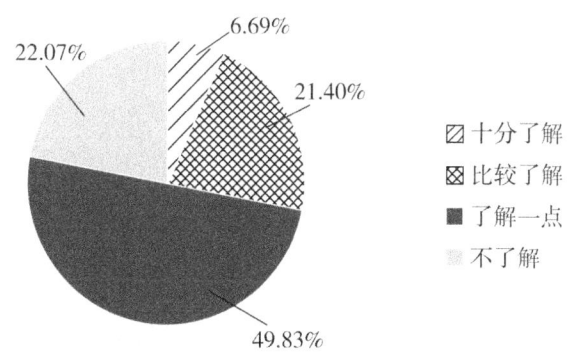

图7-2 学生对所在县（市）在井冈山革命斗争时期的红色文化资源认识的情况

由图7-2数据可知，学生对井冈山革命时期自身所在县市的红色文化资源了

---

① 苟巧玲.浅谈调查方案设计应注意的一些问题[J].科技信息（学术研究），2007(23)：75-76.

解一点的人数最多,占总人数的49.83%。其次不了解的占22.07%,仅有少部分学生认为自己十分了解。由此很有必要提高学生对家乡的红色文化的认识。

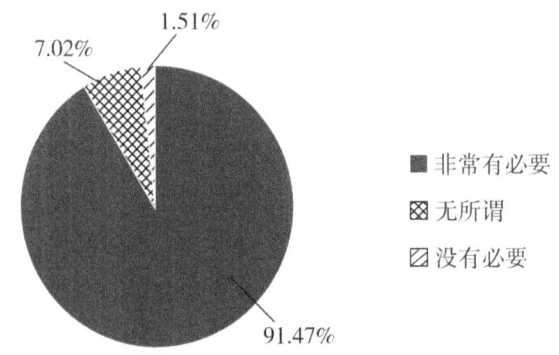

图7-3 学生对现在是否有必要学习井冈山精神的态度

根据图7-3可知,对于现在是否有必要学习井冈山革命精神的这一问题,91.47%的学生的态度持肯定观点,还有7.02%的学生表示无所谓,值得警醒的是有1.51%的学生对这一问题持否定观点。综上所述,学生对学习井冈山革命精神主要是持肯定态度,但是仍有少部分学生的态度并不积极,这也说明还有小部分学生的情感态度价值观还需要通过教育进行培育和调整。

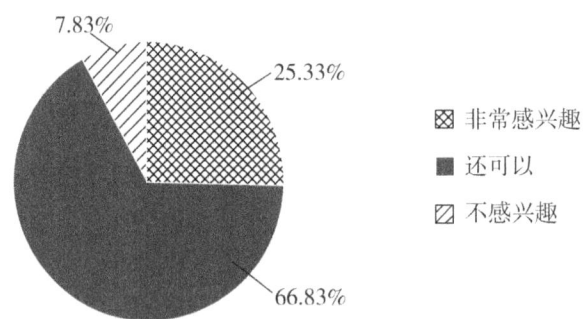

图7-4 学生对历史老师在课堂上结合井冈山红色文化资源进行教学的态度

图7-4显示,有超过一半的学生对于老师结合井冈山红色文化资源进行课堂教学比较感兴趣,有25.33%的学生表示非常感兴趣,仅有7.83%的学生对此不感兴趣。对此,历史教师可以在教学中实践中提高利用这一资源的意识。

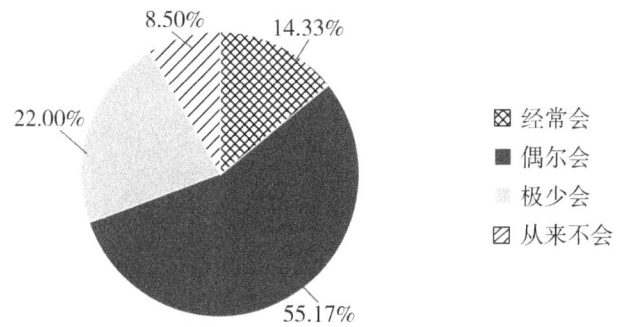

图7-5 历史老师在课堂上结合红色文化资源进行教学的频率

由图7-5可知,14.33%的学生表示他们经常能在历史课上通过教师的讲课学习到井冈山的红色文化,55.17%的学生认为他们有时会在课堂上了解井冈山的红色文化,22.00%的学生认为井冈山的红色文化资源在课堂中很少被老师使用,还有8.50%的学生认为,井冈山的红色文化资源并没有被应用到课堂上。

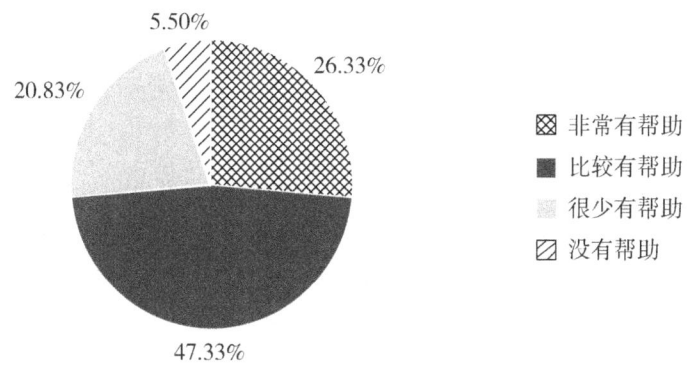

图7-6 学生认为老师在教学中结合"井冈山红色文化资源"对学习的帮助度

从图7-6可知,对于老师在教学中运用井冈山红色文化资源对学生的学习是否有帮助这个问题,26.33%的学生的态度是非常肯定的,47.33%的学生持中立态度,觉得很少有帮助的学生占20.83%,还有5.52%的学生持否定态度。可见,大多数的学生都认同老师利用这一资源对他们的学习有帮助,但也有一些学生认为没有帮助。根据这些数据反映出的问题,教师应该反思对这一资源不能仅仅是"应用",还要结合新课标要求和学生的实际情况。

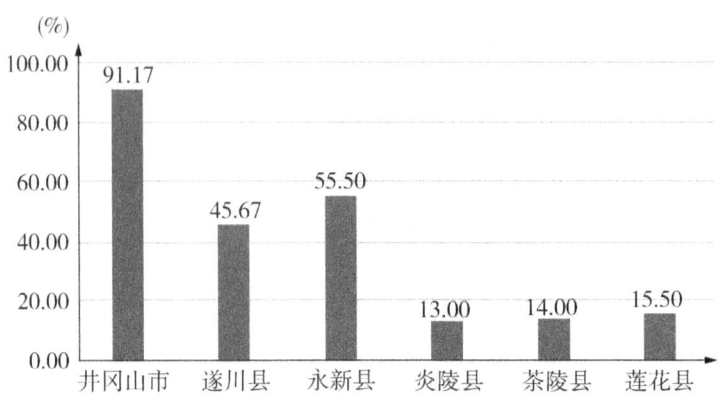

图7-7 学生对井冈山革命根据地的范围认识

从图7-7可见,对于井冈山根据地的范围,91.17%的学生选择了井冈山市,其次有55.50%的学生选择了永新县,45.67%的学生选择了遂川县,对炎陵县、茶陵县、莲花县的选择分别占13.00%、14.00%、15.50%。由此可看出,绝大多数的同学不太清楚井冈山的地域。以上数据,一方面反映出学生对井冈山革命根据地的认识还不够透彻;另一方面也提醒"六县一山"地区的政府、学校等相关单位,要以"六县一山"为井冈山的整体性,使井冈山的红色文化资源得到最大程度的利用。

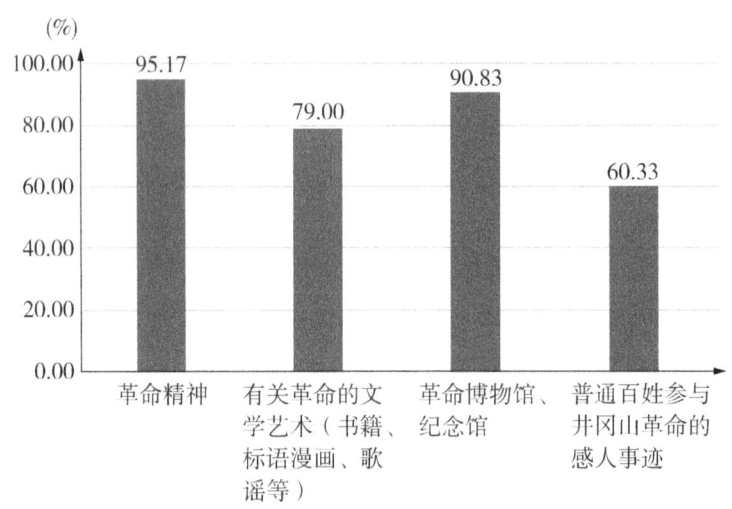

图7-8 学生认为红色文化资源包括的类型

从图7-8数据可以看出,大部分同学都认为井冈山红色文化资源种类繁多。值得注意的是,有39.67%的同学认为普通百姓参加井冈山革命的事迹不属于这一资源。井冈山不同类型的红色文化资源都有其特点,教师要让学生认识更多样的红色文化资源，使他们对井冈山的红色文化有一个整体的认识，增强对井冈山红色文化及精神的理解。

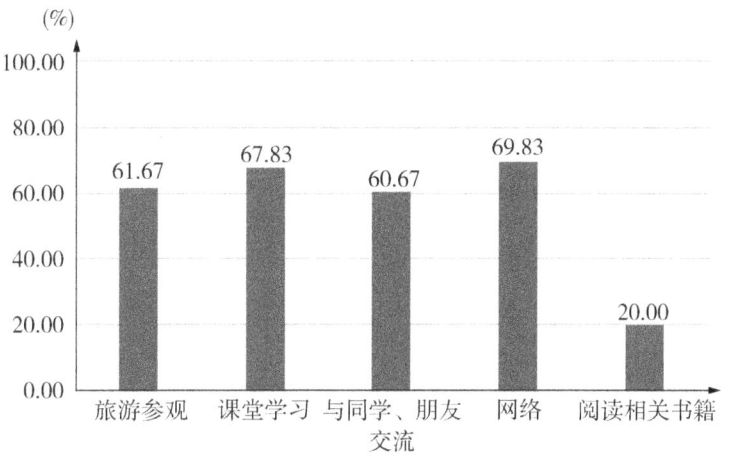

图7-9 学生了解井冈山红色文化的途径

根据图7-9数据可知，学生了解井冈山红色文化的途径非常多样。其中，有69.83%的学生选择通过网络了解井冈山红色文化，占比最多。除此之外，很多学生还通过课堂学习、旅游参观等方式了解井冈山的红色文化。可见学生不仅能够在课堂学习过程中了解井冈山红色文化资源，在日常生活中也能通过多种途径认识这一资源。

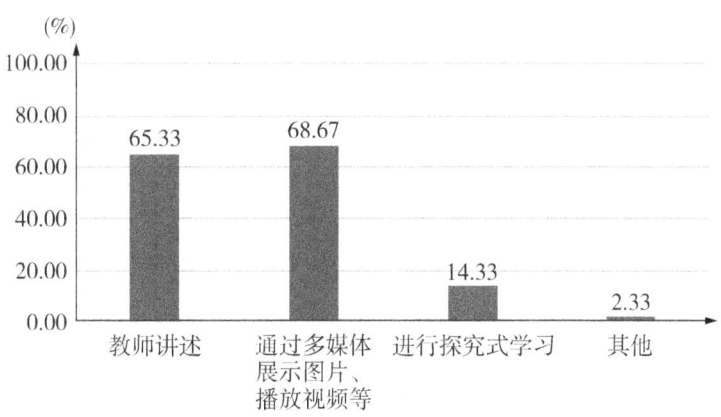

图7-10 课堂上历史教师将井冈山红色文化资源带入历史课堂的方式

从图7-10数据可以看出，历史教师大多采取讲授、多媒体演示等方式将井冈山红色文化资源运用到课堂中。此外，还有14.33%的教师采用的是探究式教学法。之所以会出现这种情况，是因为讲述法和多媒体演示与其他教学方法相比，更有利于教师在有限的课堂时间内完成教学任务。探究式学习虽然更能发挥学生的主体性，但也意味着学生要花更多的时间搜集信息和讨论思考。在紧张的高中学习阶段，时间尤其珍贵，较少有学生愿意抽出时间去查阅相关资料进行深入了解，导致有些探究活动达不到预期效果，因此教师还是以讲授法为主。

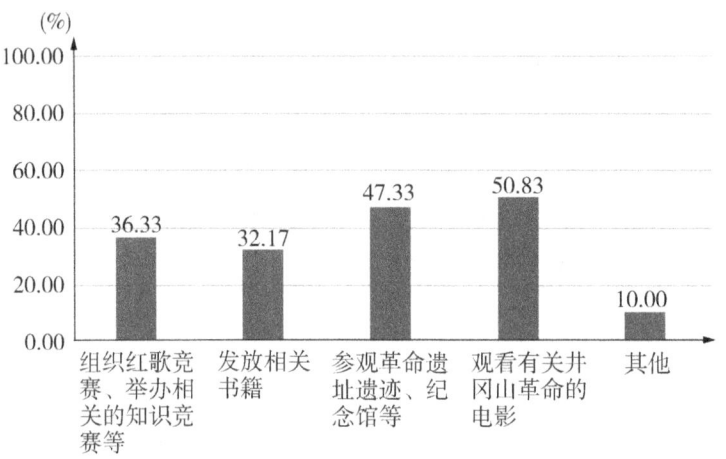

图7-11　课后历史教师或者学校帮助学生了解井冈山红色历史、传承井冈山精神的方式

从图7-11可知，学校会组织多样的课后活动促进学生对井冈山红色历史的了解。其中最普遍的是组织学生观看相关的电影，其次是组织学生参观遗迹、纪念馆等具有历史气息和教育意义的场所。除此之外，学校还会举办相关知识竞赛或发放相关历史的书籍。这说明学校在弘扬井冈山文化上采取了实际行动。

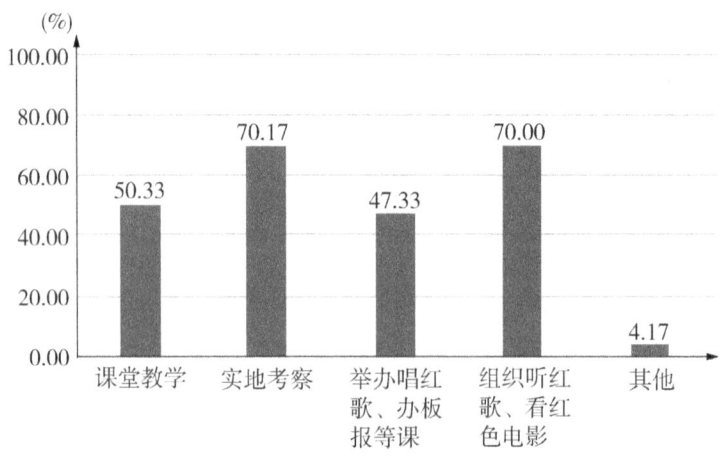

图7-12　受学生欢迎的了解井冈山红色文化的方式

从图7-12的数据可以看出，了解井冈山红色文化中最受学生欢迎的方式是进行实地考察，占总人数的70.17%；还有占比70.00%的学生喜欢通过听红歌、

看红色电影的方式了解井冈山红色文化。由此可知,学生喜欢通过多种方式来了解和学习井冈山红色文化。

5. 问卷调查信息总结

综合以上调查数据可知,处于井冈山地区的学生或多或少对井冈山革命时期的历史有一定了解,但了解程度普遍不高。大多数学生对于学习这段历史文化保持积极的态度,并且不排斥在课堂教学中学习相关历史文化,也喜欢通过学校组织的有关活动来获取知识。因此,历史教师不仅可以在课堂教学上通过多种形式应用这一文化资源,也可以开展丰富多彩的课外活动帮助学生深入学习这段历史。

6. 教师访谈信息总结

从访谈结果来看,井冈山地区的高中历史老师大多数是本地人,从小听着红色故事长大,在学习和工作中能够接触到井冈山革命时期的红色文化,对这一红色资源有一定的认识,但很少教师会特意在历史教学中运用这一资源。所有教师都同意在历史教学中融入井冈山红色文化资源对教学效果有积极作用。在历史教学过程中,绝大多数教师采取的是课件和讲解相配合的方式。从教师的访谈中发现,升学压力以及经费问题等因素阻碍了教师对井冈山红色文化资源的开发与利用,解决这些问题需要社会、学校、教师共同努力。

四、井冈山红色文化资源在高中历史教学中的应用策略

课堂教学是高中生学习历史的主要方式之一。根据问卷调查反馈的结果,学生乐于在课堂教学中学习井冈山革命时期的历史,也期待通过各种生动有趣的课外活动来认识井冈山红色文化。因此,本节以"南京国民政府的统治和中国共产党开辟革命新道路"一课为例,从课前准备、课堂教学过程和课外活动三个方面提出具体的可在教学中应用井冈山红色文化资源的策略,希望可以为历史教学提供一定的参考价值。

(一)备课过程深入挖掘可应用的井冈山红色文化资源

教学工作的顺利进行和教学目标的达成离不开大量的课前准备工作。课前可以从教材内容、课程标准要求、学情分析等方面为课程的开展进行充分的准备。

1. 深度整合教学内容,突破教材限制

上好一堂课的前提首先是对本节课教学内容有一个清晰、深刻的认识。"南京国民政府的统治和中国共产党开辟革命新道路"①以中国共产党的创立和新民主主义革命的崛起为主题,是《中外历史纲要》上卷第7单元的第2课。本课上承21课,中国共产党诞生后与国民党开展合作,国民党右派叛变革命对共产党大肆屠杀,共产党进行武装反抗,在一系列革命活动失败后探索出符合国情的革命道路,从此中国革命迅猛发展。② 本课从南京政府的执政与中国共产党开创新的革命道路两方面阐述了在1927—1937年十年间中国政治、经济、社会的重大变革,并探究其演变的进程与趋势。

本课共有三个子目:南京国民政府的统治、工农武装割据开辟革命新道路、红军长征,还讲述了大革命失败后国共双方的发展与走向。第一个子目与后两个子目是平行关系,第二、三个子目叙述了中国共产党在革命失败后的严峻考验下,开拓新的革命道路。与井冈山斗争有直接关系的是"工农武装开辟新的革命道路"。第一子目与初中历史教材相比,增加了南京国民政府成立后民族工业发展的内容,并在此基础上补充了南京国民政府执政期间的社会和经济情况。第二子目则以新的革命道路的形成与实践为主线,是本节课的重要内容。

本课内容与井冈山革命息息相关,尤其是第二子目与井冈山革命直接相关。井冈山有丰富的红色文化资源,因此教师在进行本课的教学时,可以选择适用的井冈山红色文化资源如反映了这段历史的图片、诗词、红色标语、当地民谣、博物馆资源等与教材内容相融合,辅以教师讲解,发挥学生的主体性,让学生参与思考和讨论,帮助学生了解这段历史。

2. 关注新课标要求和学情,明确教学难点和重点

新版课程标准对本课的要求是:认识南京政府的建立;了解中国共产党在新的历史时期探索新的革命道路的重要意义。③ 通过初中历史的学习,学生对这段历史有了一定的了解。再者,经过一段时间的适应,学生也已经习惯了高中历史的学习模式。但是,对于五大核心素养第二层次的具体要求,不同的学生存在着差异。此外,还存在一些共性问题,如时空错位,对历史概念的理解不够透彻,对史料的分析与阐释不够全面等问题。为此,根据课程标准、课文内容以及对学生现有学习能力和存在的不足的综合分析,确定本课的教学目标和教学重点如下:

【教学目标】

(1)从"历史解释"的视角,结合南京国民政府成立等相关史实,了解国民党

---

① 张帆.李帆.中外历史纲要(上)[M].北京:人民教育出版社,2019(08):126-131.
② 郭慧.红色资源在中学生家国情怀培育中的作用[D].漳州:闽南师范大学,2021.
③ 中华人民共和国教育部.普通高中历史课程标准(2017年版2020年修订)[S].北京:人民教育出版社,2020:14.

下篇 红色文化资源融入历史课程的实践

在全国的建立和性质。

(2)了解中国共产党探索中国新的革命道路,从家国情怀层面理解农村包围城市、武装夺取政权的路径和意义(与本节直接相关)。

(3)从时空观念的视角来认识长征过程,以史料实证、家国情怀的视角来理解长征的意义。

【教学重点】

(1)了解南京政府成立的历史。

(2)了解中国共产党在新时代开辟了一条新的革命道路及其意义。(与本节直接相关)

(3)了解红军长征的重要意义。

(二)教学过程中充分运用井冈山红色文化资源

1. 优化课堂导入,加深知识的关联性

导入是课堂教学中的重要环节,大到每一节新课的导入,小到每一个新的子目的导入过渡。教师精心设计的导入环节可以有效地吸引学生的学习兴趣,提高课堂教学效果。导入的形式多种多样,教师可以根据实际情况灵活选择导入的方式和时机。如在本课讲完第一子目导入第二子目的学习内容时,教师可以进行如下讲解设计:"由于国民党大规模屠杀共产党人和革命民众,中国革命处于一个暂时的低潮。但是共产党不屈服,更不会向国民党低头。现在我们来看第二子目:工农武装割据开辟革命新道路。同时展出图片:蒋介石汪精卫屠杀革命党人、陈独秀的错误决定、共产党人发动南昌起义。面对着白色恐怖和国民党丧心病狂的杀戮,共产党的出路在哪里?1927年,国民党右翼叛变革命,共产党的选择就只有两个,要么被屠杀,要么站起来进行武装斗争。于是,1927年8月1日,中国共产党在江西南昌,在周恩来、贺龙、叶挺、朱德、刘伯承等人的领导下,开始武装反抗国民党反动派。周恩来于当日清晨2时在总指挥部发布起义的指令。经过四个多小时的激烈战斗,我军消灭敌人3000多人,夺取南昌。南昌起义是中国共产党真正的人民力量的象征,所以8月1日被国家定为"建军节"。

教师通过简洁的语言讲述,不仅能把上一部分内容做一个简要的小结,在帮助同学们加深所学知识印象的同时,还能自然而然地过渡到第二子目的教学。

2. 运用相关史料,提升学生历史解释能力

史料实证是历史学科核心素养的重要内容之一,是指通过对现存的史料进行分析与研究的方式。不可逆是历史的一个特征,因此在学习历史的过程中要依靠一定的史料作为学习和判断的依据①。如在本节讲到"在1927年8月7日，南昌起义发生后不久，中共中央政治局在汉口开了一次紧急会议"，可以展示如下材料：我们的党公开承认并纠正错误，不含混不隐瞒，这并不是示弱，而正是证明中国共产主义的力量②。

在学生看完材料后，教师可提问材料中所说的错误具体是什么？"八七会议"做出了什么重要的决策来改正这个错误？学生根据自身理解给出回答后，教师可以进一步总结和补充："八七会议"为中国共产党提供了一条新的道路，中国革命从大革命的失败走向了土地革命的崛起。然而，南昌起义后，国民党军队在南昌集结，中共决定从南昌撤退，南下广东。十月上旬，中共部队在潮汕一带被敌军包围。毛泽东按照"八七会议"的指示，发动了秋收起义。由于敌强我弱，起义军在对长沙的攻击时遭到了挫败。中国共产党又一次站到了一个转折点，接下来又该往哪里去呢？这一问题提出后教师进一步展示材料：秋收起义原计划要去打长沙，大家也都想进长沙……可是长沙打不下来，目前长沙那样的城市，还不是我们蹲的地方，那就不要去了。我们要到敌人管不着或难得管的地方去，到乡下去，在乡下站住脚跟，养精蓄锐，发展我们的武装力量。③

对高中生来说，这则材料的理解难度并不大，学生从这则材料中很容易知道秋收起义失利后革命队伍转向了农村地区，结合课前预习就会知道革命队伍最后是到了井冈山。此时教师可以进一步追问：从上述资料来看，秋收起义后，中国共产党为何要转为进驻井冈山？这有什么意义？学生结合所学知识和所示材料的内容做出回答：理由：进攻长沙失败，而井冈山地区的敌人势力较弱，防御困难，资源丰富，对革命有利。意义：中国第一个农村革命根据地建立。

通过引导学生一步步地对材料深入解读，可以让学生明白为什么中国共产党选择了和苏联不同的革命道路，同时提高学生从史料中提取有效信息的技能，从而培养学生史料实证的素养。

3. 合理设置问题情境，充分调动学生的积极性

情境教学法是在教学过程中，教师有目的地引入或创设一定情绪色彩，以生动具体的场景引发学生的体验和思考，帮助学生理解知识发展机能的教学方法。情境教学法也是现在新课改中提倡使用的教学方法。④ 以往的课堂教学多采取教师在台上讲授知识，学生在台下听讲做笔记的学习模式。随着多媒体教学设备的

---

① 周群美. 史料实证视角下的高中历史教学策略探究[J]. 考试周刊, 2021(84): 151-153.
② 朱洪著. 陈独秀与中国名人[M]. 北京: 中央编译出版社, 1997: 80.
③ 奇铁英. 东方巨人毛泽东 一唱雄鸡天下白[M]. 呼和浩特: 远方出版社, 2005: 115.
④ 邱凤英. 情境教学法的含义及种类[J]. 知识窗(教师版), 2015(10): 86.

普及，又出现了教师在讲台上念PPT，学生急于记笔记而不愿意参与教师设置的问题互动等情况。这一现象并不是个例，值得教师们反思。在实习和访谈调查的过程中，笔者注意到学生的反馈和老师的积极性是一个双向的过程。首先是学生不喜欢沉闷的课堂氛围，但是面对着考试压力、时常答不上的问题以及对互动内容不感兴趣等因素，学生通常选择沉默来逃避。在繁重的教学任务面前，教师在长期的互动中得不到反馈，于是发展成为整节课都由教师在讲台上讲。这种情况无疑是不利于学生的思维的发展和历史学科核心素养的培育。因此，想要解决这些教学问题就得对症下药，可以在课堂中设置合理的、在学生能力范围内能够解决的问题情境。一方面可以充分调动学生的积极性，让课堂的气氛更加活跃；另一方面，还能更好发挥学生在学习过程中的主体地位，引导学生进行思考，从而达到教学目标。

例如，在本课内容讲授中，教师先讲述"秋收起义受挫后，为保存革命力量，朱德、陈毅率部兵分两路撤出湘南，向湘赣边界井冈山转移。1928年4月，朱毛两军在井冈山会师，成立了中国工农革命第四军，并在井冈山逐步发展了根据地。"然后，向学生提出问题"作为井冈山地区的'外来人员'，革命先辈们是如何在井冈山站稳脚跟、扩大革命根据地的呢?"给学生一定的思考时间后，请学生讲一讲他们通过课前预习搜集到的这一时期的故事。学生发言完毕后，教师可以进行补充，如补充讲述井冈山革命时期袁文才、王佐、毛泽东的故事，讲述"三严三实"的来历。通过这些与学生的生活相接近、在学生能力范围内的情境的设置，不仅可以打破原本沉闷的课堂气氛，还能充分调动学生自主探究的积极性。

4. 课堂教学融入信息技术，充分应用井冈山红色文化资源

随着现代经济和技术的发展，信息技术也逐渐普及并成为教师提高教学质量的重要手段，学生使用手机、平板电脑等现代电子设备帮助学习的情况也越来越常见。因此，教师可以充分发挥现代技术的作用，通过现代信息技术展示井冈山地区的红色文化资源。例如在讲到本课红军来到井冈山的内容，可以在课堂上播放江西民谣《毛委员和我们在一起》，让学生通过这首革命歌曲了解中国共产党在革命路上遇到的物资极度匮乏、粮食短缺、军事上被敌人围困等现实困难。还可以利用多媒体教学设备展示井冈山革命博物馆展出的煤油灯、草鞋等物品的图片或红军在革命根据地开设农村墟场发展经济等相关图片，让学生通过这些生动的图片知道革命先辈们在井冈山开展经济建设，进行土地革命，战胜生活上和军事上的重重困难，体会革命先辈不屈不挠、艰苦奋斗的革命精神。在讲述到"1930年夏天，全国有十余个大大小小的乡村根据地，遍布十多个省份，拥有革命武装十万余人"这一内容时，可以用多媒体设备展示全国革命根据地示意图，帮助学生直观地了解革命形势的变化，进一步理解共产党人在重重包围中、在艰辛的条件下燃烧起革命的火焰。

总之，通过现代信息技术呈现井冈山革命时期的历史情境，不仅能加深学生对本课知识的认识与理解，考查学生对历史信息的把握，培育学生的史料实证素养；还可以帮助学生了解井冈山精神内涵，培养学生的家国情怀。

综上所述，本课第二子目内容较多，且与井冈山革命时期的历史文化紧密相关。在课堂教学过程中，通过不同的教学策略运用相关的红色文化资源，可以帮助学生更好理解这段特殊的历史时期。在此基础上，加强学生的历史理解、历史解释、史料实证等历史学科核心素养。

（三）组织课外实践活动，弘扬井冈山红色文化

学生接受教育的主要场所是学校。学校要加强自身文化建设，为学生提供一个良好的教育空间。同时学校还可以开展红色知识竞赛、组织红歌歌咏比赛等校园活动，既可以丰富学生的校园生活，又可以帮助学生了解相关历史。另外，在条件允许的情况下，学校建立以井冈山红色历史为主题的网络空间。随着现代技术和多媒体的发展，大多数学校都会运营专属的官方网站和公众号。学校通过这些网络平台开设红色专栏[①]，鼓励学生积极投稿，调动学生的积极性和主动性。除此之外，历史教师增强开发井冈山红色文化资源的积极性，利用这一珍贵的资源，丰富课堂教学，组织学生在课余时间去相关的博物馆、纪念馆实地参观等。

以×中学为例，学校可以组织学生参观×县革命烈士纪念馆（见表7-1）。

设计依据：学生的心理发展呈现出一定的阶段性特征，经过小学和初中阶段的学习与教育，高中阶段学生的智力水平、逻辑分析能力更高。根据问卷调查反馈的信息，学生主观愿意学习这段历史。因此，在高中历史教学中运用井冈山红色文化资源，不仅要考虑教师的专业素质，更要考虑学生的特点和需求。调查结果显示，学生更倾向观看红色影视作品、参与红色文化知识竞赛、实地考察等有更多参与感和体验感的活泼有趣的教学方式。因此，学校可以策划举办相关的活动。一方面，能够在一定程度上满足学生的学习需求，让学生积极参与到相关活动中；另一方面，可以充分发挥学生的主动性，提高教学效果。值得注意的是，在高中历史教学中运用井冈山红色文化资源，不仅是为了让学生了解这段历史，还要通过对这一资源的运用帮助他们理解历史现象的必然性、历史发展的趋势等。

---

① 王青梅. 井冈山红色文化资源在中学历史教学中的运用[D]. 辽宁师范大学；2021.

表7-1　×中学学生参观×县革命烈士纪念馆活动设计

活动主题	参观×县革命烈士纪念馆
活动目的	通过此次纪念馆的参观活动，不仅能让学习更加有趣，增加历史学习的趣味性，还能让学生进一步了解革命先辈在井冈山革命时期的艰苦奋斗，明白在井冈山革命时期×县的贡献和历史地位，增强对家乡对祖国的认同。
活动准备	（1）出发之前重点强调注意安全和参观时的纪律要求 （2）将学生分成5个小组，分别搜集纪念馆的历史背景和馆内5个陈列厅所展示的不同时期的信息。每个小组选择一位同学作为代表，在参观过程中讲解他们所了解到的对应的陈列厅的信息 （3）与×县革命烈士纪念馆事先做好沟通
活动过程	（1）学生讲述×县革命烈士纪念馆的历史背景，并由老师进行补充和完善 （2）安排学生按陈列厅顺序参观，并以小组为单位根据活动前搜集到的相关信息进行讲解，专业的工作人员进行补充
活动作业	让学生根据所学知识，再结合自己的经验，撰写一篇历史小短文，说明×县在井冈山革命时期的重要作用

活动反馈：本次活动可以让学生体验到历史学习的快乐，更加直观地认识井冈山革命的历史，体会到革命前辈们的崇高精神。高中阶段的学生已具有一定的知识基础和较好的自学能力，注重实地考察和自主学习，符合新课程标准和学生全面发展的要求，也能增强学生的学习能力。

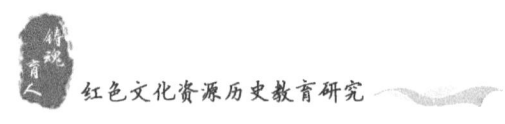

第八章 东莞市博物馆资源在初中历史教学中的应用

作为一个历史文化悠久、地域辽阔的国家，中国不同地区都拥有自己独特的博物馆资源。地方博物馆资源是校外课程资源的重要组成部分，是历史课堂教学的有力补充。地方博物馆所珍藏的文物，蕴含的丰富人文内涵，是推进素质教育的重要资源。东莞作为广东省的历史文化名城，在大革命和土地革命时期是广东工农革命的先进地区，是东江抗日根据地的重要组成部分，是华南敌后抗战的重要战场；在解放战争时期是中国人民解放军粤赣湘边纵队东江第一支队第三团进行游击战争的地点，亦是全国改革开放的先进地区之一，其地方博物馆中具有丰富的红色文化资源。将东莞市地方博物馆资源应用于初中历史教学，一方面可以丰富历史课程资源开发理论研究，丰富对东莞市地方博物馆资源应用研究；另一方面有利于推动学生历史学科核心素养落实、提升历史教师专业素养、开发和利用地方博物馆资源、促进本土文化的传承与发展。

本章从东莞市地方博物馆资源出发，梳理、整合东莞市地方博物馆的红色文化资源，将其与初中历史教学相结合。笔者为了解东莞市师生应用地方博物馆资源的现状，特进行调查，并从教师和学生两个方面分析东莞市地方博物馆资源在初中历史教学所存在的问题。在此基础上，根据历史学科的特性以及课程资源开发利用的原则，总结地方博物馆资源在初中历史教学中的应用原则，从做好地方博物馆资源应用到初中历史教学的课前准备、教学设计、课堂教学和课外活动四个方面，探究将东莞市地方博物馆资源应用于初中历史教学的策略。

一、东莞市地方博物馆资源及其与初中历史教材的整合

东莞市地方博物馆资源以不同的形态、不同的方式存在，在教学活动中也有不同的表现方式。丰富且复杂的地方博物馆资源不可能全部纳入课程建设之中，因此要对东莞市地方博物馆资源进行梳理、整合。

(一) 东莞市地方博物馆资源概述

1. 东莞市地方博物馆简介

东莞市是一座既古老又年轻的城市，"古老"是因为据考古发现距今约 5000 年前的新石器时代，东莞地区就有人类活动的踪迹。自公元前 214 年岭南地区归属

中央政权后，东莞便隶属于广州府番禺县。"年轻"是因为东莞市在1988年1月份才正式成为地级市，建市较晚。东莞市成立以来一直很注重文物工作的研究，文物考古事业不断发展，于2004年率先提出建设"博物馆之城"。东莞是广东省最早建立中共支部的6个县之一，是广东省8个红色革命遗址较集中的地级市之一。革命先烈在东莞这片大地上英勇战斗，留下了许多红色足迹和红色故事，是党和人民宝贵的精神财富。东莞市有许多地方博物馆，红色文化资源十分丰富，本章就不一一介绍，下面就其中最具有代表性的遗址、纪念馆、展览馆和故居进行概述。

(1)广东东江纵队纪念馆。

东江纵队纪念馆位于东莞市大岭山镇，占地面积约5万余平方米，建筑面积约3965平方米，展馆内分为基本陈列展厅、临时展厅、报告厅等，是社会科学类革命史专题纪念馆。该展馆于2005年9月正式建成开放，共有馆藏文物779件，是国家三级博物馆，东莞市爱国主义教育基地之一。基本陈列有"东江铁流，南粤旌旗""大岭山抗日根据地旧址复原陈列""国防教育展厅"等三个部分。其中与抗日战争有关的是第一个展厅，展厅内容包括中国抗日战争的爆发、东江人民抗日武装的建立、东江抗日根据地的创建、华侨港澳同胞的支援、港九抗战与营救行动、敌后游击战争的发展、配合盟军夺取胜利、北撤山东转战南北、英雄礼赞等等内容。展品主要有军旅用品、武器装备、公文、情报、书刊等，涵盖东江纵队、八路军、新四军、国民党军队、侵华日军、援华美军、苏联红军使用过的物品，涵盖范围广，内容丰富，反映出东莞地区百姓为抗日战争、解放战争、中国建设做出的贡献。

(2)东莞展览馆。

东莞展览馆位于东莞市南城区，占地面积约3.1万平方米，建筑面积约2.6万平方米，展示面积约为1万平方米，是国家二级博物馆，当代东莞文物收藏研究基地。馆内基本陈列主要分为三个部分，分别是"千年莞邑——聆听历史回顾""制造名城——感知经济活力""魅力东莞——品鉴文化韵味"。展览馆有着丰富的文字、图片史料资源，介绍东莞的发展历程。其中，"千年莞邑"展厅介绍了古代东莞的历史发展。"制造名城"展厅展示了改革开放时期的东莞市，借助丰富的文字、实物和展板资源展示东莞从传统乡镇走向现代化都市的过程。

(3)李任之故居。

李任之故居位于东莞市常平镇横江厦村八队，于2004年被列为市级文物保护单位。其中展示的是李任之生前的学习、工作、生活用品，是东莞市爱国主义教育基地和东莞市人文传承基地之一。李任之是广东省东莞市常平镇人,曾任中共县(区)委组织部部长,新四军淮南军区第三团政治委员,历经抗日战争时期、解放战争时期、中华人民共和国成立时期,对中国革命事业和经济建设做出了重大的贡献。馆内分为"东江南岸·英雄少年""戎马倥偬·革命生涯""鞠躬尽瘁·经济建设""温馨家庭·情牵故里""奋斗终身·风范长存""缅怀前辈·开拓进取"六大部分,体现出李任之同志在常平的成长经历、在延安的革命生涯、投身于社会主义革命和经济建设方面所做出的巨大贡献。

(4)莫萃华故居。

莫萃华,原名莫进关,东莞洪梅镇洪屋涡村东南坊人,是中共东莞支部第一任书记,对东莞革命事业做出了巨大的贡献。莫萃华于1920年参加粤军,走上了救国救民的道路。1922年因陈炯明叛变,莫萃华离开粤军。1923年加入中国社会主义青年团并组建东莞青年团组织。1924年在东莞组织农民运动。在1927年蒋介石发动"四·一二"反革命政变后,莫萃华不顾个人安危在东莞积极发动农民进行武装起义,配合广州起义,对我国革命事业的发展有着重要的作用。

(5)梅塘战斗遗址。

梅塘战斗遗址位于东莞市黄江镇龙见田村南面,梅塘战斗是东江纵队重创日军的一次胜仗。1944年驻扎在樟木头的日军出动500余人,偷袭驻梅塘乡龙见田村的广东抗日游击队东江纵队领导机关和第三大队。但东江纵队临危不乱,果断进行反击,最终日军抄小路逃走。此次战役中,日军伤亡近百人,东江纵队第三大队独立中队伤亡30多人,独立中队政治委员李忠壮烈牺牲。梅塘战斗是在日军几乎偷袭成功的危险情况下发生,东江纵队领导机关指挥果断,指战员前仆后继、英勇作战,民兵和群众的大力支援,使战斗由被动防御转为主动进攻,最终取得胜利。

2. 东莞市地方博物馆的应用活动

《关于利用博物馆资源开展中小学教育教学的意见》提出要利用博物馆资源举行相关活动。东莞市各地方博物馆携手学校推出各类展览活动,让博物馆成为学校教育的第二课堂,成为东莞市中小学学生学习当地历史人物知识,了解本地红色文化,培养其爱国精神的生动教材。① 通过调查东莞市地方博物馆发布的活动公告和新闻,笔者收集到东莞市地方博物馆红色文化资源教育活动的相关内容,以下是整理好的东莞市地方博物馆红色文化资源与历史教育相结合的相关活动。

---

① 教育部,国家文物局. 关于利用博物馆资源开展中小学教育教学的意见[EB/OL]. 2020-09-30[2023-3-25]. http://www.gov.cn/zhengce/zhengceku/2020-10/20/content_5552654.html.

表 8-1 东莞市地方博物馆红色文化资源与初中历史教育相结合的相关活动

广东东江纵队纪念馆	"东纵第二课堂——中华民族的抗日战争"馆校合作教育实践活动
	"东纵小战士"红色夏令营活动
东莞展览馆	千年莞邑 制造名城 活力之都——东莞城市发展之路

从表 8-1 可以看出，与初中历史相结合开展教育活动的地方博物馆主要是广东东江纵队纪念馆和东莞展览馆，其他的故居、遗址等没有与初中历史教育相结合的记录。东莞市地方博物馆资源与初中历史教育的结合产生了一定的成就，主要集中在红色文化资源这一部分，但是相关活动较为匮乏，因此东莞市地方博物馆资源与初中历史教育的结合还有很大的发展空间。一线历史教师应该把握机会，努力挖掘东莞市地方博物馆中的红色文化资源，将其应用于历史教学中，创新初中历史教学形式。

（二）东莞市地方博物馆资源与初中历史教材整合

整合博物馆资源可以保持地方博物馆资源的平衡，帮助教师发挥地方博物馆资源的教育功能。① 部编版初中历史教材讲述的是中华上下五千年的历史以及世界主要历史，而地方博物馆资源展示的是某地方的历史。因此若要将地方博物馆资源应用于初中历史教学，教师要对地方博物馆资源与初中历史教材进行筛选、优化、合并。正因如此，可将东莞市地方博物馆资源与《义务教育历史课程标准》、部编版初中历史教材的知识点进行整合。红色文化资源指的是中国共产党带领中国各民族人民在新民主主义和社会主义现代化建设时期，在进行革命斗争以及现代化建设过程中形成的具有重要意义的各种物质载体和非物质载体的总和。②

新民主主义和社会主义现代化建设时期的历史在部编版八年级历史教材中体现，因此这里展示的是部编版八年级历史教材与东莞市地方博物馆的红色文化资源之间的联系。值得注意的是，地方博物馆资源在初中历史教学中的应用不只局限于课堂教学。

---

① 李君. 博物馆课程资源的开发与利用研究[M]. 长春：东北师范大学出版社，2013：12-14.
② 肖发生. 多为视角下的红色文化资源[J]. 红色文化资源研究. 2015(1)：19.

表8-2 东莞市地方博物馆红色文化资源与八年级上册历史教材第五单元整合

东莞市地方博物馆名称	东莞市地方博物馆资源	八年级上册历史教材	课程内容标准	对应教材的具体知识点
叶挺、李秀文革命事迹陈列馆	叶挺、李秀文革命事迹相关文物	第五单元"从国共合作到国共对立" 第15课"国中合作与北伐战争" 第16课"毛泽东开辟井冈山道路"	了解第一次国共合作和北伐战争等国民革命的主要内容；认识中国共产党创建人民军队和农村革命根据地的意义①	北伐胜利进军
宵边农民协会旧址、洪屋涡农民协会遗址	农民运动时期东莞农民协会工作地点			农民运动的爆发
蒋光鼐故居 莫萃华故居	蒋光鼐、莫萃华生平工作内容、服装、生活用品等			国民党右派叛变革命与南京国民政府的建立
中共东莞县委机关旧址陈列馆	东莞县委机关工作地点			工农武装割据

八年级上册历史教材第五单元"从国共合作到国共对立"讲述了在1924—1934年间，国共合作进行反帝反封建的国民革命运动到国民党军队"围剿"共产党的基本史实，包含国民大革命、中国共产党武装起义、中国共产党长征等历史事件。表8-2陈述了东莞市地方博物馆、旧址、故居等提供的红色文化资源与八年级上册历史教材相关联的内容。通过对东莞市相关史实的介绍阐述北伐战争胜利、国民党叛变革命和中国共产党武装起义的基本史实，从东莞本地的历史事件来认识整个国家的历史发展进程，帮助学生了解北伐战争和国民革命运动的主要内容，深刻认识人民军队和农民革命根据地建立的意义，提升东莞市学生对本土红色文化的认识，增强民族自豪感。

---

① 中华人民共和国教育部. 义务教育历史课程标准(2022年版)[S]. 北京：北京师范大学出版社，2022：20.

下篇　红色文化资源融入历史课程的实践

表8-3　东莞市地方博物馆与八年级上册历史教材第六单元整合

东莞市地方博物馆名称	东莞市地方博物馆资源	八年级上册历史教材	课程内容标准	对应教材的具体知识点
蒋光鼐故居	蒋光鼐生平事迹	第六单元"中华民族的抗日战争" 第18课"从九一八事变到西安事变" 第19课"七七事变与全民族抗战" 第21课"敌后战场的抗战" 第22课"抗日战争的胜利"	通过了解九一八事变、东北抗联、一二·九运动、西安事变、七七事变、南京大屠杀、正面战场和敌后战场的抗战等史事,认识日本侵华的罪行,认识中国人民十四年抗战的艰苦历程,认识中国共产党是全民族抗战的中流砥柱,知道中国战场是世界反法西斯战争的东方主战场,体会中国军民在抗日战争中孕育的抗战精神,认识抗日战争胜利在中华民族伟大复兴的地位①	九一八事变到西安事变:九一八事变、华北危机与一二·九运动、西安事变相关史事 七七事变与全民族抗战:七七事变、南京大屠杀相关史事 敌后战场的抗战:平型关大捷 抗日战争的胜利:中共七大召开、日本投降
东莞抗日模范壮丁队成立遗址	东莞抗日模范壮丁队队员照片、烈士名单、活动照片、工作资料实物等			
东宝惠边人民抗日游击大队成立遗址	东宝惠边人民抗日游击大队组建、工作内容、游击过程等			
百花洞战斗遗址	百花洞战斗浮雕、战斗过程介绍、人员介绍			
梅塘战斗遗址	梅塘战斗过程、参与战斗人员介绍			
广东东江纵队纪念馆	日军侵华物证、华侨支援的证据、东纵队成立宣言、二战时期的武器、华南受降命令书、西安事变旧址、南京大屠杀、历届党代会一览表			

　　第六单元"中华民族抗日战争"讲述的是中华民族的抗日战争史和解放战争史。以上故居旧址所展示的内容皆为第六单元相关课程,这里就不一一列举,只从广东东江纵队纪念馆的资源进行阐述,从东江纵队的角度看待中华民族的抗日战争。

---

① 中华人民共和国教育部. 义务教育历史课程标准(2022年版)[S]. 北京:北京师范大学出版社,2022:20.

借助广东东江纵队纪念馆资源运用到初中历史教学中,利用东江纵队的发展历程来阐述中华民族抗日战争和解放战争的历史进程。

  1936年东莞为应对全面抗战的到来,开始组建人民抗日武装,为敌后游击战做准备。此时东北已经拥有自己的抗日部队,正积极抗击日军。卢沟桥事变后,日军大范围入侵中国,并在广东发动了空袭和海战。1938年日军在惠阳大亚湾登陆,此时的东莞、惠阳、宝安已经创建了人民抗日武装,开展敌后游击战。从当时的抗日背景中看,中国大部分地区都受到侵华日军的侵扰。1940年在国民党顽固派反共高潮的军事攻势下,东江人民抗日武装力量受到重创,于是遵照中共中央指示重返东江,进行敌后抗战。于1940年创建大岭山抗日根据地,开展敌后游击战并建设抗日民主政权。1941年6月,东莞日伪军趁夜色袭击大岭山抗日根据地中心区百花洞村,东江纵队在其他分队的增援下大获全胜,成为东江纵队历史上最为闪亮的胜利之一。1941年12月7日,日军偷袭美军珍珠港。与此同时,还有一部分日军进攻九龙半岛和香港岛,广东人民抗日游击队东江纵队进入港九地区开展抗日活动。东江抗日根据地在中共的领导下进行抗日民主政权建设,在各方面都取得了一定的成就。借助东江纵队的抗日历程,填补学生对华南本土抗战史实的空白,使其深切体会全面抗战的涵义,认识到中国共产党在全民族团结抗战中发挥着中流砥柱的作用,体会中国军民在抗日战争中孕育的爱国精神。

表8-4 东莞展览馆与八年级下册历史教材整合

东莞市地方博物馆名称	东莞市地方博物馆资源	八年级下册历史教材	课程内容标准	对应教材的具体知识点
东莞展览馆	改革开放前东莞发展农业图、改革开放初期农村城市化图、江南大桥、供水工程建造过程图、东莞太平手袋厂产品、东莞第一台皇冠车、数字电话机、"三来一补"试行文件	第三单元"中国特色社会主义道路" 第六单元"科技文化与社会生活"	知道中共十一届三中全会,了解农村改革、城市改革、经济特区建设、沿海港口城市开放等史事,认识邓小平对改革开放所起的重要作用,认识改革开放对中国社会发展的重大意义和对世界的重要影响①	第7课"伟大的历史转折" 第8课"经济体制改革" 第9课"对外开放" 第19课"社会生活的变迁"

  八年级下册历史教材第三单元"中国特色社会主义道路"阐述了中共十一届三

---

 ① 中华人民共和国教育部. 义务教育历史课程标准(2022年版)[S]. 北京:北京师范大学出版社,2022:24.

中全会、经济体制改革、对外开放三个内容，可利用东莞展览馆"制造名城"展厅中的实物资源和图片资源。东莞在 1978 年前是个农业县，经历了经济体制改革后成为制造业大市，在"转型升级"后进入新时代，向着"国际制造名城""现代生态都市"迈进。以东莞城市 1978 年以来的发展历程为切入点，利用东莞市太平手袋厂的发展历程引导学生由东莞地区改革开放后的发展进步看到国家改革开放后的变化发展，深刻感受中国经济实力的提高，综合国力的增强，培育学生的爱国主义情怀。改革开放四十多年来，东莞制造的智能手机、电子元器件、服装等产品畅销世界各地，成为名副其实的现代制造业名城。从追赶时代到走在时代前沿，东莞人的创新精神带领着东莞成为中国改革开放的城市典范。教师在利用该展览馆资源进行教学时要让学生认识到，东莞现有的成就得益于改革开放政策的实施，得益于中国共产党的领导，这些资源就是在中国共产党领导下现代化建设的红色文化。

二、东莞市博物馆资源在初中历史教学中的应用现状及原因分析

新课程标准的出版凸显了地方博物馆资源在初中历史教学中的重要作用。笔者对地方博物馆资源在初中历史教学中的应用现状展开调查。这里采用的调查方法有两种：问卷调查法和访谈调查法。

本次问卷调查的目的是为了解东莞市地方博物馆资源在初中历史教学中的应用现状，调查对象是学生和教师。首先是对学生进行问卷调查，学生是学习的主体，调查学生对在教学中应用地方博物馆资源的态度和看法尤为重要。为保证调查的全面性，这里选取东莞市部分初中学生作为调查对象，数据大多来源于石龙第三中学、东华初级中学、光正实验中学，数据分布较广，更能体现东莞市地方博物馆资源在初中历史教学中的应用现状。其次是对教师的调查，教师是教学的设计者、引导者，调查东莞市地方博物馆红色文化资源在初中历史教学中的应用状况，教师的意见尤为重要。笔者利用问卷调查法和访谈调查法了解教师对东莞市地方博物馆资源应用到初中历史教学的态度与意见，再从中挖掘教师在运用地方博物馆资源时遇到的问题，并分析其具体原因。

（一）应用现状

1. 对学生的现状调查

对学生的调查采用的是问卷调查法，采用网络问卷调查和现场发放问卷的形式。学生版的问卷主要有 14 个问题，由 12 个选择题和 2 个填空题组成，主要分为五个方面的问题，第一是学生的基本信息，包括学生所处的年级、性别、喜欢的课程等；第二是调查学生对历史课程的兴趣程度；第三是了解学生对其所生活地区博物馆的了解程度；第四是学校目前使用地方博物馆资源的情况；第五是学

生对地方博物馆资源引入初中历史教学中的建议。学生作为学习的主体最具发言权，因此要注重学生的意见。

接受调查的学生一共有468人，其中女同学有215人，占总人数的45.94%，男同学有253人，占总人数的54.06%，男女数量差别不大，相对而言数据较有代表性。其中学生年级集中在初一年级，占比61.53%，初三占比最少，为11.53%。关于东莞市地方博物馆资源的应用主要集中在初一、初二年级，因为初三学习的是世界史，较少可以运用地方博物馆资源的内容。

根据问题分类，主要分为四个方面来阐述。第一，关于学生对历史课程的兴趣。根据数据结果分析，学生对历史有着浓厚的兴趣。按词云图的展示，学生最喜欢的课程是语文，历史排第二，这与教师的教学方法以及课堂氛围是离不开的。历史学科排第二，说明大部分学生对历史学科感兴趣。根据学生所喜爱的历史教学方式来看，大部分学生喜欢历史教师通过讲历史故事的方式进行历史教学，说明学生喜欢通过有趣的方式学习历史。总的来说，学生对历史学科是感兴趣的，而且与教师按照课本枯燥的讲解相比，学生更喜欢教师采用有趣的教学方式来教学。

第二，学生对地方博物馆的了解程度。图8-1是学生所了解的东莞市地方博物馆的调查结果，从中可以看出大部分学生对市博物馆和东莞展览馆了解较多，但是也有部分学生在其他选项中填写没有去过任何一个博物馆。由此可知，大部分学生对地方博物馆有一定了解，也有小部分学生不了解地方博物馆，说明学生对博物馆的关注程度并不高，这或许跟学生的接触途径有关。从图8-2可以看出大部分学生了解博物馆主要是通过互联网和实地参观，其中互联网是最主要的了解渠道。

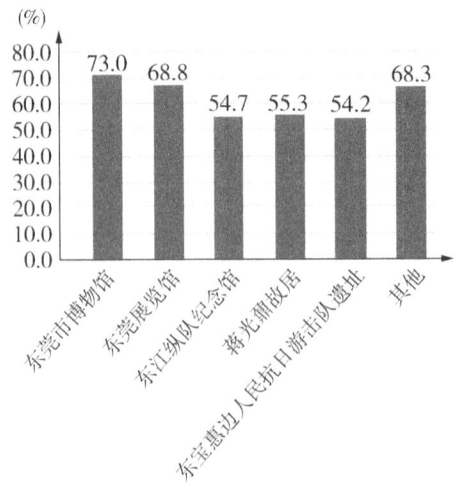

图8-1 学生了解的东莞市地方博物馆

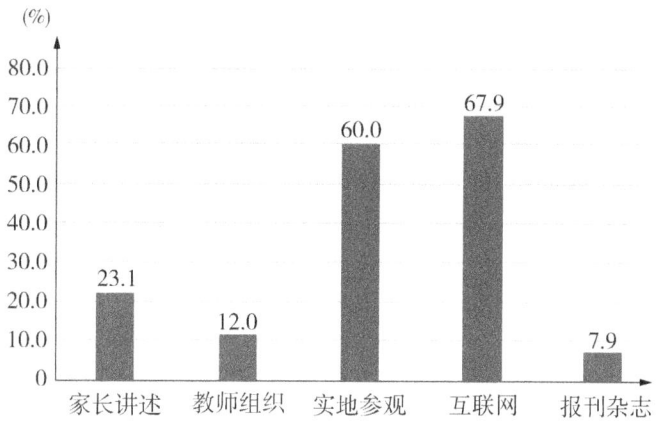

图 8-2　学生了解博物馆的渠道

综上所述，大部分学生都参观过东莞地方博物馆，并且是在家长的陪同下进行，对地方博物馆有一定的了解。但是学生对于博物馆教育功能的认识还不够深，需要加深学生对博物馆资源的认识。对此，可以通过互联网对博物馆进行宣传，例如微信公众号、博物馆官网、小红书、抖音等大众化的小程序或 APP，让学生对当地博物馆有更深层次的了解。

第三，关于学生所在学校对地方博物馆资源利用情况。根据图 8-3 可知，学生所在学校组织开展参观地方博物馆活动的情况不容乐观。占比将近六成的学生认为学校从未组织学生参观博物馆，剩下四成学生表示所在学校有组织参观过地方博物馆。图 8-4 展示的是学校历史第二课堂的情况。占比将近 58% 的学生表明学校没有任何关于历史的第二课堂，另外 42% 的学生表明其学校有历史相关的第二课堂。通过学生所填写的第二课堂的内容来看，大部分是在教室进行，课堂内容如观看历史电影、历史纪录片、开展历史兴趣班等。调查结果显示，由历史教师主导的历史第二课堂，也没有与地方博物馆相结合的内容。

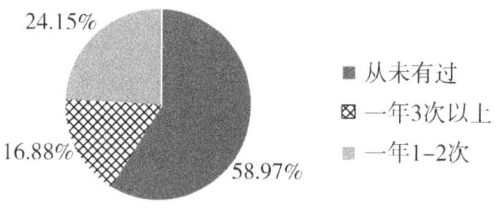

图 8-3　学校组织学生参观地方博物馆

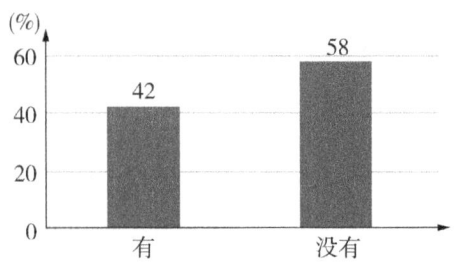

图 8-4　学校是否有历史第二课堂

综上所述，从学校的角度来看，部分学校没有或者很少组织学生参观博物馆，这可能是由于学校与博物馆之间缺少合作。学校对历史第二课堂的设置更趋向形式，上课时间限制于 40 分钟，上课地点在教室，许多学生没能参与其中，并且没有关于博物馆资源利用的第二课堂。对此，希望学校未来能与博物馆加强沟通与合作，建立成熟的合作机制，充分利用和发挥出博物馆的教育功能。

第四，影响学生去博物馆的因素以及从博物馆中获得的收获。根据图 8-5 可以得知学生认为阻碍自己去博物馆的原因。有 41.88% 的学生认为是因为课时紧张的缘故；40.81% 的学生认为是距离太远；11.32% 的学生则是考虑到人身安全问题；还有 5.98% 的学生认为是父母不支持，这可能是因为父母没有时间，不能与孩子一同前往的缘故。其中没有任何一个学生选择对博物馆不感兴趣，可以看出学生并不排斥参观博物馆的活动，甚至大部分学生是期望能参观博物馆的。根据图 8-6 参观博物馆收获的数据来看，大部分学生在参观博物馆后有所收获，其中最多的是加深对历史知识的理解。调查数据显示出学生认为参观博物馆能获得相关历史知识，有利于提升自己的成绩。此外，仅有 1% 的学生认为参观博物馆没有太大意义。

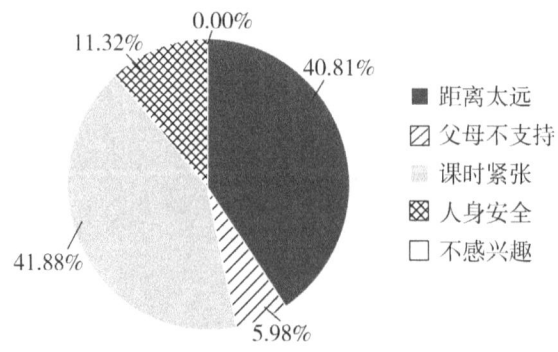

图 8-5　阻碍学生去博物馆的原因

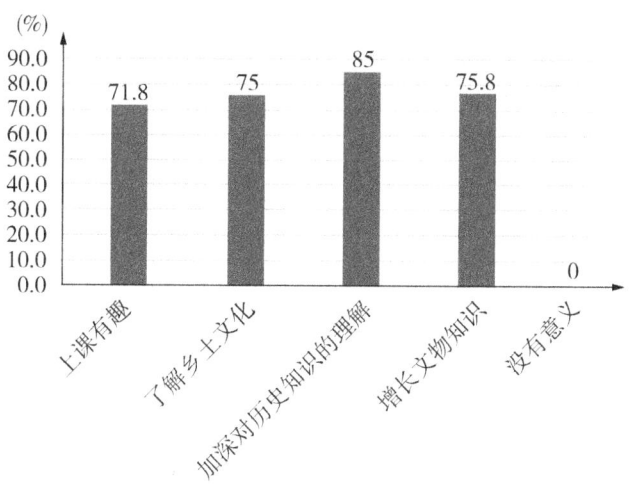

图 8-6 去地方博物馆的收获

综上，大部分学生认为去博物馆能够获得收获，能够帮助他们加深对历史知识的理解、增长自己的文物知识、了解本土文化等等。但是东莞市部分学校并没有对该地博物馆进行有效地开发利用，导致许多学生只看到了博物馆对历史学习的帮助、对自身成绩的帮助，却忽视了可以从地方博物馆中了解乡土文化，了解当地历史文化发展，开阔自身视野的积极作用。

最后是关于学生对地方博物馆资源引入初中历史教学的建议。首先，图8-7展示的是学生对于在历史课堂中引入地方博物馆资源的看法。有64.95%的学生认为非常有必要在历史课堂中引入地方博物馆资源，剩余学生保持观望或反对态度。从中表示出，大部分学生对于在历史课堂中引入地方博物馆资源的态度是积极的。由图8-8可知，学生更期望能以多种方式将地方博物馆资源与初中历史相结合，其中大多数学生支持参观地方博物馆、举办特色活动和校园展览历史文物，说明学生更喜欢参与感强的教学方式。通过采取多种形式将地方博物馆资源与初中历史教学相结合，增强学生在课堂中的参与感和体验感，有助于调动学生学习的积极性，提高学习质量。

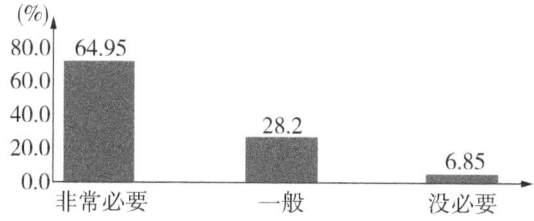

图 8-7 在历史课堂中引入地方博物馆资源的看法

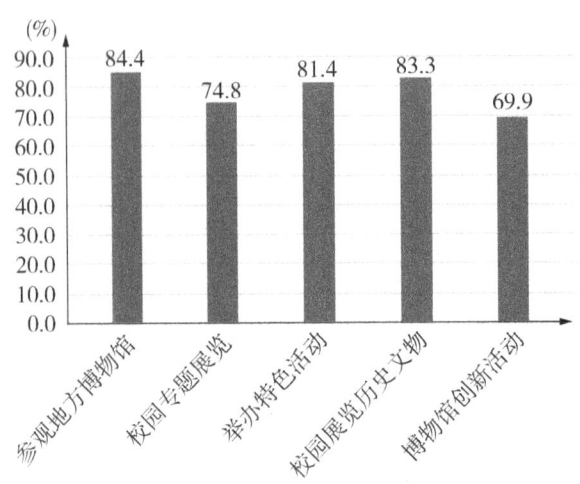

图8-8 地方博物馆与初中历史结合方式

通过调查发现,作为学习主体的学生对历史学科感兴趣,对地方博物馆资源与初中历史教学相结合的教学方式是较支持的。同时学生能够意识到博物馆资源对历史教学的辅助作用,学生对未来历史课堂的期望是活跃的、有趣的。教师在历史教学中多采用丰富的地方博物馆资源,有利于满足学生的需求、增加课堂的趣味性、提高学生的参与度,拉近学生与历史的距离。

2. 对教师的现状调查

教师是教学的设计者、引导者。对教师的调查采用的是问卷调查法与访谈调查法。其中,通过问卷调查法,以了解教师应用地方博物馆资源的基本情况。通过访谈调查法,深入挖掘教师在应用地方博物馆资源时存在的问题。

本次接受调查的教师共有10位。其中,教龄在20年以上的有1位,他是历史教师队伍中的中坚力量;教龄在5～20年的有5位;教龄在5年以下的有4位,他们是教师队伍中的新鲜血液,可以为历史教学带来新的教学方式和先进的教育方法。对教师进行问卷调查时,主要涉及的内容有教师对当地博物馆的关注程度、教师对地方博物馆资源的使用情况、教师使用博物馆资源的影响因素、学校与博物馆的合作情况四个方面。

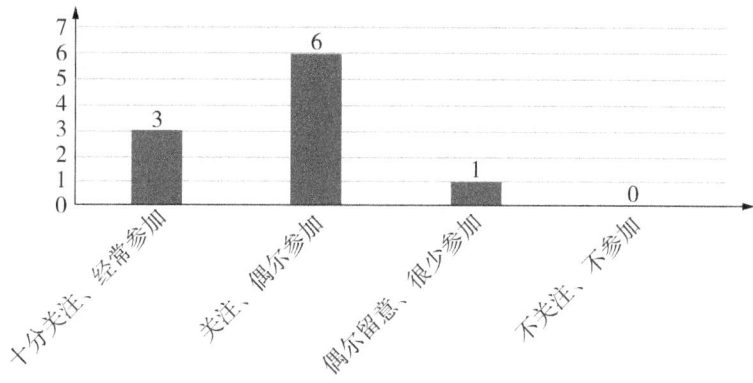

图 8-9 对当地博物馆的关注程度

关于教师对当地博物馆的关注程度。十分关注并经常参加当地博物馆活动的教师有 3 位，关注且偶尔参加的有 6 位历史教师，偶尔留意且很少参加的仅有 1 位老师。从中看出大部分教师对博物馆举办的活动有较高的关注度，但仍有部分教师的关注度不高，没有正确认识到博物馆与历史教学之间的紧密联系。

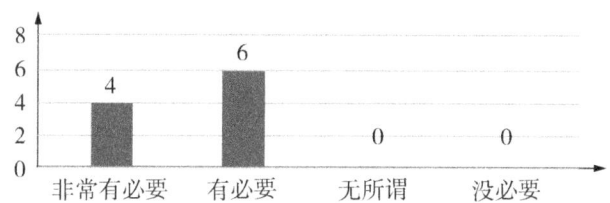

图 8-10 是否有必要在初中历史教学中加入地方博物馆资源

关于教师对地方博物馆资源使用情况的调查。教师们都认为有必要在初中历史教学中加入地方博物馆资源（图 8-10）。根据图 8-11 的数据显示，其中有 6 位教师在其教学活动中偶尔使用，剩下 4 位教师很少使用，可见教师对于东莞市地方博物馆资源使用频率不高。

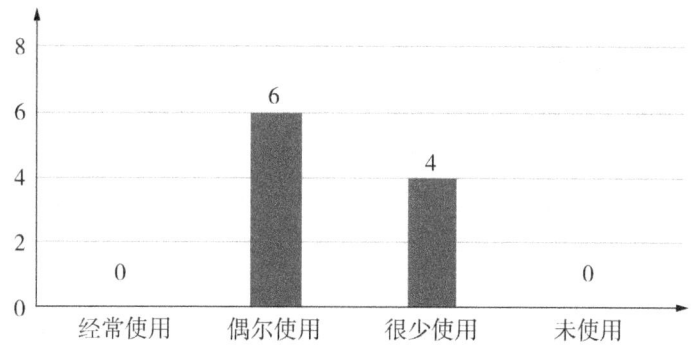

图 8-11 教师是否会在教学活动中使用过当地博物馆资源

从学校和博物馆的角度了解馆校合作之间的情况。从学校方面看,几乎没有学校会组织学生到当地博物馆参观学习,这或许是受到学生的人身安全等因素的影响(图8-12)。从博物馆方面来看,当地博物馆到学校举行活动的情况则相对更丰富。经调查有8位教师提到博物馆偶尔会将展览搬进校园供学生参观学习,其中包括东莞市博物馆的"流动博物馆"活动,以挂轴的形式将博物馆文物搬进学校(图8-13)。

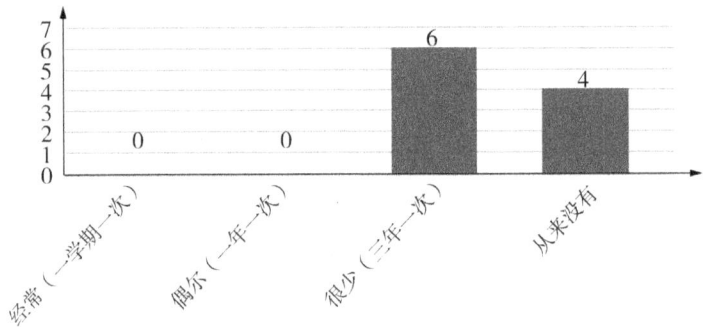

图8-12 所在学校是否组织学生到当地博物馆进行参观学习

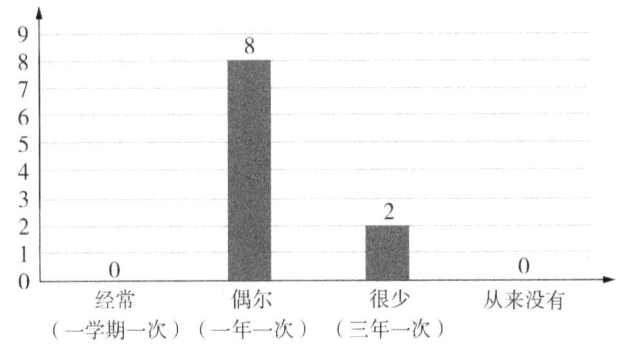

图8-13 当地博物馆是否到学校举办过展览或者讲座等活动

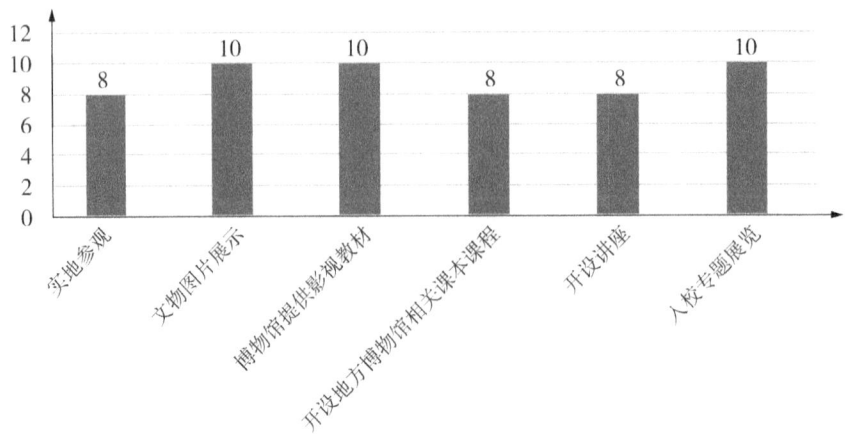

图8-14 学校如何利用地方博物馆资源

从教师偏向使用博物馆资源的方法来看，大多数教师选择文物图片展示、博物馆提供的影片和入校专题展览，而实地参观、校本课程、开设讲座这些选择较少（图8-14）。可以看出教师会偏向于选择能够容易得到和便于使用的博物馆资源。

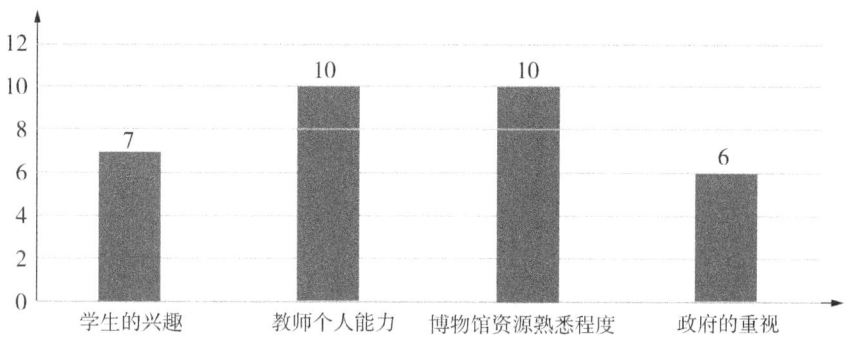

图8-15 影响历史教师在教学中开发利用博物馆资源的因素

从教师开发利用博物馆的影响因素来看，教师认为个人能力、对博物馆资源的熟悉程度、政府重视程度和学生的兴趣这几项因素都很重要，其中教师个人能力和对博物馆资源的熟悉程度最为重要（图8-15）。因此在开发利用博物馆资源期间，教师要注意提高个人能力和对博物馆资源的熟悉程度。

对教师的访谈调查主要从地方博物馆资源在初中历史教学中的开发程度、应用意见和建议两个方面进行，便于了解东莞地区博物馆资源应用的现状及问题，进而得知东莞市教师使用地方博物馆资源的困惑与期望。

一是对东莞地区博物馆资源在初中历史教学中的开发应用程度。大部分教师认为东莞地区博物馆资源在初中历史教学的开发应用程度不高，学校及历史课堂要么没有应用地方博物馆资源，要么即使举办相关活动也与初中历史教学无关。关于这些情况教师们认为主要有以下几个原因：第一，历史教师对东莞地区博物馆资源不够了解，不熟悉东莞地区各博物馆所提供的教育资源；第二，历史教师将博物馆资源转换成历史教学资源的能力欠缺；第三，学校对博物馆资源应用不重视；第四，博物馆宣传不足。

二是教师对地方博物馆资源在初中历史教学应用意见和建议。主要包括以下六个方面：一是经费问题；二是学生的人身安全和管理问题；三是学校对该项目不够重视；四是教师缺乏应用地方博物馆资源的经验；五是教师个人时间和精力的限制；六是已应用的教师认为地方博物馆资源应用形式过于单一。

教师对以上问题提出自己的建议，主要包括以下四个方面：一是成立馆校合作的专门部门；二是学校应对博物馆资源在初中历史教学中应用提供支持，增加历史教学活动的时间；三是对教师进行培训，提高教师对本地博物馆的熟悉度；四是丰富初中历史教学形式，可利用地方博物馆资源举办与历史教学相结合的活动。

(二)调查结果及原因分析

1. 调查结果

通过对师生的问卷调查和教师的访谈调查，地方博物馆资源在初中历史教学中的应用存在以下问题，将从学生层面和教师层面来描述：

(1)学生层面。

第一，学生对当地博物馆资源不了解，只知道知名度较高的博物馆。从学生问卷调查数据可以得知，大部分学生只知道东莞展览馆和东莞市博物馆。

第二，学生参观博物馆的过程流于形式。在没有教师、博物馆工作人员引导与讲解的情况下，学生参观博物馆大多是走马观花，没有了解文物背后的故事。调查发现大部分学生所在学校没有举办关于博物馆的教育活动，学生参观博物馆是自发的行为。这说明学生是在不了解、没有目的的情况下前往参观博物馆，这导致学生无法理解该文物存在的意义，看过即忘，无法达到参观博物馆的意义。

第三，学生利用博物馆资源进行学习受到阻碍。初中历史课时安排、学生认知水平差异、教师课程资源的开发程度等因素使得地方博物馆资源应用于初中历史课程中受到阻碍。地方博物馆资源应用于初中历史教学服务的是学生，但要经过教师、学校、博物馆的组织。初中历史课时安排紧张，没有充足的时间将地方博物馆资源应用于初中历史课堂，只能采用片段式教学。学生认知水平不同，导致部分学生在教师应用地方博物馆资源时无法跟上课堂节奏。

(2)教师层面。

第一，教师对地方博物馆的关注度较低，主要通过博物馆微信公众号浏览相关教育信息。经调查，教师了解地方博物馆的途径是浏览该博物馆微信公众号。如果博物馆没有推送有关教育活动的信息，教师将无法得知且了解该博物馆。

第二，教师对地方博物馆资源的使用率低。经访谈，大部分教师使用的皆是经由前辈润色过的地方博物馆资源，没有教师会使用东莞市博物馆资源进行教学。大部分教师对应用地方博物馆资源这一选题比较感兴趣，因此将东莞市地方博物馆资源应用到初中历史教学还有很大的发展前景，而这需要教师、学校、博物馆各方面的共同努力。

第三，教师与地方博物馆合作程度较低。经访谈了解到东莞市教师与地方博物馆之间只有在博物馆进校展览时才会进行沟通交流,没有长期稳定的合作。

第四,教师在应用地方博物馆资源时转换能力较差,无法将博物馆资源转化为历史课程资源。将地方博物馆资源转化为初中历史教学的课程资源,需要教师能够在选取、应用博物馆资源的时候遵循相关原则,防止出现错误的教学知识,这需要教师对博物馆资源有很深的了解。

2. 原因分析

(1)地方博物馆资源不受重视,教学目标定位不清晰。

致使师生对地方博物馆资源不了解、利用率低的原因有许多。首先是因为学校和教师对地方博物馆资源的不重视。我国虽然实行的是国家、地方、校本三级课程管理,但是地方、校本课程并没有得到充分的挖掘。长久以来,学校和教师将注意力放在如何将课程内容教给学生,而忽视了课程资源的开发利用。从学校方面来看,调查发现学校对地方博物馆资源的宣传有限或是没有宣传,没有向教师提供地方博物馆资源应用的研讨会或者讲座,也没有组织教师进行专门的教研和开发研究。从教师方面来看,教师对地方博物馆资源关注度较低,大部分教师没有意识到将地方博物馆资源应用于初中历史教学的重要性。即使有部分教师知道地方博物馆资源对学生学习历史有着重要意义,但由于教学任务繁重、课时安排紧张、师资紧张等问题,无法实现教学创新。初中历史教师一周课时繁重,日常忙于完成教学任务,有的教师还要兼任班主任,承担学生的心理疏导工作和思想教育工作,受困于班级管理等日常事务,除去工作日的工作,教师在休息期间还要参加各类培训和会议,应付学校给的各种杂务和教学检查。以上种种原因导致教师没有足够的时间、精力去挖掘地方博物馆资源,教学研究和创新能力无法得到提升。

其次,教师对教学目标的定位不够清晰。初中阶段历史被定位在副科,学校更为重视语、数、英三科,将大部分时间安排给语文、数学、英语这三门课程。在时间紧迫和考试压力的情况下,一线历史教师更注重在短时间内将知识传授给学生,忽视学生学科核心素养的培养。大部分教师为了应付考试,在教学过程中更关注课程知识的传授,甚少去扩展学生的知识面,忽视对其他课程资源的开发利用,更别说应用地方博物馆资源进行教学。

(2)教师对地方博物馆资源不了解,资源整合能力有待加强。

教师对地方博物馆资源转换能力较差,是因为教师对地方博物馆资源不了解,资源整合能力不足。教师对地方博物馆资源不了解,主要是因为学校、博物馆没有主动向教师宣传博物馆资源的教育功能,并且教师平常课时任务重,没有时间和精力了解地方博物馆资源。地方博物馆资源丰富多样,各种类型的资源都应有尽有，但并不系统，也没有进行优化。除此之外，教师资源整合的能力也有待加强，整合能力指的是教师对地方博物馆资源的筛选、优化、合并的能力。教师缺乏整合能力主要有以下几个原因：一是教师缺乏空闲时间，没有时间研究如何整合地方博物馆资源；二是学校没有为教师提供培训机会，没有对教师资源整合能力进行针对性培训；三是教师没有开发利用新的课程资源的精力。

增强教师对地方博物馆资源的了解程度，提高教师资源整合的能力，需要学校、博物馆和教师的努力。第一，学校为教师提供博物馆专业工作人员的讲座，增强教师对地方博物馆相关信息的了解，再进一步培养教师提高整合地方博物馆资源的能力。第二，博物馆加大对自身教育功能的宣传，主动与学校合作，主动让教师了解地方博物馆资源。第三，教师是课程资源开发的主导者、开发者，教师要主动熟悉地方博物馆资源，与专业人员建立良好的关系，提高教师的开发地方博物馆资源的专业能力。[1]

(3) 教师教学方式固化，教学观念滞后。

在新课程改革的背景下，新课程标准对历史教师提出了更高的要求。一方面，部分教师并没有跟上时代的步伐，依旧奉行传统教学方式，采用灌输式教学方法，没有引导学生参与到历史教学中，未充分发挥学生在历史教学中的主体地位。另一方面，教师教学观念的滞后。历史教师的教学观念没有得到更新，导致历史教学方式难以创新，成为教师发展的桎梏。教师固化的教学方式和滞后的教学观念使地方博物馆资源无法发挥其教育意义，从而使教师忽视了对地方博物馆资源的开发与利用。[2]

教师研读课程标准，很难把握新课标的要求，并且难以将地方博物馆资源应用于教学之中。青年教师容易受到传统教学观念的影响，为了追求成绩只注重知识讲解而忽视对学生学科核心素养的培养。此外，教师在备课过程中缺乏创新意识，所选用的教学资源大多来源于教材或者教参，素材较为老旧，脱离学生的生活实际。

(4) 学生在教学中的主体地位被忽视，缺乏科学的指导。

学生参观博物馆流于形式，利用博物馆进行学习受到阻碍是因为教师忽视了学生在教学中的主体地位，缺乏科学的指导。从教师的角度来看，建构主义学习理论强调学生在教学过程中的主体地位，认为教学应该以学生为中心，学生不是

---

[1] 李君. 博物馆课程资源的开发与利用研究[M]. 长春：东北师范大学出版社，2013：22.
[2] 成月. 本地博物馆资源在中学历史教学中的应用[D]. 上海：上海师范大学，2020.

被动接受者。① 而在现实教学过程中,课堂实践主要是教师讲授内容,学生缺乏自主思考和自主学习的机会,学生的主体地位没有得到充分体现。参观博物馆的活动缺乏教师的指导,学生对博物馆参观只限于简单浏览,无法理解博物馆提供的文献史料的意义,难以产生对地方博物馆资源的共鸣和积极的情感。从学生的角度看,学生对地方博物馆资源的了解不够深入,在实际参观过程中缺乏教师的引导,求知欲难以得到满足,容易导致学习兴趣下降。调查结果显示学生对创新的教学方式感兴趣,希望历史课堂变得有趣,并认为将地方博物馆资源应用于初中历史教学对自己的历史学习有益,但这一切没有教师科学的指导是难以实现的。

三、东莞市博物馆资源在初中历史教学中的应用原则

历史学科是一门具有思想性、人文性、综合性和基础性等特点的学科。② 丰富多样的地方博物馆资源有利于教师丰富历史课堂内容,创新历史教学方式,培养学生的历史学科核心素养。因此,如何有效地开发地方博物馆资源,将其应用于初中历史教学是值得每一个教师思考的问题。这需要教师掌握应用地方博物馆资源的原则,充分发挥地方博物馆资源的教育功能。

(一)目标导向性原则

目标导向性原则指的是一切活动与行为围绕目标展开,以目标为导向进行教学活动。这里的目标导向指的是在地方博物馆资源应用于初中历史教学时要以学科核心素养为导向,在进行历史教学的过程中要以课程目标为导向,有利于发展学生核心素养。③

《义务教育历史课程标准(2022 年版)》第二部分"课程目标"指出历史课程目标要落实立德树人的根本任务,体现历史的育人功能,培养学生的学科核心素养,引导学生初步树立正确的民族观、国家观、历史观。④将地方博物馆资源应用于初中历史教学要围绕课程目标来展开,为课程目标服务,辅助课程目标的实现。

因此,地方博物馆资源在初中历史教学中的应用要以历史课程目标为导向。一是教师在选取地方博物馆资源时要按照课标要求和主题要求。二是教师在应用地方博物馆资源时候以历史课程目标为导向,根据课程目标将地方博物馆资源灵活应用于初中历史教学,立志达到最佳教学效果,充分发挥地方博物馆资源教育

---

① 施良方. 学习论[M]. 北京:人民教育出版社,1994:167 - 182.
②④ 中华人民共和国教育部. 义务教育历史课程标准(2022 年版)[S]. 北京:北京师范大学出版社,2022:6.
③ 同②,56.

功能。

（二）科学性原则

科学性原则指的是历史教学的内容要符合马克思主义的历史科学，所用的史实、材料、概念、观点等要正确。① 历史学科的性质决定了认识历史要追求真实，还原最初的事实，而不能过于美化。

历史学科是一门需要利用史料进行学习的学科，教师不应该使用空洞的说教方式，而要坚持论从史出、史论结合，帮助学生形成正确的历史观。② 教师在传递历史知识的过程中应该通过史料进行推断，从而得出历史结论。历史教师在选取地方博物馆资源时要辨别真伪，帮助学生将历史与生活实际联系到一起，以史论结合的方式进行历史教学。这不仅需要教师科学地筛选课程资源，还要采用科学的筛选技术和科学的教学方法。

教师作为教学活动的主导者，在筛选地方博物馆资源时，要注意地方博物馆资源的立场和内容的真实性，以"多重证据"为立足点挖掘更多的教学资源，保证地方博物馆资源的科学性。教师在具体的教学过程中要向学生传递真实的历史信息，引导学生形成严谨求真的学习态度，培养学生史料实证、历史解释的核心素养。

（三）代表性原则

代表性原则指的是选取符合所学历史阶段特征与当前所处时代及与所处地区相联系、结合学生的认知发展水平，选择既能反映历史真相又贴近生活的地方博物馆资源。③ 初中历史教材的编写大体是按照时间发展顺序，而地方博物馆资源一般采用主题式展览。如何从丰富多样的地方博物馆资源中选取符合历史时期特征、符合学生认知水平，从而有利于学生学习历史知识并开拓历史思维的资源是历史教师应该思考的问题。教师只有正确选择适合初中学生的认知发展水平、能力以及符合课程标准的资源，才能把地方博物馆资源有效应用到初中历史教学，充分发挥出地方博物馆资源的教育价值。

例如在学习《中国历史 八年级（下册）》第三单元第19课"社会生活的变迁"，利用东莞展览馆中东莞人民的护照、电话、电视等实物，向学生展示改革开放时

---

① 于友西. 中学历史教学法[M]. 北京：高等教育出版社，2017：80.
② 姬秉新，李稚勇，常云平. 历史教学：从"设计"到"实施"（中国历史）[M]. 北京：高等教育出版社，2020：6.
③ 熊钰. 试论博物馆资源与高中历史教育的结合[J]. 长沙大学学报，2013，27(06)：142.

期东莞人民的衣食住行的变化，引导学生理解改革开放政策的实施使人们生活方式发生巨大变化，认识到改革开放政策的意义，体会改革创新的强大动力。

（四）以学生为本原则

以学生为本原则指的是以学习者为中心进行教学的原则，在设计教学活动时要把增强学生的主体意识提高学生的主体地位放在首位。皮亚杰认为学习从属于发展，学习的内容多或少取决于学习者的发展水平，同时强调学习是一个能动建构的过程，而这需要学习者自身的努力。①

《义务教育历史课程标准（2022年版）》强调要转变教师的教学方式，转变在教学过程中师生之间的关系，要求突出学生的主体地位。② 在教学过程中要打破传统灌输式的教育方法，教师在应用地方博物馆资源前应了解学生的认知发展水平。每个学生的认知发展水平不同，在教学过程中不能以偏概全，要将所有学生看作一个相同的整体。教师要善于发现每个班级、每个学生的不同，结合学生的认知发展水平选取地方博物馆资源。

以东江纵队纪念馆资源在初中历史教学的应用为例。在参观东江纵队纪念馆时可开展小组活动，布置制作"抗日战争十大战场"展板（包含时间、地点、指挥者、结果等信息）的小组任务。在此活动中，学生为了完成任务会主动参观博物馆、查询有关资料，了解"抗日战争十大战场"相关内容，有效调动了学生的主观能动性和积极性。以学生为活动的主体，充分体现了以学生为本的原则。

（五）趣味性原则

趣味性原则指的是在教学过程中运用生动的语言、多样灵活的技巧、直观形象的讲解、丰富多彩的课堂游戏等多种课堂策略，使稍显枯燥且学习起来略显困难的内容变得充满乐趣、富有挑战，从而提高学生学习兴趣，调动学生学习主动性的教学原则。③ 学习动机是学生参与学习活动的基础前提，体验式学习模式的第一步便是学生要具体体验，要参与到活动当中。因此，教师要激发学生的学习动机，发挥学生的主观能动性，引导学生积极主动参与到教学活动中。④ 有趣的历史教学内容很容易让学生产生浓厚的学习兴趣。

---

① 施良方. 学习论[M]. 北京：人民教育出版社，1994：167-182.
② 中华人民共和国教育部. 义务教育历史课程标准（2022年版）[S]. 北京：北京师范大学出版社，2022：60.
③ 白叶. 初级汉语教学中趣味性原则的应用[D]. 昆明：云南大学，2016.
④ D·A·库伯. 体验学习：让体验成为学习和发展的源泉[M]. 上海：华东师范大学出版社，2008.

教师将地方博物馆资源应用于初中历史教学要坚持趣味性原则，可以从以下三点出发：一是换位思考，教师要站在学生的角度上看问题，从学生的角度来寻找兴趣点；二是教师要筛选出能够引起学生兴趣的地方博物馆红色文化资源；三是协调趣味性和专业性的关系，教师不应该为了引起学生的注意力而选择夸张的手段。

四、东莞市博物馆资源在初中历史教学中的应用策略

（一）做好地方博物馆资源在初中历史教学应用的准备

1. 转变课程资源观，增强地方博物馆资源的运用意识

《关于利用博物馆资源开展中小学教育教学的意见》强调在教育教学中融入博物馆资源，促进博物馆与学校教学、综合实践有机结合，提高青少年的思想道德素质和科学文化素质。① 新课程改革要求教师要改变传统的教学观念，树立开放、多元的课程资源观。但是在现实生活中，部分教师依旧存有重成绩、重教材的思想观念，导致大量的地方博物馆资源没有得到充分利用。

"课程的变革，从某种意义上说，不仅仅是变革教学内容和方法，而且也是变革人。"② 将地方博物馆资源应用于初中历史教学，不仅仅是对教学内容和教学方法的变革，也是对人的变革，从教师和学校两个角度展开阐述。首先从教师角度出发：第一，教师要认识到初中历史教学的课程资源不仅仅是教材，还有其他种类繁多、内容丰富的课程资源。③ 教师应充分发挥主导作用，积极主动选择、开发、应用好身边可利用的地方博物馆资源。第二，一线教师要重视对地方博物馆资源的应用，转变对地方博物馆资源的忽视状态，充分认识到地方博物馆资源对初中历史教学的积极作用。第三，教师要认识到开发和应用地方博物馆资源不仅仅是学校的任务，也是教师的任务，教师应积极收集和整理地方博物馆资源，并将其应用于初中历史教学之中。第四，教师应将思想转化为实践，大部分教师支持地方博物馆资源应用于初中历史教学的项目，但是并没有实际应用到教学实践中，因此教师应切实地将地方博物馆资源与初中历史教学进行有效结合。

从学校的角度出发，学校要为教师提供学习机会，促进教师的变革。针对初中历史教师对地方博物馆资源不熟悉，不知道如何应用地方博物馆资源的状况，

---

① 教育部，国家文物局. 关于利用博物馆资源开展中小学教育教学的意见[EB/OL]. 2020-9-30 [2022-11-20]. http：//www.gov.cn/zhengce/zhengceku/2020-10/20/content_5552654.html.
② 施良方. 课程理论：课程的基础、原理与问题[M]. 北京：教育科学出版社，1996：187.
③ 段兆兵. 课程资源开发与利用：原理与策略[M]. 芜湖：安徽师范大学出版社，2011.

学校可以邀请专家到校对教师进行培训。通过专业培训帮助教师在学习过程中不断更新教育观念，提高教师开发利用地方博物馆资源的能力，帮助教师从理论和实践的角度认识到地方博物馆资源应用于初中历史教学的积极意义。①

2. 搜集地方博物馆资源，提升资源整合能力

地方博物馆资源是繁杂多样且零散的。东莞市地方博物馆红色文化资源分布较广，分布在东莞市各个地区，需要教师做一个细心人，了解、收集整理资源，同时还要有整合资源的能力。② 教师要提升搜集和整合地方博物馆资源的能力，可以从以下几个方面努力：

(1)了解当地博物馆资源，掌握当地博物馆资源分布情况。

教师可以通过地方博物馆的官网和公众号来获取该博物馆及其资源的相关信息。除此之外，教师可以利用节假日进行实地考察，走访东莞市地方博物馆、故居旧址和爱国主义教育基地，了解东莞市地方博物馆资源分布情况，掌握地方博物馆所拥有的资源。

(2)有意识地收集、整理地方博物馆资源。

资源的收集是一个持续的过程。教师可以利用空闲时间去收集地方博物馆资源，做好资源积累和分类工作，以便在需要的时候能直接使用。如对东莞市红色文化资源的使用，教师要在众多课程资源中收集东莞市红色文化资源，将收集到的红色文化资源与教学内容进行对应，方便教学的时候取用。

(3)教师要练就较强的资源整合能力。

初中历史课程是一门人文社会科学中的基础课程，对学生的全面发展和终身发展有着重要意义，有思想性、基础性、人文性、综合性四个特点。③ 为了充分利用好地方博物馆资源，教师必须具备丰富知识储备以及不断提高自身资源整合能力。此外，教师还需要具备资源筛选的能力，能够辨别优秀的、可利用的博物馆资源。从了解，到收集，再整合的过程是地方博物馆资源开发应用前的准备工作，只有做好前期准备工作，才能更好地将地方博物馆资源应用于初中历史教学。

---

① 教育部，国家文物局. 关于利用博物馆资源开展中小学教育教学的意见[EB/OL]. 2020 - 9 - 30 [2022 - 11 - 20]. http：//www.gov.cn/zhengce/zhengceku/2020 - 10/20/content_ 5552654. html.
② 李君. 博物馆课程资源的开发与利用研究[M]. 长春：东北师范大学出版社，2013：12 - 15.
③ 中华人民共和国教育部. 义务教育历史课程标准(2022 年版)[S]. 北京：北京师范大学出版社，2022：1.

3. 创新教学方式，探索生动教学方法

传统的讲授法一般是由教师讲述，学生被动接受，这种方式不利于发挥学生的主体地位。新课标提出历史教学应根据课标的要求、教学内容的特点以及学生认知水平和学情，利用多种不同教学方法开展教学。[①] 被动接受学习的方式会弱化学生的参与感和体验感，从而减少学生在课堂中表达观点的次数。而主动探究式的学习方式可以增加学生主动参与教学活动的机会，鼓励学生表达自己的观点。因此教师要创新教学方式，探索出生动的教学方法。创新课堂教学方式需要每一位历史教师的努力，需要历史教师具备创新观念，在具体的教学实践中采取多样化的教学方法，打破传统教学的限制。教师要将说教式教学转变为情感式教学，让学生从传统学习方式转变为体验式学习方式，激发学生的情感共鸣。[②] 教师应跟随时代的发展不断调整教学方式，在教学过程开展多种多样的教学活动，根据自身特点探索生动的教学方法。在社会发展的进程中，教学方法也在不断更新，如多样化的教学活动、将现代信息技术与历史教学深度融合、给学生提供针对性指导等等，同时可以吸取传统教学中的优点融入现代教学方法之中。传统的讲授法是教师不可或缺的教学方法，因此可以将讲授法与其他教学方法相融合，调动学生学习历史的积极性和主动性，改变传统沉闷的课堂氛围，增加学生的学习兴趣和课堂活力，以达到最佳的教学效果，完成教学任务。

4. 利用互联网建设地方博物馆资源交流平台

随着科学与技术的发展与进步，教师可以利用互联网这一强大的宣传和交流平台，拓宽搜集与利用地方博物馆资源的手段和途径。比如，地方博物馆可以通过互联网开展活动宣传，也可以通过互联网加强与学校、教师之间的合作与交流。教师利用互联网交流平台获得相关地方博物馆资源，需要教师、政府、学校、博物馆各方面的共同努力。[③] 首先，地方政府部门要加大博物馆与中学之间教育合作项目、活动经费的投入，组织本地区不同学校与各博物馆之间进行交流合作，共同完成地方博物馆资源交流平台的创建。其次，学校方面提供财力、物力等各方面的支持，为教师利用地方博物馆资源提供充足的保障。再次，教师方面需要响应政府号召，利用多种途径对地方博物馆资源进行收集整理。最后，博物馆方

---

① 中华人民共和国教育部. 义务教育历史课程标准（2022年版）[S]. 北京：北京师范大学出版社，2022：59-60.
② D·A·库伯. 体验学习：让体验成为学习和发展的源泉[M]. 上海：华东师范大学出版社，2008.
③ 姜涛，俄军. 博物馆学概论[M]. 兰州：兰州大学出版社，2013.

下篇　红色文化资源融入历史课程的实践

面发挥自己的独特的教育功能，在交流平台上发布与教育相关的信息、资源，为历史教师在教学中应用地方博物馆资源提供帮助和资源保障。①

（二）在教学设计中融入地方博物馆资源

1. 根据教学目标选择地方博物馆资源

"教学目标是教学过程的具体化，是教师在教学活动开展之前预设并在教学过程中随着学生各方面变化而生成的结果，包括外显行为、内隐情感等方面内容，是教学活动的出发点和归宿，支配、调节、控制着整个教学过程。"②历史课程教学目标对整个历史教学活动有导向作用，对历史教师的教和学生的学有激励作用，是历史教学效果的评价尺度和标准，也可通过教学目标对教学系统内其他要素进行优化、组织、协调。教师认真钻研课程标准，在确定教学目标的基础上明确教师在应用地方博物馆资源时的学习任务和学习结果。

综上，将地方博物馆资源应用于初中历史教学之前需考虑本节课的课程标准要求和教学目标。例如八年级下册历史教材第三单元第八课"经济体制改革"中第二和第三子目，教学目标设置为"了解城市经济体制改革的内容，理解社会主义市场经济体制的建立和影响"。为了达成本节课的教学目标，教师可以选择将东莞展览馆中"东莞太平手袋厂"的历史发展进程为线索，作为学生了解城市经济体制改革内容的案例，引导学生深刻感悟改革开放政策对企业的影响。教育学生在全面深化改革的历史新征程中坚信、坚定、坚持改革创新精神，奋进新时代，创造新辉煌。

2. 根据教学内容扩展地方博物馆资源

许多教师认为教学内容就是教材内容，但实际上教材只是教学内容的主要呈现形式，教材包括教科书和其他参考资料。③因此，教师在教学过程中不能只利用教材开展教学，还要依据教学需要、学生需求适当地补充教材以外的资源。地方博物馆资源是历史课程资源的重要组成部分，教师在教学过程中依据课程标准和教学目标合理补充地方博物馆资源，将学生所熟悉的文物资料应用于历史教学，加深学生对历史知识的理解，同时有利于凸显地方特色文化，弥补教材内容的不足。如广东东江纵队纪念馆展现了东江纵队在抗日战争、解放战争中的贡献，其所陈列的实物、图片可以作为八年级上册历史教材第六单元"中华民族的抗日战争"的补充性教学资源，帮助学生深刻了解抗日战争时期和解放战争时期华南地区

---

① 周瑶. 学习理论视角下看博物馆教育与学校教育的有效结合[J]. 中国博物馆，2020，143(04).
② 陈旭远. 课程与教学论[M]. 北京：高等教育出版社，2012：161.
③ 同②，168-169.

的抗日史事,认识东莞地区先辈们艰苦卓绝的奋战精神,培养学生的家国情怀。

(三)在课堂教学环节中应用地方博物馆资源

课堂教学是师生进行教学活动的主要场所,课堂教学过程主要包括课堂导入、新课讲授、课堂小结与作业布置等环节,各环节紧密联系、相互配合,同时又有不同的教学方式。①

1. 利用地方博物馆资源导入新课,激发学生学习兴趣

课堂导入是教学过程中最重要的环节之一。皮亚杰曾说:"所有智力工作都要依赖于兴趣。"②兴趣是最好的老师,兴趣也是学生学习动机之一,教师在进行教学时要引起学生的学习动机。因此,教师要做好课堂导入工作,激发学生学习历史的兴趣,集中注意力,使教学达到更好的效果。

皮亚杰的建构主义学习理论认为儿童要在与周围环境相互作用的过程中,逐步建构起关于外部世界的知识,从而使自身认知结构得到发展,个体将外界刺激所提供的信息整合到自己原有的认知结构中。③教师在教学过程中可以从学生已有的知识经验出发,找到与教学内容相契合的点,将学生所学的新知识与已学习的旧知识相结合。在地方博物馆资源应用与历史教学的过程中,教师应优先选择与所学知识相关的资源,将教学内容与学生生活实际联系起来,最大限度地将地方博物馆资源运用于初中历史课堂导入之中。

案例1:部编版八年级上册历史教材第18课"从九一八事变到西安事变"④

【设计思路】

八年级上册历史教材第18课的内容是日本发动九一八事变,挑起侵华战争,中华民族面临严重的民族危机,在民族危机日益深重之时,中国共产党高举抗日救亡的旗帜。要求学生了解九一八事变、东北抗联、一二·九运动、西安事变等史事,认识日本侵华的罪行,认识中国人民抗战的艰苦历程。⑤ 在设计本课堂导入时,笔者采用人物导入法,利用蒋光鼐故居中展示的蒋光鼐带领国民党奋勇抵抗日军,中日签订《淞沪停战协定》的相关史事,通过蒋光鼐的照片以问答的方式引导学生进入本节课的学习。

---

① 赖小聪. 博物馆资源在历史课堂教学中的开发与利用[J]. 中学课程资源,2019,144(06):63 - 65.
②③ 施良方. 学习论[M]. 北京:人民教育出版社,1994:168.
④ 义务教育教科书. 中国历史 八年级(上册)[M]. 北京:人民教育出版社,2017:86 - 90.
⑤ 中华人民共和国教育部. 义务教育历史课程标准(2022 年版)[S]. 北京:北京师范大学出版社,2022:20.

【教学实施】

教师：图片中的人物是谁？他做过什么事？

学生：蒋光鼐。

教师：蒋光鼐先生是东莞虎门人，是国民党人士，是杰出的爱国民主人士、政治活动家和功勋卓著的抗日名将，还参加过辛亥革命。蒋光鼐先生的人生巅峰是淞沪抗战，九一八事变后日本企图侵占上海，蒋光鼐带领国民党第十九路军击退了日军的侵略，沉重打击了日本帝国主义的侵华气焰，鼓舞了全国人民。抗日战争的胜利不是一蹴而就的，是每个爱国人士共同努力的结果。

蒋光鼐

本节课我们将学习从1931年的九一八事变到1936年的西安事变期间的历史事件，了解在中华民族面临严重危机的紧要关头还出现了哪些爱国志士，这些爱国志士做出了什么爱国行动。

【设计意图】

以蒋光鼐故居中收藏的珍贵图片和资料作为支架引进新课，利用蒋光鼐先生的基本事迹和在抗日战争中的贡献吸引学生的兴趣。在问答过程中引导学生了解蒋光鼐以及蒋光鼐的光荣事迹，并在这一过程中认识到抗日战争是一场持久战，离不开每个人艰苦卓绝的奋斗。

2. 利用地方博物馆资源贯穿新课讲授过程，突破教学重难点

课程的重难点知识关系到教学目标的落实和教学任务的完成，因此在教学过程中要注重帮助学生突破教学重难点。结合学生的认知发展水平和教学内容合理利用地方博物馆资源，将学生熟知的地方博物馆资源运用于初中历史教学，将难懂抽象的重难点知识以讲历史故事、案例等方式深入浅出地阐述其中的道理，突破教学重难点知识，提升教师教学效果。

地方博物馆资源内容多种多样，如何精选博物馆资源、应用地方博物馆资源突破重难点知识，是教师在选取资源时需要注意的问题。选取地方博物馆资源要符合历史课程标准的要求，从学情和教学内容出发，保证所选取的资源符合教学内容，给学生提供足够的思维材料，帮助学生突破重难点，使教师的授课更加生动活泼，激发学生的学习兴趣。① 除此之外，前文阐述的目标导向性、代表性和趣味性原则同样是教师在选取地方博物馆资源时需要参考的原则。2022年版历史课程标准要求教师的教学理念要以学生的学习和发展为本，注重学生的自主探究

---

① 李君. 博物馆课程资源的开发与利用研究[M]. 长春：东北师范大学出版社，2013：12-14.

活动,开展探究型教学方式。教师可以将地方博物馆资源以探究式学习的方式应用于历史教学活动,在丰富课堂活动、增强课堂趣味性的同时弥补所学历史远离学生生活实际的不足。教师也可以通过组织学生开展课堂辩论、角色扮演等方式创造历史情境,引导学生在教师给出的问题下开展自主、合作、探究的学习活动,充分调动学生学习历史积极性,引导学生自主思考,在分析问题、解决问题的过程中培养学生的探究能力。

案例2:部编版八年级上册历史教材第21课"敌后战场的抗战"重难点突破①

【设计思路】

本案例借助东莞市抗日战争的相关史实,补充敌后战场内容,利用地方性的红色文化资源,对教材相关内容进行补充。《敌后战场的抗战》一文其主人公是中国共产党党员。中国共产党在敌后战场发动人民群众,建立抗日根据地,展开人民游击战争,为抗战胜利做出了重要贡献,在全民族团结抗战中发挥了中流砥柱的作用。本案例利用大岭山革命根据地旧址、百花洞遗址、梅塘战斗遗址等东莞市地方性红色文化资源补充到《敌后战场的抗战》内容中,引导学生了解敌后战争相关史实,能够对敌后战场抗战进行客观、正确的评价。

【教学实施】

在学习完课本中抗日根据地和游击区后,以东莞革命根据地为例补充中国共产党建设敌后根据地的内容。

教师:毛泽东的《论持久战》中阐明了中国共产党的抗日持久战战略的总方针,那么持久战的方针是如何实现的?

学生:创建抗日根据地和游击区。

教师:同学们知道在我们身边有哪些抗日根据地吗?

---

① 义务教育教科书.中国历史 八年级(上册)[M].北京:人民教育出版社,2017:101-102.

学生：大岭山革命根据地。

教师：为实施持久战，中国共产党创建晋察冀根据地、陕甘宁根据地、苏南根据地等，在我们华南地区还有一个根据地，就是大岭山革命根据地，作为华南地区重要的抗日根据地之一，在抗日战争中起到至关重要的作用。比如大岭山革命根据地中的中国共产党人领导了百花洞战斗、梅塘战斗等，对驻扎在东莞县的日伪军进行沉重的打击，鼓舞了抗日军民的斗志。大岭山革命根据地建立的时候，不仅进行游击战，还依中央的指导实施一系列政策，按照"三三制"原则建立6个县级民族政权，建立抗日自卫队、农抗会等支持前线，开展减租减息，减轻农民负担等，支持持久战的进行。

同学们作为青少年，作为东莞人，从老师的介绍中可能无法亲身体会到战争的残酷与艰辛，我们如今能做的是记住这些用鲜血和生命为我们换来和平的革命英雄。

【设计意图】

本案例利用大岭山革命根据地、百花洞战斗遗址和梅塘战斗遗址，将战后革命根据地的建立与大岭山革命根据地联系起来，让学生从地方性革命根据地的建立了解敌后战场革命根据地的建立。引导学生了解抗日战争波及范围之大，影响之深远，也让学生认识到抗日战争的胜利离不开中国共产党正确的领导，离不开各地方兵民的艰苦奋斗。利用图片史料培养学生的史料实证素养，引发学生深刻思考，培养学生的家国情怀。

3. 利用地方博物馆资源进行课堂小结，升华学生家国情怀

课堂小结指的是在课堂教学将要结束的时候，师生对本节课所学知识进行总结是教学过程中不可或缺的重要环节之一。[①] 如今初中历史课堂小结通常采用的是归纳总结法，将知识点围绕重难点知识用简洁的语言对整节课的内容进行整理、归纳总结，帮助学生构建知识网络。这种方式可以帮助学生理清课堂脉络、巩固知识，还能够帮助学生明白本节课的涵义，对历史课程保持求知欲和探索欲。

一个好的课堂小结能够提升课堂内涵，留给学生无限的遐想和思考，令人回味无穷。教师在应用地方博物馆资源进行课堂小结时，可以采用情感升华法，对所学知识的相关地方博物馆资源进行挖掘，利用地方博物馆资源揭示历史知识的深层次内涵，引发学生的情感共鸣，进一步培养学生的家国情怀。

[①] 于西友，赵亚夫. 中学历史教学法[M]. 北京：高等教育出版社，2017：152.

案例3：部编版八年级上册历史教材第22课"抗日战争的胜利"①

【设计思路】

利用广东东江纵队纪念馆中的结语对"抗日战争的胜利"一课进行总结。教师带领学生了解广东人民抗日游击队东江纵队在华南敌后英勇抗战的史实，深刻理解中国抗日战争取胜的原因，培养学生的家国情怀素养，激发学生的爱国之情。

【教学实施】

中国人民抗日战争，是世界反法西斯战争的重要组成部分，也是中国近代以来抗击外敌入侵第一次取得完全胜利的民族解放战争。广东人民抗日游击队东江纵队在华南敌后的抗战，为中国人民抗日战争和世界反法西斯战争的胜利做出了重要贡献。

东江纵队广大指战员用鲜血和生命铸就以爱国主义为核心的伟大民族精神，是留给我们弥足珍贵的精神财富。今天，我们回顾东江纵队抗战的光辉历史，就是铭记历史、缅怀先烈、珍爱和平、开创未来。在中国共产党领导下，弘扬伟大的爱国主义精神，弘扬伟大的抗战精神，万众一心、开拓进取，为实现中华民族的伟大复兴，推进人类和平与发展的崇高事业而奋斗。（广东东江纵队纪念馆结束语）

教师：中国的抗日战争整整持续了14年，是世界反法西斯战争的重要组成部分，有着重要的意义。而东莞的东江纵队作为华南地区抗日队伍的重要组成部分，在抗日战争中也处于至关重要的地位。大家有没有想过，如此规模宏大的战役，仅靠一方力量能够取胜吗？

学生：当然不是，是中国人民共同的努力。

教师：是的，孩子们！中国人民抗日战争的胜利离不开中国共产党的领导，更离不开中国人民的支持。这些革命先辈们用自己的行动甚至生命，筑起了延绵不断的人民长城。如今我们生活在和平年代应该珍视和平，铭记历史。

【设计意图】

通过广东东江纵队纪念馆的结束语对中国抗日战争的地位进行阐述，以东江纵队在抗日战争中所起的作用进行总结。引导学生认识东莞人民与东江纵队的紧密联系，让学生认识到战争的胜利是先辈们用生命换来的，使学生进一步了解东莞抗日战争历史，了解东莞红色文化。同时在这一过程中学生学会铭记历史、珍爱和平，进而培养学生家国情怀，以达到升华教学主题的效果。

---

① 义务教育教科书. 中国历史 八年级（上册）[M]. 北京：人民教育出版社，2017：104 – 108.

4. 利用地方博物馆资源布置课后作业，巩固知识点

布置作业是教师教学任务中的一个环节，可以检验学生的学习效果，延伸教学内容，增强学生的学习兴趣。教师通过作业布置的方式，一方面可以帮助学生巩固课内所学习到的知识，另一方面可以利用开放式作业，让学生通过课内所学知识解决实际问题，拓展学生的知识面，加深对历史更深层次的理解。① 初中历史作业的内容主要是完成练习，让学生利用课内知识完成教材或者练习册上的相关试题。这种方式可以巩固学生学习成果，提升学习效率，但无法体现学生的主体地位。因此，教师可以布置开放式作业，激活学生的探索欲和求知欲，培养学生自主探究与交流合作的能力，从而达到培育学生历史学科核心素养的目的。

地方博物馆可以为初中历史教学开放式的课程作业提供丰富的作业资源。教师利用地方博物馆资源布置课后作业可以从以下两个途径进行：一是在学生实地参观地方博物馆的过程中布置自主探索作业，让学生在博物馆中寻找答案；二是利用地方博物馆的网络资源，如数字博物馆、云博物馆等来布置相应的作业。

案例4：部编版八年级下册历史教材第19课"社会生活的变迁"作业布置②

【设计思路】

本节课的学习内容是了解中华人民共和国成立以来人民日常生活发生变迁的原因、表现和影响，了解改革开放后人们在衣食住行等方面的变化。本案例利用东莞展览馆的"制造名城——感知经济活力"展厅资源，让学生自主探索该展厅并选取一个方面的变化撰写小论文，并将撰写内容与同学交流分享。从东莞市在改革开放后的社会变迁出发，加深学生对社会生活变迁的理解，同时也能够了解在中国共产党的领导下东莞地区改革开放历史发展进程。

【教学实施】

师：通过本节课的学习，我们知道了中华人民共和国成立以后，中国人民的生活水平不断提高，衣食住行用等各方面都发生了变化。同学们成长在东莞，是否了解过东莞市在中华人民共和国成立后的变化？本次作业需要同学们到东莞展览馆参观第二展厅"制造名城——感知经济活力"，选取东莞一个方面的变迁进行阐述，写一篇500字左右的小作文，写好后与同学进行分享。

【设计意图】

结合东莞展览馆所提供的资源设计自主探究的开放式作业，学生在参观东莞展览馆的过程中寻找答案。学生通过自己的探索，了解东莞市在中国共产党领导

---

① 孙璧莹."双减"背景下减负增效的初中历史作业设计[J]. 中学课程辅导，2023(04)：24-26.
② 义务教育教科书. 中国历史 八年级（下册）[M]. 北京：人民教育出版社，2017：97-101.

下的社会主义现代化建设发展进程，了解自己生长地方的生活变迁的机会，进一步加深了对本节课知识的理解，锻炼了思考问题的能力，拓展了历史知识面。

（四）开展课外活动，切身实地感受地方博物馆资源

初中历史教学活动的主要方式是课堂教学，但这并不是唯一的方式。课外活动是课堂教学的必要补充，是课堂教学之外的教学活动，可分为校内活动和校外活动。校内活动是由学校、教师组织指导的活动，校外活动是由校外教育机构组织的活动。① 这里从校内、校外两个角度探讨将地方博物馆资源应用于初中历史教学中的策略。东莞市地方博物馆资源与初中历史结合的课外活动可采取以下两种活动方式：一是将博物馆资源搬进校园，举办流动展览活动；二是学生到地方博物馆参观社会活动。课外活动能够在实践中拓宽学生的视野，引导学生将课堂所学知识与技能应用于实践活动之中，增加对社会的认知，同时也培养学生动手能力和创新能力。相较于课堂教学，课外活动更为丰富、灵活，更多强调的是学生的主动性、自觉性。

开展课外活动可以培养班干部的组织协调能力，增强班级的凝聚力和同学之间的合作能力。通过校内校外多种探究活动，让学生在活动中感受到历史的魅力。通过地方博物馆资源将课堂教学和课外活动衔接起来，构建立德树人、培养学生全面发展的长效机制，营造良好的育人环境，促使学生全面发展，培养学生的历史学科核心素养。

1. 校内流动博物馆

流动博物馆指的是由博物馆主动研发，以主题陈列展览为基本方式，对社会公众进行宣传教育。一类是博物馆之间的流动，另一类是博物馆向全社会流动，利用微型展览的方式将博物馆资源送到有需要的社会公众那里。② 这里所提到的流动展览指的是第二种，将博物馆资源以主题展览的形式搬进校园，学生可以在教师的指导下利用地方博物馆资源进行学习。初中学生在没有陪伴的情况下自行前去博物馆参观有一定的危险性，在没有指导者引导的情况下，参观博物馆也只是走马观花。而流动博物馆主要活动场所在学校，可以避免安全问题，由教师引导学生有目的、有意识地参观，可充分发挥出博物馆资源的教育功能。利用地方博物馆进行教学，可以打破时间、空间的限制，对扩充学生的知识面有积极作用。

---

① 柳海民. 教育学原理[M]. 北京：高等教育出版社，2011：225-226.
② 姜涛，俄军. 博物馆学概论[M]. 兰州：兰州大学出版社，2013：290.

案例5：流动博物馆——"东江铁流　南粤旌旗"主题展览

【设计思路】

《关于利用博物馆资源开展中小学教育教学的实施方案》提到，要创新教学形式，利用当地博物馆丰富的资源，结合教学计划、学生认知发展水平和兴趣特点进行教学活动设计。利用广东东江纵队纪念馆开展的"东江铁流　南粤旌旗"流动展览，将地方博物馆资源与初中历史教学相结合，让学生了解东江纵队发掘史实，感悟东纵精神。

【活动主题】

东江铁流　南粤旌旗

【活动目的】

借助地方博物馆资源和学校特有的优势形成资源互补，进而创新教育内容，多方面助力学生的心智生长、知识增长、价值成长。纪念馆为学校提供图片流动展览，掀起学生学习东纵精神热潮，传承红色基因，助力伟大复兴。

【活动时间】

2023年5月8日

【活动流程】

环节一：广东东江纵队纪念馆讲解员带领学生浏览展板，加深学生对东江纵队的了解，在这一过程中学生边跟随讲解员的步伐边进行记录，了解东江纵队建立基本史实，感悟东纵精神。

环节二：展览参观结束后，学生对参观本次图片展览活动进行讨论，分享自己在本次展览中的收获，结束后写一份参观心得。

【活动总结与反思】

"东江铁流　南粤旌旗"以历史记载和图片相印证的形式，一方面通过纪念馆讲解员讲述东江纵队的发展历程、历史地位和丰功伟绩，让教师和学生了解东江纵队的历史，感受红色文化，号召学生主动学习、弘扬东纵精神。另一方面利用该流动展览的形式，打破时间、距离的限制，方便学生对博物馆资源进行参观和学习。通过流动博物馆学习历史是一种创新的初中历史教学方式。但是根据已有的流动博物馆活动，基本是以参观讲解和分享心得的方式进行，缺乏想象力，无法完全将地方博物馆资源与初中历史教学相结合。总的来说，本次流动博物馆活动达到了活动目的，弘扬了东纵精神，宣扬了东莞红色文化，有助于提升学生的文化自信，但教学方式还可以进一步创新。

2. 校外历史研学活动

研学活动指依据学生的身心发展特点、所在地区的资源、教学需要等，由学校以及一线教师共同组织学生通过集体活动的方式来完成教学目标的校外教育活动。① 研学活动能够增长学生的见识，使学生可通过体验式学习感受地方博物馆资源的情境，加深对历史的理解。《关于利用博物馆资源开展中小学教育教学的意见》强调要提高博物馆研学质量，充分利用各类博物馆资源，组织开展爱国主义、革命传统、中华优秀传统文化、生态文明、国家安全等主题的研学实践教育活动，其中初中阶段的研学活动需体现实践性和体验性。② 该文件为初中教学运用地方博物馆资源开展研学活动提供指导。大卫的体验式学习理论提出学生应该在现实中体验学习，从中获得知识和技能，与其他同学交流合作并反思，从而将自己感性的认知升华为理性的认知。③ 受到各种原因的影响，目前少有学校采用历史研学活动的方式进行历史教学，限制了历史教学方式的创新，也忽视了地方博物馆的教育功能。

学校秉持在研学活动中运用地方博物馆资源的教育理念，做到以学生为本，由专业教师制定合适的研学活动，引导学生参与其中，促进学生的个性发展。依托地方博物馆资源开展研学活动，可以引导学生走出学校，实地参观学习，深度探讨各类历史主题，提高学生的历史探究能力。④

案例6："东江纵队第二课堂——中华民族抗日战争"活动方案⑤

（1）活动准备。

为达到预期的活动目标，避免学生盲目地参观，学生进行主题研学活动课程的时间设置在后半个学期较为合适。在进行主题研学活动前，学生在课堂上已经对中华民族抗日战争这一单元有了初步了解，已经掌握抗日战争的基本线索。利用东莞市东江纵队纪念馆的文物展示、图文介绍以及氛围营造，让学生对抗日战争史有更鲜活的认识。

在组织学生进行研学活动前，教师要对东江纵队纪念馆的馆藏资源进行细致的了解，筛选更为合适的教学资源。本案例探究活动集中在"东江铁流　南粤旌旗"展厅，该展厅描述了在20世纪三四十年代，在中国共产党的倡导和以国共合

---

① 曹群. 初中历史研学旅行活动设计研究[D]. 牡丹江师范学，2022：7.
② 教育部，国家文物局. 关于利用博物馆资源开展中小学教育教学的意见[EB/OL]. 2020 - 9 - 30 [2022 - 11 - 20]. http://www.gov.cn/zhengce/zhengceku/2020 - 10/20/content_ 5552654.html.
③ （美）D·A·库伯. 体验学习：让体验成为学习和发展的源泉[M]. 上海：华东师范大学出版社，2008.
④ 李丽. 以体验式学习内化家国情怀的策略研究[D]. 哈尔滨：哈尔滨师范大学，2018.
⑤ 义务教育教科书. 中国历史　八年级（上册）[M]. 北京：人民教育出版社，2017：86 - 108.

作为基础的抗日民族统一战线旗帜下,中国各族人民、海外同胞为抵御日本军国主义的侵略,在争取民族独立和人民解放的过程中展开了一场艰苦卓绝的抗日战争。

在活动进行之前,学校教师要与博物馆进行深入沟通,让博物馆工作人员了解本次活动的目标以及需要完成的学习任务,还需要准备扮演角色的服装,让学生身临其境。此次活动是帮助学生进一步熟悉抗日战争的历史,同时利用历史文物引导学生知道东江纵队对抗日战争的贡献,了解东莞地方抗战史,进一步深化爱国主义情怀。

根据学生学习情况和课标要求,设计参观学习单,学生根据学习单上的问题对纪念馆进行探索。① 学生在参观过程中了解东江纵队的发展历史、抗日战争的发展阶段,深刻感悟了抗日战争的庄严与壮烈。

表8-5　东江纵队纪念馆参观学习单

问题内容	问题涉及展区
1. 东江纵队抗日斗争的时间发展脉络?	全部展区
2. 东江纵队在敌后战场是如何开展游击战的?	《组建武装 亮剑东江》
3. 东莞在抗日战争时期经历了几次日军侵略?东江纵队又是如何反抗的?	全部展区
4. 大岭山抗日根据地是什么时候建立的?建立后做了什么事?对抗日战争做出了什么贡献?	《东江受挫 重返敌后》
5. 都有哪些人、哪些组织帮助抗日队伍?	《血浓于水 同仇敌忾》
6. 东江纵队在抗日战争中有什么历史意义?	全部展区

(2)活动设计。

【活动主题】

东江纵队第二课堂——中华民族的抗日战争

【活动目的】

帮助学生捋清抗日战争的发展脉络,通过对广东东江纵队纪念馆中展板知识与实物史料的研究,进一步熟悉我国抗日战争的各个阶段,同时了解东江纵队在抗日战争中起到的作用。教师在生动讲授知识的同时,自然融入东莞地方抗战史,拉近学生对历史事件认知的距离。

---

① 袁玉叶.孔子博物馆在初中历史活动课中的应用研究[D].曲阜师范大学,2020.

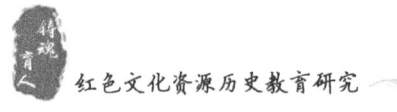

【活动人员】

东莞某中学初二学生

【活动时间】

2022年12月13日

【活动地点】

广东东江纵队纪念馆

【活动过程】

a. 学校历史教师组织学生在学校集合，班委清点人数。教师宣讲活动目的、活动意义，强调活动过程中的秩序。集合完毕后学生有序乘车，前往纪念馆，每辆车上有一位随行教师。历史教师带领学生到达广东东江纵队纪念馆，在广场前集合，将学生交由博物馆指导教师，由指导教师带领学生进行签到，领取文具包，馆校交换合作书，馆方负责人作开课寄语。馆方安排5位讲解员负责带领学生参观。

b. 如正逢国家公祭日，学生须参与南京大屠杀遇难者国家公祭日活动，为遇难同胞默哀，齐声朗诵《和平宣言》祭奠英烈，为英烈献花。

c. 观看《东江铁流　南粤旌旗》专题展览。将5位指导教师按数字区分，5号指导教师为主持人，1、2号指导教师负责授课"中华民族到了最危险的时候""全民族抗战"两个部分，其中在"西安事变旧址"展板前邀请3名同学进行情景对话，再现西安事变具体情况，引导学生沉浸在活动之中。然后，学生利用文具包中的信息和指导教师提供的历史信息，自制"十大战场"展板，并在地图上贴好对应的战役位置，简述战役的时间、地点、指挥者、结果。3、4号指导教师负责"东江敌后游击战争"，主要向学生介绍在东莞大岭山抗日根据地、百花洞战斗以及华侨对中华民族抗日战争的支持。1、2号指导教师通过克尔物品、飞虎物品向同学们讲述东江纵队营救飞虎队飞行员克尔中尉的飒爽英姿，利用华南受降书讲解抗日战争胜利。最后由学生谈论整个活动的感受，在这过程中学生要带着教师布置的学习单边思考边听讲。

d. 参观结束后学生到纪念馆的报告大厅集合，由沙画老师对课程回顾，学生以小组形式进行抢答，对本次参观课程进行回顾总结。

e. 下午参加以"百花洞战斗"为背景的实景综合实践，依托大岭山抗日根据地旧址，在扮演角色、对话、设计找线索以及悬疑博弈、解密真人秀等环节，让学生发挥想象力和创造力，引导学生从活动中汲取历史知识。

f. 学生写下自己的感悟。

(3) 活动反思。

历史教师通过"东纵第二课堂"系列活动，利用馆校合作，将博物馆资源与初中历史教学结合在一起，利用东江纵队纪念馆已有的资源创设活动，引导学生积极主动地参与活动，沉浸式地体验纪念馆所创设情境，在学习中游戏，在游戏中学习，充分发挥学生在学习中的主体性。① 在制作"十大战场"地图展板的活动中，纪念馆将博物馆资源与历史、地理学科相结合，帮助学生深入理解十大战场的意义以及抗日战争的困难。通过游戏与教学相结合的形式会打破传统的教学方式，让学生们耳目一新，深刻感受到抗日战争的艰苦卓绝，将抗战历史铭记在心，充分发挥纪念馆爱国主义教育的作用。此活动区别于传统历史教学方式，将活动场地设置在广东东江纵队纪念馆，可以更充分利用纪念馆的课程资源。相较于课堂上利用博物馆资源，让学生实地参观博物馆，表演和观看抗日战争历史情境，更有利于学生快速沉浸于历史情境中，加深对抗日战争历史知识的理解和把握。教师查阅学生们所写感悟，学生在此次活动中对东江纵队的历史和东莞的抗日战争史有了更深的认识，同时也被英烈的爱国主义情怀所感动。

但是该活动的地点设在校外，有多个需要考虑的问题，如出行、人员管理、学生的安全问题、出行时间、学生保险等问题，需要学校和地方博物馆提前做好安排和计划。在活动结束后，教师要设置科学的评价体系，确保活动高质量完成，完成历史教学目标。

---

① D·A·库伯. 体验学习：让体验成为学习和发展的源泉[M]. 上海：华东师范大学出版社，2008.

第九章　红色标语口号在初中历史教学中的运用

《义务教育历史课程标准(2022年版)》中要求合理开发与有效利用各种课程资源，精选、整合有助于开展历史学习活动的优质资源，配合教材共同构建开放式、立体化的教学资源和平台。① 同时，广西壮族自治区教育厅在工作报告中曾提到要系统深入学习贯彻习近平总书记重要指示精神，引导广大师生在学思践悟中坚定理想信念，加强立德树人，让红色基因代代传承。② 标语口号是一种言简意赅、易于流传的语言表达方式，在中国具有悠久的使用历史。中国共产党成立后，十分重视利用标语对人民开展宣传工作，出现了"兵马未动，标语先行"的情况。党和红军竭尽其能制造标语口号，形成了众多红色标语口号。1934年，中央红军长征过广西时在沿途写下了大量宣传标语，这是红色标语口号的重要组成部分之一。这些宣传标语记载着红军的丰功伟业，见证了红军的革命历史，蕴含着浓厚的革命精神，是红军留下的可贵精神财富，是弘扬爱国主义精神、开展革命传统教育的生动教学资源，对于历史教学工作有很大的启发和促进作用。

以习近平新时代中国特色社会主义思想为指导，将中央红军长征过广西宣传标语作为一种课程资源运用到初中历史课堂的实践当中，具有重要的理论和实践意义。它符合义务教育历史课程标准的要求，顺应历史课程改革的发展趋势，挖掘和开拓广西本土的红色课程资源，可创新和丰富课堂教学素材。标语生动直白的语言样式能使抽象的历史知识变得丰富和具体，有助于激发学生对历史学习的兴趣，增强学生对近代革命历史的认识和理解，促进学生核心素养的培养，自觉传承和弘扬传统革命文化与革命精神，使红色基因代代相传。除此之外，教师开发与整合地区红色标语口号课程资源，有助于促进教师的专业发展，不断增强自身历史课程资源开发的意识，提高创新能力和组织能力，不断突破传统教学观念的束缚。

目前，人们对于中央红军长征过广西宣传标语的关注度相对较少，导致这一优质教学资源没有得到充分利用。这里将在学习和借鉴前人研究的基础上，结合教育教学理论以及红色标语口号、中央红军长征过广西宣传标语的内容和特点，

---

① 中华人民共和国教育部. 义务教育历史课程标准(2022年版)[S]. 北京：北京师范大学出版社, 2022: 73.
② 自治区教育厅. [在习近平新时代中国特色社会主义思想指引下——庆建党百年 谱八桂新篇·党史学习教育]广西：在学思践悟中加强立德树人 让红色基因代代传承[A/OL]. 2021-09-06[2023-3-27]. http://jyt.gxzf.gov.cn/jyxw/jyyw/t10029937.shtml.

对红色标语口号融入初中历史教学进行研究,借助问卷调查法和访谈调查法分析当下红色标语口号在初中历史教学的运用中所存在的问题。最后,以中央红军长征过广西宣传标语为例,根据调查结果尝试从第一课堂和第二课堂的两个视角提出将红色标语口号在初中历史教学运用的方法。

一、红色标语口号的概述

(一)红色标语口号

1. 标语口号的一般理解

《现代汉语词海》对标语的释义为:"用简练文字写的、张贴在公共场所的宣传性口号"。①《现代汉语词典》中对标语的解释为:"用简短文字写出的有宣传鼓动作用的口号"②,对口号的解释为:"带有纲领性和鼓动作用的简短句子。常供口头呼喊"③。邵培仁等学者认为"标语口号是宣传中最常见的一种形式,两者并没有多大的本质区别,它们言简意赅、主旨提纲挈领、突出鲜明,又便于散发、张贴、涂写或悬挂,是我们在各个时期、各个部门为了达到一定目的而所常用的"。④ 从上述对标语和口号的释义来看,标语和口号在本质上是相同的,其特点都是简短凝练,通俗易懂,具有宣传鼓动的作用。标语通常是用文字书写表达,需要通过实际媒介展示在公共场所以传递信息,是静态无声的;口号则是动态有声的,通过人的口头语言来传播。通常情况下,标语和口号常常结合在一起。相比较而言,标语传播的范围更广、时效更久,口号则容易被遗忘,但二者相辅相成,是生活中常见的宣传方式。

综上所述,可以把标语口号的含义界定为:是一种在公共场所常见的言简意赅,极富有宣传性、鼓动性和号召力的语言或文字表达形式。

2. 红色标语口号中"红色"的阐释

红色在中国具有悠久的使用历史和特殊的崇拜情节,早在远古神话传说里就已经出现关于红色的使用记载。在中国的传统文化中,红色被赋予多重象征意义,五行中的火、八卦中的离卦、四象之一的朱雀所代表的颜色都是红色。在古代,

---

① 《现代汉语词海》编辑委员会. 现代汉语辞海[M]. 太原:山西教育出版社,2002:95.
② 中国社会科学院语言研究所词典编辑室. 现代汉语词典(第七版)[M]. 北京:商务印书馆,2016:88.
③ 同②,784.
④ 邵培仁等. 20世纪中国新闻学与传播学(宣传学与舆论学卷)[M]. 上海:复旦大学出版社,2002:193.

上至达官贵族，下至平民百姓，都对红色推崇到了极点。皇帝批阅奏折使用朱砂笔来书写，官僚贵族们喜欢用红色来装饰衣物、房屋建筑。红色在民间有吉祥、喜庆、积极向上的含义，在逢年过节或重要的喜事上，从房屋装饰到服饰打扮皆为红色，这种象征意义沿用到了今天。

但红色标语口号中的"红色"却不是中国传统文化中的解释。现代汉语词典对红色的释义：指红的颜色和象征革命或政治觉悟高的。① 红色被赋予革命和政治的解释要追溯到欧洲的中世纪时期。法国在1358年爆发的亚克雷农民起义中，起义农民戴着红色的帽子，戴红帽子的形象被后来的起义者继承下来，红色成为了一种带有反抗意义的色彩。法国大革命时期，红色逐渐成为革命的主色调。巴黎公社时期，革命者及一些工人和市民自发举起红旗，红色成为巴黎公社的标志性颜色，也成为代表未来共同体的颜色。

在俄语中，红色是"彩虹的颜色之一，是美丽的、幸福的、体面的和庄重的"的意思。十月革命后，布尔什维克借助"红色"的含义，将其建立的政权称为"红色政权"，把红色改造成革命的颜色，在宣传社会主义事业的同时用红色来鼓动民众发扬勇敢和牺牲的精神。红色逐渐成为苏联的国旗、党旗、红领巾等事物的底色。"年幼"的中国共产党在成立初期，模仿苏联道路，将苏联的"红色"思维与中国传统的"红色"内涵相结合，并逐渐发扬。于是，与中国共产党或与其政治相关的事和物都带上"红色"，如中国共产党的军队称为"红军"，其革命根据地称为"红区"，中华人民共和国的国旗、国徽为红色，把中国共产党优秀革命精神的传承称为红色基因等等。

总而言之，当标语口号与"红色"相结合，红色标语口号的内涵即为：在中国共产党的领导下产生的，借助文字或语言的方式，创造出的具有革命性、政治性、导向性、宣传教育作用的展示在公共场合的简练句子。李实认为"红色文化资源从广义上讲，它可以包括全世界共产主义运动过程中形成的无产阶级政治理论、道德观念和价值准则及其承载这些精神产物的物质总和；从狭义上讲，它是对中国共产党领导的新民主主义革命伟大实践中所形成的崇高精神及其物质载体的总称。"②红色标语口号承载着中国共产党的革命历史，凝聚了深厚的革命精神，是党在长期的革命实践中留下的一种先进文化，是红色文化资源的重要组成部分。

---

① 中国社会科学院语言研究所词典编辑室. 现代汉语词典（第七版）[M]. 北京：商务印书馆，2016：540.

② 李实. 准确认识"红色资源"的丰富内涵[J]. 政工学刊，2005(12)：23.

3. 红色标语口号的特征

(1)政治导向性。

政治导向性是红色标语口号最显著的特征。红色标语口号是革命时期的产物，是中国共产党主要的宣传手段之一，其创作者、创作目的和内容无一不体现着鲜明的政治立场和政治态度。首先，从创作者的视角来分析，红色标语口号的创作者为中国共产党人，是坚定的马克思列宁主义和社会主义的传播者，因此其制作的标语口号必然会蕴含着创作者的主观政治倾向。其次，在不同时期中国共产党创作标语口号的目的不同，但其首要任务始终不变，即宣传马克思列宁主义以及党的政策纲领、方针路线，扩大中国共产党的影响，增强人民群众对中国共产党的支持与拥护、鼓励人民独立与维护自身权益。最后，红色标语口号在不同阶段和地区都有其特别的内容，无论是经济、文化还是民族等方面都或多或少地蕴含政治因素。比如"打土豪 分田地"标语，既体现了农民渴望得到土地、反对封建剥削的诉求，又反映了中国共产党是代表人民的军队，鼓励人民翻身当家作主。

(2)革命斗争性。

红色标语口号诞生于革命时期，面临着封建旧势力的对抗、国民党反动派的围剿和外国侵略者的威胁，红色标语口号不可避免地带上了鲜明的时代印记。标语口号作为一种广泛使用的宣传方式，在革命和战争时期被作为一种无形的精神武器，展现出强大的革命性和斗争性。从标语内容的选词中可以体现出这一特点，例如"推翻""打倒""活捉""消灭""武装""暴动"等带有革命和斗争意味的词汇，契合时代发展和人民诉求，在动摇敌人军心的同时唤醒了人民群众的革命热情，极大激发了广大民众的战斗士气，有助于不断壮大中国共产党的影响力、群众基础与军队力量。

(3)宣传教育性。

在革命时期，广大劳苦工人和农民没有接受教育的条件，他们普遍目不识丁或是仅有较低程度的文化水平。初时，人们对中国共产党不了解，再加上国民党对共产党大肆污蔑，使得人民群众对共产党产生了畏惧心理。因此，共产党十分重视宣传工作的开展。在长征时期，中央军委机关报《红星》多次要求各级政治机关高度重视书写标语口号。陈毅在递交给中央的《关于朱毛红军的历史及其状况的报告》中说道"凡军队经过的地方，墙壁上要统统写满红军标语，写字要正楷，以愈大愈好，要用梯子写得高使反动派不能随便涂抹。"①红军的宣传标语通俗易懂、直观生动、口语化、接地气，人民群众可以通过标语直观地了解到中国共产党的政策纲领。例如中央红军长征过广西宣传标语中"工农子弟都来当红军""共产党

---

① 刘云. 中央苏区革命文化史料汇编[G]. 南昌：江西人民出版社，1994：199.

是主张民族平等、民族自治、解放弱小民族的""红军是工农自己的军队"等标语。这些标语被通过各种方式书写在公共场合,吸引人们的注意,长时间对人民群众的民主思想进行启发,唤醒其阶级觉悟,发动群众反抗阶级压迫,鼓舞了大批人投身于革命事业。

(4)科学规范性。

中国共产党对制定标语的科学性和规范性十分关注。党的第一次全国代表大会中有一个决议提到了标语的制作规范:"一切书籍、日报、标语和传单的出版工作,均应受中央执行委员会或临时中央执行委员会的监督。"① 面对人民文化水平普遍低下、国民党搞破坏、物资缺乏等情况,为确保宣传工作有效进行,中国共产党对标语的字体及颜色、内容、语法、宣传分工甚至是张贴地点等都做出细致规定。为此,红四军政治部发布了《红军标语》《宣传须知》《宣传员工作纲要》等,红一方面军前敌委员会发布了《宣传动员令》,中国共产党江西赣南行委发布了《宣传鼓动口号》。② 毛泽东曾提出:"到一个地方要有适合那个地方的宣传口号和鼓动口号,又有依照不同的时间(如秋收与年关,蒋桂战争时期与汪蒋战争时期),制出不同的宣传口号和鼓动口号。"③因此,中国共产党在对当前形势和任务正确判断的基础上,因地、因时制宜,开展具有地域、民族特色的宣传工作。在中央红军长征进入广西时,为团结桂北地区的少数民族人民,总政治部发布《关于瑶苗民族中工作的原则指示》,其中附有《关于对苗瑶民的口号》(十三条),增强了桂北地区各少数民族对中国共产党的了解,为党赢得桂北少数民族人民的支持与帮助起到了不可忽视的作用。

除了以上特征之外,红色标语口号还具有舆论鼓动性,分布地区的广泛性、地域性、载体多样性等特点。党的性质、方针政策、革命纲领、革命精神等通过标语口号得到广泛传播,人民群众因此能够更深入地认识中国共产党,并积极加入到党的队伍。红色标语口号成为革命斗争最有力的武器之一,不仅为革命带来了庞大的力量,还成为后世人们研究与借鉴学习的珍贵红色文化资源。

(二)中央红军长征过广西宣传标语

中央红军长征过广西宣传标语指的是中央红军长征进入广西桂北途中留下的宣传标语,是红色标语口号的重要组成部分,具有红色标语口号的政治导向性、

---

① 李忠杰,段东升. 中国共产党第一次全国代表大会档案文献选编[G]. 北京:中共党史出版社,2015:9.
② 王永华,杨世雪. 契合与认同:意识形态视域下的苏区红色标语[J]. 学术探索,2023(01):130-138.
③ 中共中央文献研究室. 毛泽东文集(第1卷)[M]. 北京:人民出版社,1993:99.

革命斗争性、宣传教育性和科学规范性等特征，同时也具有地域和民族的特殊性。中央红军长征过广西宣传标语反映了党当时的政策宗旨、方针路线，揭穿了国民党的真实面目，增强了民族团结，表现出共产党人坚定的共产主义理想信念，是红军长征历史的见证，是革命先辈们留下的宝贵精神财富和红色文化遗产，是一种先进的文化。

中央红军于1934年11月25日进入广西，途经桂北灌阳、全州、兴安、资源和龙胜5县，于1934年12月13日离开，在广西共待了19天。广西是红军长征经过的第一个少数民族聚居区。这里民族复杂、军阀横行、人民穷困，国民党桂系军阀在广西境内散播对共产党的抹黑和污蔑。因此中央红军在进入广西之前，就极为重视广西少数民族的宣传和团结工作。1934年11月29日，红军总政治部发出《关于对苗瑶民的口号》（十三条），为红军在广西进行民族工作、制定民族政策提供指导。除此之外，党中央针对广西的情况制定出专门的宣传标语，如："活捉李宗仁、白崇禧，消灭广西军阀！""反对李宗仁、白崇禧向瑶民抽税！""红军和瑶民是一家人""白军弟兄不打红军，北上抗日去！"这些标语通过各种形式被红军书写在墙壁、木板和岩石上，饱经风吹日晒以及敌人的蓄意破坏，至今遗留下来的仅有70多条，大部分保存完好。

中央红军长征过广西宣传标语是党进行民族工作的实践方式之一，展现出党扎根人民、领导人民追求独立与解放，折射出革命前辈们向死而生的革命精神，体现出先烈们为实现民族独立和人民解放而前仆后继、敢于献身、艰苦奋斗、自强不息的英雄气概。中央红军长征过广西宣传标语在革命年代被当作宣传启蒙广西群众的重要形式，在今天它仍旧是对人民群众尤其是青少年传承优秀革命精神、进行党史学习、培养爱国主义精神和德育的生动教材。

二、红色标语口号融入初中历史教学的可行性和意义

（一）红色标语口号融入初中历史教学的可行性

1. 内容关联初中历史教学

红色标语口号是中国共产党在长期的革命实践中创造出的特殊文化现象，见证了党在新民主主义革命时期开展宣传组织工作、民族工作、革命根据地的建设、抗日救亡、土地革命等多项事业的发展。以部编版八年级上册历史教材为例，从第14课"中国共产党的成立"开始，红色标语口号可作为补充性的历史课程资源灵活运用到课堂教学中，进一步丰富历史研究素材，帮助学生正确领悟历史。例如，

在学习第 17 课"中国工农红军长征"的内容时，各地教师可探寻所在地区的相关红色标语口号，设计多样化的教学形式将其融入历史教学当中。红军长征经过广西桂北地区，在凶险的战斗和紧张行军中，仍旧发挥了红军既是战斗队又是宣传队的优秀传统，在广西写下许多宣传标语。课前教师可深入挖掘和寻找桂北地区遗留下的宣传标语，仔细选取后运用到课堂教学当中。课中教师可引导学生开展对标语口号的探究和分享活动，营造积极活跃的课堂氛围，有助于学生进行思考，更好地理解和把握教学内容。

2. 育人功能提高历史课堂教学的实效

历史课程的目标是立德树人，发挥历史课程的育人功能，引导学生在历史学习的过程中学会依靠真实的史料了解和认识历史，使学生初步树立正确的历史观、世界观、人生观和价值观。① 红色标语口号是落实立德树人的优质课程资源，其中蕴含着优秀的革命精神、爱国主义精神以及艰苦奋斗的革命传统和积极向上的进取精神，其育人功能体现在通过红色标语口号中的精神内涵影响人、培养人。例如"继续斗争，再寻光明""反对日本及一切帝国主义""共产党是主张民族平等、民族自治、解放弱小民族的"等主题鲜明、具有凝聚力、向心力的标语，能够发挥意想不到的教育作用。在世界文化交流频繁、外来多元文化渗透的今天，红色标语口号能够帮助中学生在历史学习中形成正确的历史认识，以史为鉴，自觉抵御西方各种错误思想观念的侵蚀，增强民族自信心和自豪感，了解并认同中国的社会主义先进文化、革命文化，增强文化自觉和文化自信。

3. 珍贵史料契合历史教学的真实性

认识历史最主要的依据就是史料。历史课程五大学科核心素养之一的史料实证要求学生重视史料的搜集与解读，并运用到平常的历史学习和探究活动中，学生能够初步学会依靠可信史料了解和认识历史。② 每一则标语口号都是一段红色革命历史的见证，是研究中国近代史、党史和抗日战争史的可靠资料，是不可再生、无可替代的革命文化资源。红色标语口号具有简短、通俗、接地气、导向鲜明的语言样式，适合初中学生的认知规律，学生能够根据标语口号的内容迅速做出判定和辨别，从而形成正确的历史观。例如在学习部编版八年级上册历史教材抗日战争相关课程时，教师引导学生感知标语，组织学生大声呼喊出"中国共产党万岁！共产主义万岁！打倒日本帝国主义！""全国民众总动员为保卫中国而战""只有苏维埃才能救中国"等响亮的、极具感染力的口号，营造语言氛围。学生通

---

① 中华人民共和国教育部. 义务教育历史课程标准（2022）[S]. 北京：北京师范大学出版社，2022：6.
② 同①，5.

下篇 红色文化资源融入历史课程的实践

过标语口号更深刻地认识到中国人民抗战必胜的信念,中国共产党是抗日战争取得完全性胜利的决定性因素,达到依靠可靠史料认识真实历史的目的。

(二)红色标语口号融入初中历史教学的意义

1. 有利于落实新课标的要求

新课标要求教师充分开发与利用各种历史课程资源,包括教材资源、学校图书馆资源、网络资源和各种社会资源。与此同时,习近平总书记在十九届中共中央政治局第三十一次集体学习会议上强调,要用心用情用力保护好、管理好、运用好红色资源。"设计符合青少年认知特点的教育活动,建设富有特色的革命传统教育、爱国主义教育、青少年思想道德教育基地,引导他们从小在心里树立红色理想"。① 结合新课标和习近平总书记的要求,红色标语口号属于红色资源的一部分,同时也是社会物质资源的组成部分。红色标语口号具有历史研究、精神激励、宣传教育、目标导向等价值功能。与其他文字史料相比,红色标语口号短小简洁、直观明了,对于初中生来说更易于理解,运用到初中历史教学中具有较大优势,有助于学生学习历史的优秀教学资源。此外,红色标语口号分布广泛,具有时代、地域的鲜明特征。教师可寻找当地的红色标语口号,整理后运用到初中历史课堂中,不仅能帮助学生了解所学内容的历史风貌,加深对历史的理解和感悟,还有助于提高学生对家乡的认同感和自豪感。由此可见,将红色标语口号融入初中历史课堂符合新课标的要求,有利于新课标的要求落到实处。

2. 有利于培养学生历史学科核心素养

《普通高中历史课程标准(2017年版2020年修订)》提出要将培养和提高学生的历史学科核心素养作为目标,形成具有历史学科特征的关键能力、必备品格与价值观念。② 2022年版义务教育新课标也提出历史课程要围绕核心素养,落实立德树人的根本任务。历史教材是对历史的高度概括和总结,教师仅依靠教材教学难免会有局限性,学生对一些历史知识、历史现象的理解也比较困难,由此觉得历史课听不懂、很无聊,甚至产生厌烦情绪。将红色标语口号运用到初中历史课堂,借助其直观生动、节奏强烈的语言特征吸引学生的注意力,能激发学生的学习兴趣,进而对历史现象产生思考。教师可从标语内容和学生的实际情况出发,选择最具代表性和典型性的标语口号,设计多种形式的教学活动,利用红色标语再现当时的历史情境。与此同时,教师进一步引导学生对历史形成正确、客观的

---

① 习近平. 用好红色资源、赓续红色血脉,努力创造无愧于历史和人民的新业绩[J]. 求是,2021(19):9.
② 中华人民共和国教育部. 普通高中历史课程标准(2017年版2020年修订)[S]. 北京:人民教育出版社,2020:46.

认识，从而养成唯物史观、史料实证的历史学科核心素养。红色标语口号蕴含着丰富的精神内涵。把红色标语口号运用到历史课堂当中，让学生从红色标语口号中感悟中国共产党"全心全意为人民服务"的价值观，了解其中蕴藏的各民族团结友爱、互帮互助的道德观，学习中国共产党人自力更生、艰苦奋斗的优良作风。有利于学生深入理解社会主义核心价值观的内涵，树立崇高的理想信念，进而通过历史教学实现对学生家国情怀的培育。

3. 有利于推动教师专业素养的发展

新课改要求教师改变传统的教学观念，成为学生学习的引导者和促进者，让学生由被动学习变为主动学习，还要求教师能成为课程的开发者和研究者，加强课程资源开发意识。教师的创新能力和组织能力影响着课堂的教学效果，更关系着学生是否能从课堂教学中收获成长与发展。在以往的课堂教学中，教师往往会因为前期准备工作过多、教学进度或考试要求等因素而较少在课堂上引用其他历史课程资源，局限于"教教材"。这种教学方式长此以往会使教师逐渐松懈，失去创新意识，进而形成思维定式，不利于教师的长远发展。因此，若是教师有意识地挖掘当地的红色标语口号，将其运用到初中历史教学中，一方面可促使教师在开发过程中增加专业知识，逐渐培养出创新意识和创新能力。另一方面，教师利用红色标语口号展开多样化的课堂教学活动，可锻炼教师的组织能力和协调能力，提高教学技能。故开发和利用红色标语口号课程资源，有利于教师从课堂教学的教授者转变成为课堂教学的开发者、研究者，在理论和实践方面达到专业素养的不断提升。

4. 传承和发扬优秀革命文化与革命精神

习近平总书记反复强调，要把红色资源利用好、把红色传统发扬好、把红色基因传承好。① 对红色革命文化的不断学习，内化于身，外化于行，也是一种传承和发扬。红色标语口号是中国共产党创造的一种文化现象，具有鲜明的时代特点和丰富的精神内涵，彰显出革命先烈们自强不息的革命精神与爱国主义精神，其成功的宣传教育经验在今天仍旧具有借鉴价值。蓝卡佳和敖钰认为语言是文化的载体，红色语言具有丰富的文化内涵。我们需要发掘和弘扬深厚的中国共产党革命精神和民族精神，从而建构以民族精神教育和思想道德教育为核心的价值教育体系。② 将红色标语口号运用到初中历史课堂，让学生在学习历史的过程中提高对国家和民族的认同感和责任感，让学生在标语口号的语言氛围中感悟革命文化，在思考探究中内化革命精神，继承红色基因，树立远大理想，自发为实现中

---

① 中国共产党新闻网. 习近平：用好红色资源，传承好红色基因 把红色江山世世代代传下去[DB/OL]. 2021-05-16[2023-3-18]. http://cpc.people.com.cn/n1/2021/0516/c64094-32014621.html.

② 蓝卡佳，敖钰. 红色语言资源的当代价值研究[J]. 山花，2015(02)：161.

华民族伟大复兴的中国梦而努力学习,成长为国之栋梁。

三、红色标语口号融入初中历史教学的现状调查及原因分析

（一）现状调查

为了解红色标语口号在初中历史教学中的运用现状,这里以中央红军长征过广西宣传标语为例进行调查研究。通过问卷调查法和访谈调查法这两种方式获取学生及教师对中央红军长征过广西宣传标语融入初中历史教学的态度、建议等方面信息。

在广西的14个地级市中,教育综合实力排名靠前的分别是南宁、桂林和柳州,这三个地区的教育发展水平、教师队伍建设和教育体系建设等方面发展较好。因此,本次问卷调查以南宁第三十五中学、桂林市民族中学,柳州市第八中学及阳和工业新区古亭山中学的教师和学生为调查范围。又因中央红军长征过广西宣传标语涉及的知识范围为中国近代史的内容,故选取刚学完中国近代史的初二学生为调查对象。此次调查采取网络问卷调查的方式,利用学生的周末时间填写,共发放问卷460份,剔除掉无效问卷后,得到有效问卷444份,问卷有效率96.5%。

根据研究要求,本次问卷调查以学生的主观想法为主,题目设置单选、多选和填空三种类型,主要目的是了解学生对中央红军长征过广西宣传标语的认知,以及学生对中央红军长征过广西宣传标语融入历史课堂教学的意愿和建议。针对学生的调查问卷主要围绕以下三个方面展开：一是关于学生对中央红军长征过广西宣传标语了解程度的情况；二是关于中央红军长征过广西宣传标语在历史课堂中的运用情况；三是关于学生对中央红军长征过广西宣传标语运用到初中历史教学的态度。

本次研究还对调查学校的36名历史任课老师进行访谈调查。对教师进行访谈调查的主要目的是了解、分析在日常教学中教师对中央红军长征过广西宣传标语的了解情况、使用现状和中央红军长征过广西宣传标语运用到初中历史课堂教学的态度观点。

1. 对学生的问卷调查及结果分析

（1）学生对中央红军长征过广西宣传标语了解程度。

将问卷调查的数据进行统计,具体情况如下：

表9-1 学生对中央红军长征过广西宣传标语了解程度

选项	小计	比例
A. 非常了解	45	10.14%
B. 了解一些	266	59.91%
C. 不了解	133	29.95%

从表9-1的数据看,学生"非常了解"所占的比例仅有10.14%,"了解一些"和"不了解"分别占比59.91%和29.95%。这说明学生对于中央红军长征过广西宣传标语的了解程度不高,大多数学生仅有一些相关的知识。这些数据表明学生对中央红军长征过广西宣传标语的了解程度还有待提高。

表9-2 学生了解中央红军长征过广西宣传标语方式调查情况

选项	小计	比例
A. 书籍	147	44.68%
B. 教师的讲述	240	72.95%
C. 网络、新闻报刊	112	34.04%
D. 身边的人	66	20.06%
E. 其他	40	12.16%

如表9-2所示,此题为多选题。其中有72.95%的学生表示"教师的讲述"是他们了解中央红军长征过广西宣传标语最主要的方式。有44.68%和34.04%的学生分别通过"书籍"和"网络、新闻报刊"这两种方式了解中央红军长征过广西宣传标语,少数同学通过"身边的人"及"其他"途径认识中央红军长征过广西宣传标语。总而言之,学生了解和认识中央红军长征过广西宣传标语的方式主要为教师的讲述。除此之外,自行阅读书籍、新闻报刊、浏览网络也是学生较为常用的方式。

(2)中央红军长征过广西宣传标语在教学中运用情况分析。

表9-3 教师在课堂中使用中央红军长征过广西宣传标语的次数

选项	小计	比例
A. 经常	75	16.89%
B. 偶尔	223	50.23%
C. 从不	146	32.88%

表9-3是关于学生印象中对于教师在课堂使用中央红军长征过广西宣传标语的次数的调查。仅有16.89%的学生表示教师经常在历史课堂中运用中央红军长征过广西宣传标语,有50.23%的学生认为他们的老师在课程中偶尔或很少使用,甚至有32.88%的学生表示自己的老师从未在课堂中使用中央红军长征过广西宣传标语。从这些数据看出,被调查学校的教师群体在课堂中使用中央红军长征过广西宣传标语的频率不高,甚至可以说教师没有在历史课堂中运用这一标语的意识。

表9-4 教师在课堂中使用中央红军长征过广西宣传标语的方式

选项	小计	比例
A. 教授课本时,以图片、视频展示	171	55.88%
B. 开设主题课程进行学习	52	16.99%
C. 组织专题讲座、知识竞赛	12	3.92%
D. 其他	71	23.2%

表9-4是关于教师在课堂中运用中央红军长征过广西宣传标语的方式调查。本题是一道单选题,在上一题学生没有选择"从不"选项的前提之下可以作答。调查结果显示,有一半多点学生选择"教授课本时,以图片、视频展示"这一选项,这说明教师将中央红军长征过广西宣传标语运用到课堂的主要方式为以图片、视频展示。选择"其他""开设主题课程进行学习""组织专题讲座、知识竞赛"等方式相对较少,分别占比23.2%、16.99%和3.92%。

表9-5是关于学生对于教师使用中央红军长征过广西宣传标语进行教学的态度调查。本题是一道单选题,有42.05%的学生表示教师在课堂中使用中央红军长征过广西宣传标语的方式是"多样,有趣",另有6.29%的学生认为是"多样,较无趣"。有一半多点学生认为教师在课堂中使用中央红军长征过广西宣传标语的方式单一,其中21.85%的学生持"较无趣"的观点,29.80%的学生认为"有趣"。结合两题的数据结果进行分析可知,教师在课堂中使用中央红军长征过广西宣传标语的教学方式单一,使用成效低,以教师的单向传输为主。因此,教师需要改进和调整自己在课堂中运用中央红军长征过广西宣传标语的方法,不能仅以展示视频和图片为主。对此情况的出现笔者认为有进行深入研究的必要。

表9-5 学生对中央红军长征过广西宣传标语在课堂中呈现方式的态度

选项	小计	比例
A. 单一,较无趣	66	21.85%

续表 9-5

选项	小计	比例
B. 单一，有趣	90	29.80%
C. 多样，较无趣	19	6.29%
D. 多样，有趣	127	42.05%

（3）学生对中央红军长征过广西宣传标语的态度分析。

表 9-6 学生对中央红军长征过广西宣传标语运用到课堂的态度

选项	小计	比例
A. 不感兴趣，不愿意	20	4.50%
B. 一般，无所谓	81	18.24%
C. 感兴趣，愿意	343	77.25%

表 9-6 是关于学生对中央红军长征过广西宣传标语运用到课堂的态度的调查。根据表中的数据分析，占比 77.25% 的学生对中央红军长征过广西宣传标语运用到课堂表示感兴趣，愿意接受更多相关知识的学习。分别有 18.24% 和 4.5% 的学生对中央红军长征过广西宣传标语运用到课堂的态度是"一般，无所谓"和"不感兴趣，不愿意"。由此可见，超过七成的学生对中央红军长征过广西宣传标语运用到课堂的态度是积极的、正面的，这为中央红军长征过广西宣传标语融入初中历史教学奠定了一个良好的基础。

表 9-7 学生最希望在课堂中展示中央红军长征过广西宣传标语的方式

选项	小计	比例
A. 课堂上教师举例	311	70.05%
B. 利用教育读本学习	198	44.59%
C. 开展专题讲座	237	53.38%
D. 进行实地参观	339	76.35%
E. 其他	80	18.02%

如表 9-7 所示，本题为多选题，学生对最希望在课堂中展现中央红军长征过广西宣传标语的方式。呼声最高的是"进行实地参观"，占比 76.35%，其次是"课

堂上教师举例"，同样也是学生最中意的方式，占比70.05%，再次是"开展专题讲座"，有53.38%的学生选择，还有"利用教育读本学习"也是有将近一半的学生选择的方式，剩余的18.02%的学生选择了其他方式。总而言之，学生最喜欢的是自身参与度最大、趣味性最高的活动方式，这为研究中央红军长征过广西宣传标语运用到初中历史教学的方法提供了意见参考。除了以上列举的方式之外，学生也在期待有新颖的教学方式出现，这反映出学生对中央红军长征过广西宣传标语真正走进历史课堂是抱有期待的。

表9-8　学生认为中央红军长征过广西宣传标语运用到课堂的作用

选项	小计	比例
A. 很有帮助	317	71.40%
B. 作用一般	105	23.65%
C. 没有帮助	22	4.95%

从表9-8可见，有71.40%的学生表示"很有帮助"，这说明大部分学生对于中央红军长征过广西宣传标语融入初中历史教学的价值是肯定的。

总体而言，学生对中央红军长征过广西宣传标语的了解程度不高，但了解的途径较为丰富。在学生被问及中央红军长征过广西宣传标语在课堂中的运用情况时情况不容乐观，反映出教师单调的教学方式是影响学生学习兴趣以及学习成效的主要原因。关于学生是否希望中央红军长征过广西宣传标语运用到初中历史课堂的调查数据显示，大部分学生的态度很积极，表示愿意学习更多相关内容，并认为采用多样的教学方式对他们的学习很有帮助。在接下来的探究中会以这些调查结果为参考进行了分析。

2. 对教师的访谈调查及结果分析

此次教师访谈调查结果如表9-9所示：

表9-9　教师访谈调查结果

问题1	您了解中央红军长征过广西宣传标语吗？您主要是通过什么方式了解？
访谈归纳	了解程度不高；主要通过报纸书籍、参观旅游、电视、网络媒体、身边人介绍等方式。
问题2	您在历史教学中运用中央红军长征过广西的宣传标语相关内容出现问题的原因是？
访谈归纳	了解程度不高、运用方法欠缺、学生兴趣不大等原因。

续表9-9

问题3	您认为影响中央红军长征过广西的宣传标语融入初中历史课堂教学的因素有哪些？
访谈归纳	无相应的教材和课程体系、学习氛围不强、学校和教师不够重视、中考不做要求等因素。
问题4	您认为在中学历史教学中运用中央红军长征过广西的宣传标语相关内容应采取哪些方法比较合适？
访谈归纳	课堂举例、课堂展示、实地考察、知识竞赛、故事演讲等。
问题5	您认为在教学中运用中央红军长征过广西的宣传标语会带来哪些好处？
访谈归纳	丰富课程内容、开发校本课程、提升教师能力、激发学生学习的积极性、改变学生的学习方式等。
问题6	您对中央红军长征过广西的宣传标语应用到初中历史教学中有什么建议或想法？
访谈归纳	政府相关部门和学校要充分重视，为课程开发提供保障；深入挖掘乡土教材，开发中央红军长征过广西宣传标语的资源；教师要提高课程资源开发意识，提升自身教学能力等。

总结此次教师访谈结果，得出以下结论：

第一，关于中央红军长征过广西宣传标语的认知方面。仅有5位教师对中央红军长征过广西宣传标语较为了解，其余教师了解程度不高，表示日常学习和工作中能够深入研究这方面知识的时间及机会不多。大部分教师对中央红军长征过广西宣传标语融入初中历史课堂持肯定态度，表示会考虑选择中央红军长征过广西宣传标语开展主题教学或研究性教学。

第二，关于中央红军长征过广西宣传标语在教学中的实际应用。有5位教师表示从未在课堂中使用过中央红军长征过广西宣传标语，其他教师或多或少曾引用过，但因课时进度、教学目标等原因使得教学方式比较单一。课堂中运用该标语的主要方式为课前导入、课堂举例、图片或文字展示，主要文献来源为地方史和乡土史文献、实地考察、网络资源等。有一位教师表示曾经在课堂上口头讲述过相关宣传标语，学生听得很认真，注意力非常集中，但是如果能有更多的时间能让学生自己去理解标语的来龙去脉，发挥学生的主体性，效果会更好。教师认为中央红军长征过广西宣传标语应用到初中历史课堂对学生和教师都具有促进作用，对拓展学生的知识面、激发学生的学习兴趣、加深学生对历史的理解、培养家国情怀等方面有积极的作用，还能够提升教师的专业素养、创新能力，激发课程的开发意识等。在此次访谈过后，教师也提出了新的想法。如教师要发挥好组织者和引导者的作用,充分利用中央红军长征过广西宣传标语这一课程资源,开设校本课程,组织手抄报比赛、知识竞赛等活动;在教学过程中,结合广西地方历史和抗战史,根据学生的具体情况将宣传标语以多样化的教学方式教授给学生。

第三,教师对存在问题的看法。认为中央红军长征过广西宣传标语在教学中被较少运用的原因有以下几点:首先,最主要的原因是初二学生把大部分的精力放到应付主科等中考科目上,对历史学科的关注度和学习兴趣不强。其次,教师对标语的了解程度不高,在课堂中不知如何运用,又因为教学进度、教学压力、学校中考考核要求等因素不会把太多的时间放在研究、开发和运用中央红军长征过广西宣传标语课程资源上。有教师坦言,仅使用教材上的史实或常用的典型例子就足以达到教学目的。最后,大部分教师认为政府有关部门和学校对开发中央红军长征过广西宣传标语课程资源的重视与支持力度不足,该标语没有系统的教材和充足的资源,限制了教学开展,深入开发这一课程资源对教师的能力要求较高。

总的来看,中央红军长征过广西宣传标语在初中历史教学中的运用相对较少。教师在历史课堂上的运用程度和态度直接影响了学生对中央红军长征过广西的宣传标语的了解与认同。尤其是教师的教学压力、中考考核指标、学校及地方部门的支持力不足等因素,限制了中央红军长征过广西宣传标语在初中历史课堂中的运用,而这些难题仅靠教师的努力是远远不够的。

3. 存在的问题

(1)教学形式单一。

问卷调查结果和访谈调查情况反映出大部分教师由于对中央红军长征过广西宣传标语的了解程度不高,对应的教学活动就不会丰富且深入。教师受课堂时间、学生学习氛围、课程进度等因素的制约,运用中央红军长征过广西宣传标语的方式多数停留在用语言、图片或文字单方面向学生传输信息。这些方式操作简单,花费时间少,但对应的教学活动单一,仍旧是以教师讲授为主。在这样的情况下,学生成为被动接受知识的角色,没有足够的时间和机会深入接触及了解中央红军长征过广西宣传标语,在学习过程中学生没有得到明显进步,那么将新的课程资源引入课堂就是无意义的。

(2)资源利用不充分。

课标要求学校和教师开发及利用课程资源,目的是促进学生学习和形成正确的三观,培养学生的核心素养。教师简单展示一些图片和文字材料,或者口述关于中央红军长征过广西宣传标语的史事,这样单调的教学方式不足以充分表达中央红军长征过广西宣传标语的价值。教师只有设计多样化的活动,让学生对中央红军长征过广西宣传标语有足够深入地接触,自主地进行探究和思考,才能够从标语中感悟中国共产党人的英雄气概和坚定信念，了解标语背后承载的历史真相，在探索过程中达到锻炼思辨能力和新旧知识贯通的效果。

（3）学生参与程度低。

笔者在对一位教师的访谈中获悉一个信息，学生对于中央红军长征过广西宣传标语的学习兴趣不大，同时也有几位教师表示学生的学习动力不强。从这些信息可以看出，学生在教师运用中央红军长征过广西宣传标语过程中参与程度低，学习的积极性不高。上文提到教师将中央红军长征过广西宣传标语应用到历史课堂的教学方式单一，课堂主要为教师单方面的传输信息，教学设计比较保守，没能够调动学生学习的主动性。这是教师在教学中不能完全"放手"，忽视学生主体地位的表现，因而出现了学生参与度低，学习积极性不高的问题。

（4）教学活动流于表面。

在本次调查中发现，多数教师在历史课堂运用中央红军长征过广西宣传标语并没能达到很好的教学效果。学生不感兴趣，参与程度不足，课堂学习氛围不强。中央红军长征过广西宣传标语在历史课堂中短暂出现，教师完成了在课堂中运用中央红军长征过广西宣传标语的流程，单调的教学活动没能得到学生积极的反应。学生接受了教师传递的信息，却没能激发学习热情、主动探究问题和锻炼自身能力。两者都没能达到理想的教学效果，这就使得运用中央红军长征过广西宣传标语的教学活动形式化、表面化。

（5）教师课程资源开发的意识不强。

在此次对教师的访谈中发现，教师平时教学任务繁重，没有足够的时间和精力开发新的历史课程资源。有的教师坦言为了尽快完成教学任务，不会花费太多时间在课堂中运用中央红军长征过广西宣传标语。除此之外，教师潜意识中认为开发新的历史课程资源难度太大，再加上政府有关部门和学校对开发课程资源的支持力度不足，仅靠教师的努力，很难做到开发一种新的历史课程资源。从以上这些观点可以看出，某些教师的历史课程资源观念落后，主动开发历史课程资源的意识淡薄，并且逐渐形成思维定式，不愿跳出教学舒适区，这对于教师个人的专业发展以及学生的历史学习所造成的影响是深远且消极的。

（二）原因分析

1. 教师课程资源开发与利用的意识和能力有待加强

从现存情况来看，我国中小学教师既没有在上岗前的教育学习中得到相应的专业训练，也没能在从业之后进行课程开发方面的专业历练。他们的课程开发意识与能力严重不足。① 这一状况不管是在课程还是课程资源的开发上都有明显体现。受到传统教学方式和应试教育的影响，学校教学工作仍旧紧紧围绕"应试"展开，学校和教师对开发及利用历史课程资源重视程度不高。同时，在课堂中使用新的历史课程资源，教学效果难以预估，对于教师和学生来说都是一种挑战，这也是重要影响因素之一。

教师队伍是课程资源开发的主力军，教师的质量和水平直接关涉课程资源的开发状况。② 教师作为历史课程资源开发的主体，除了要具有课程开发的意识以外，还要具备开发历史课程资源的能力。比如对某种资源的充分了解以及能提取出运用到教学中的部分、整合课程资源、确立课程资源的价值导向、制定教学目标、设计教学活动等专业性强的工作。然而，大部分教师自身对中央红军长征过广西宣传标语的学习和积累不足，学生对应的也会对这方面知识了解甚少。还有的教师不懂得如何在课堂中运用中央红军长征过广西宣传标语，即使运用也是按流程简单展示一些图片和材料，再辅以口头讲解。甚至有的教师认为，教授课本知识就足够学生应付考试。这些表明教师的课程资源开发意识不强，这是中央红军长征过广西宣传标语教学资源没有得到有效开发和利用的根本原因。教师只有有意识地强化课程开发的意识，提高研究和使用课程资源的能力，才能促进中央红军长征过广西宣传标语课程资源的开发与运用，进而推动红色课程资源的开发和历史教学的发展。

2. 学生的主体地位没有充分体现

现代教学设计强调教学应从学生潜在状态出发，考虑学生的发展可能。③ 调查中显示，教师在设计相关的教学活动时，考虑得更多的是如何方便运用中央红军长征过广西宣传标语课程资源，如何让学生牢固掌握课本知识。而对于学生的潜在状态、学习需求、学生是否能够真正参与到中央红军长征过广西宣传标语课程资源的开发与利用过程、是否能够通过相关的教学活动促进历史思维和能力的发展等方面关注度不足。除此之外，教师没有对学生学习完中央红军长征过广西宣传标语课程资源设置多样化的评价方式，而是依旧以学生成绩的提升为评价依据。虽然学生通过相关教学活动可能掌握了知识点，但学生的历史思维能力、核心素养没有得到尽可能的锻炼和培育，一旦形成被动接受知识的习惯，不利于学生的长远发展。

---

① 鲍道宏. 校本课程开发中的文化冲突及其调适[J]. 教育发展研究，2012，32(Z2)：96-101.
② 张春利，李立群. 课程资源开发的困境与对策[J]. 东北师大学报(哲学社会科学版)，2014(5)：284-286.
③ 陈志刚. 课前备课学情分析的内容与操作实施[J]. 内蒙古师范大学学报(教育科学版)，2019，32(09)：1-7.

从另一个角度看，学生同样没有意识到自己是教学活动的主体。学生对于教师开展的思考和探究活动不感兴趣、不参与，或是消极应付，于是出现了参与度不足、学习氛围不强的情况。再者，学生对于中央红军长征过广西宣传标语课程资源的认识有一定的偏差。结合教师访谈调查结果来看，受到"语数英主科"和"生地学业水平"考试的影响，学生对历史学科的学习精力不足。教师在运用中央红军长征过广西宣传标语进行教学过程中不会强调让学生识记，学生便会认为中央红军长征过广西宣传标语不属于考试范围，不是重要的知识点。这种观点影响了学生的学习热情，学生相应的在教学过程中不会获得良好的体验感，又何谈核心素养的培育。

3. 社会对历史课程资源开发的重视程度不足

将中央红军长征过广西宣传标语有效运用到历史教学中，需要政府有关部门、相关单位、学校、老师、学生与家长等社会相关组织和人员之间的相互配合。新时代的课程资源理念强调，教师同样是一种特殊的教学资源，应结合课程标准丰富教学内容，优化课程资源。① 教师是开发历史课程资源的主力，同时也是一种重要的课程资源。但是，教师除了教学任务之外，还承担着学校布置的其他工作，任务繁重，缺少足够的时间和精力去开发新的历史课程资源。除此之外，中央红军长征过广西宣传标语的教学资源比较零散，没有形成系统的知识体系和教材，缺乏可借鉴的教学案例。在没有政府有关部门和学校的支持下，教师与学校之外的相关组织、单位和高校教师的知识、经验交流也比较局限。

首先，对于这些问题，学校和政府相关部门的重视程度不足。学校和政府相关部门没有给予教师一定的财物支持、制度保障、指导培训与行为配合，也没有帮助教师与高校、其他组织机构进行交流与合作，而是把更多的关注点放在学生学习成绩的提升上，使得中央红军长征过广西宣传标语课程资源的开发进程受到极大的阻碍。其次，社会中相关的组织和单位的关注度不高。习近平总书记在考察全州的红军长征湘江战役纪念园时提到"要发扬红色传统、传承红色基因、赓续共产党人精神血脉"。桂林的长征资源得到了更大程度的保护、开发与利用，传颂长征历史，继承长征精神，这是促使中央红军长征过广西宣传标语进入历史课堂的重要契机和推动力。但事实上，广西现存的中央红军长征过广西宣传标语的遗址大多被当成红色旅游景点使用，有关部门更注重的是开发其经济价值，获得经济效益。由此可以看出，相关组织和单位在态度上对推动中央红军长征过广西宣传标语融入教育教学的主动性和关注度不足。最后，家长的态度也至关重要。有

---

① 周才方. 中学历史课程与教学论[M]. 长春：东北师范大学出版社，2006：268－269.

些家长只注重孩子学习成绩的提升，而对于孩子历史思维和核心素养的培育漠不关心。开发和利用中央红军长征过广西宣传标语课程资源必定会占据孩子的一些时间和精力，又因该标语与考试内容关联不大，所以在家长看来中央红军长征过广西宣传标语是一些"无关紧要"的知识。家长的这一观念对中央红军长征过广西宣传标语课程资源的开发与利用、教学活动的开展以及学生的学习兴趣同样有一定程度的影响。

综上所述，社会各相关部门单位、人员对开发和运用中央红军长征过广西宣传标语课程资源的重视程度不足，是该课程资源开发和利用工作无法顺利进行的重要原因，进一步使得其精神内涵和教育价值没能得到充分利用。

四、红色标语口号在初中历史教学中的运用原则及方法

针对上述现状调查中出现的问题，结合初中历史教学理论和实际情况，笔者以中央红军长征过广西宣传标语为例，探究红色标语口号在初中历史课堂教学中的运用原则及运用方法。借助中央红军长征过广西宣传标语的特征及内在教育价值，推动历史教学的发展。

（一）红色标语口号在初中历史教学中的运用原则

1. 主体性原则

义务教育新课标中明确提出："历史课程的教学要充分考虑学生的认知特点，以学生的学习和发展为本，通过学生自主探究的学习活动，体现学生在教学中的主体地位，实现历史课程育人方式的变革。"①在中央红军长征过广西宣传标语课程资源开发和运用过程中，教师要明确学生是学习的主体，教学活动要关注学生的年龄特征、认知基础、学习需要、兴趣爱好等因素，以学生历史学科核心素养的发展程度为衡量教学效果的标准，关注学生在中央红军长征过广西宣传标语教学活动中的参与感和体验感。初中生思维活跃、好奇心强，但基础知识比较薄弱，因此在开发中央红军长征过广西宣传标语课程资源时应倾向于挑选容易引起学生兴趣和探究欲的内容，再针对学生的年龄特点和能力水平设计合理的教学目标和教学活动，充分调动学生学习中央红军长征过广西宣传标语的积极性、主动性。例如在学习部编版八年级上册历史教材第17课"中国工农红军长征"时，教师设定与中央红军长征过广西宣传标语相关的主题并通过情景剧的方式展示出来，让学生自行搜集资料，编写排练，最后在课堂上表演，教师在整个过程中只提供指导和把控方向。学生只有亲身参与，深入探究与思考，才能更好地感悟中央红军长

---

① 中华人民共和国教育部. 义务教育历史课程标准（2022年版）[S]. 北京：北京师范大学出版社，2022：3.

征过广西宣传标语中的革命文化和革命精神。

2. 学科性原则

义务教育历史课程是一门了解历史发展进程、提高人文素养、传承人类文明的课程，具有鉴往知来、培养家国情怀等重要作用。教师在开发中央红军长征过广西宣传标语课程资源时，要正确认识中央红军长征过广西宣传标语内在的教育价值和传承价值，设计与历史课程立德树人目标、培育学生历史学科核心素养相契合的教学活动，给予学生充分的探究空间，构建学科理论知识。例如在学习完部编版八年级上册历史教材第五单元"从国共合作到国共对立"的内容后，学生以小组为单位探讨中央红军长征过广西宣传标语的内容和特点，教师引导学生进行横向、纵向联系历史知识，将第五单元和第六单元的历史串联起来，由此过渡到第六单元"中华民族的抗日战争"教学内容，这样既能给学生深入了解中央红军长征过广西及其宣传标语的机会，又巩固了学生的历史知识。教师还要注意引导学生对中央红军长征过广西宣传标语资源的产生原因、发展变迁、实施效果和新旧标语比较的思考，突出历史学科的特点，做到前后知识的贯通，从而理解历史发展的脉络，做到在学习历史知识的同时体会革命精神，弘扬革命传统，传承红色基因。

3. 独特性原则

红色标语口号受到各阶段、各地区的影响，表现出各式各样的特征，因此中央红军长征过广西宣传标语也带上了在革命时代广西地方的特征。中央红军长征过广西宣传标语的独特性表现在它是中国共产党针对广西的具体情况而创作的标语，里面包含着长征时期党为了争取桂北地区苗、瑶等少数民族的支持，初次实行团结少数民族的政策，号召人民群众反抗国民党桂系军阀李宗仁及白崇禧的统治等内容，记录了红军长征经过广西的史实。教师在运用中央红军长征过广西宣传标语的过程中，要注意发挥好其独特性，体现出广西地方的特色，结合当时桂系军阀在广西的政权建设、中国共产党党史进行全面的解读和分析，激发学生对探索中央红军长征过广西宣传标语课程资源的欲望。红色标语口号因其所蕴含的时代烙印、历史记忆，以及简短凝练的语言样式，可营造强大的语言氛围。[1] 教师可在合适的历史教学环节中营造红色语言氛围，使学生在中央红军长征过广西宣传标语的语言氛围中感悟广西优秀的红色革命精神，赓续红色血脉。

4. 辅助性原则

辅助性原则指要认清中央红军长征过广西宣传标语课程资源在历史教学中的辅助性地位。历史课程资源的作用是服务于历史课程，教学仍旧以教材内容为主。因此，将中央红军长征过广西宣传标语适度、适量地运用到初中历史教学，实现

---

[1] 蓝卡佳，敖钰. 红色语言资源的当代价值研究[J]. 山花，2015(02)：160.

中央红军长征过广西宣传标语课程资源与历史教学有机结合。目的是用本土的红色文化资源激发学生的学习兴趣，调动学生的已有知识，以地方"小历史"为媒介探究国家"大历史"，更深入地理解历史知识，夯实基础。从学生的视角看，在课堂中运用中央红军长征过广西宣传标语课程资源只能作为帮助学生学习的手段和方法，重点在于开展符合学科特点、科学合理的教学活动，辅助教材内容的传授。学生要学习的是整个历史发展的规律和进程，中央红军长征过广西宣传标语可以作为学习某段历史的知识补充，但不能占据教学的主要内容。

5. 开放性原则

中央红军长征过广西宣传标语课程资源的开发是一项繁琐而又耗时耗力的工作，其中涉及考察、搜集资料、整理分析和教学设计等多个环节，对于教学任务繁重的教师来说，是一项艰巨的工程。但若是中央红军长征过广西宣传标语的运用能够在课堂实践中取得良好的成绩，这对于学校甚至地区历史教学来说都将是一个值得借鉴和推广范例，同时也是宣传广西优秀革命文化、继承革命传统、发扬革命精神的有效途径。因此，在开发中央红军长征过广西宣传标语资源时应坚持开放性的原则。开放性指不同地区的学校、教师、有关部门和社会单位之间要加强关于开发和利用中央红军长征过广西宣传标语资源的交流与合作，避免产生闭门造车、资源浪费及重复劳动的情况，实现经验交流、资源共享，最大程度地发挥中央红军长征过广西宣传标语的教育价值。

（二）红色标语口号在初中历史教学中的运用方法

1. 在第一课堂教学中的方法

在课堂教学方面，允分发挥历史学科鉴古知今、认识历史规律、培养家国情怀的重要作用，探索中央红军长征过广西宣传标语与历史学科教学双赢的融合方式。此外，还要夯实教师关于中央红军长征过广西宣传标语的理论基础，学校通过培训指导、经验交流等途径强化教师使用和传播中央红军长征过广西宣传标语课程资源的能力，发挥历史教师对学生的引领作用。教师应针对不同情况的学生设计不同层次的教学活动，设置科学合理的教学目标，以立德树人为出发点，以培育核心素养为目的，将学生在课堂当中的体验感、获得感和发展程度作为评价教学成果的标准。

一堂完整的历史课包括课前导入、课堂教学和课后小结三个部分。根据不同教学环节的要求，可选取中央红军长征过广西宣传标语的内容运用到初中历史教学当中，引导学生通过相关教学活动进行自我思考、探究和认识历史。

(1)导入课前环节,激发学习兴趣。

中外教育工作者们普遍认为,需要在每节课的头几分钟,将学生带入课堂环境之中,吸引学生,才能够使课堂达到理想的效果。① 一个好的导入能够迅速激发学生的兴趣,引起学生对历史的求知欲,从而集中注意力投入新内容的学习中。历史课前导入有复习导入、图片导入、问题导入、材料导入等多种方式,一般时间不会超过5分钟,快速过渡到新课内容,以免影响课程教学进度。在学习部编版历史八年级上册历史教材第18课"从九一八事变到西安事变"时,可利用中央红军长征过广西宣传标语中反映抗战初期中国共产党及国民党对日本帝国主义不同态度的标语作为课前导入,激发学生的好奇心,为学生接下来学习九一八事变中共产党和国民党的不同作为及产生的影响进行铺垫,进而引导学生正确认识到中国共产党是维护国家利益和民族独立、反对帝国主义侵略的坚定力量。

教学案例1:

幻灯片展示中央红军长征过广西宣传标语图片:

师:漫画反映出哪些信息?

生:有"国民匪党"四个字,画成了一只动物。

师:这是中央红军长征途经桂林市兴安县华江瑶族自治乡时留下的一幅标语漫画,上面写了"国民匪党"四个字,还将这几个字变形组成一只狗的形象。其中"国"字是狗头,"民"字当作狗的前半身和前腿,"匪"字当作狗的腰,"党"字变形成狗的尾巴和后腿,形象生动又讽刺地描绘出国民党的走狗形象。国民党做了什么事情?为什么红军会认为国民党是走狗?又是谁的走狗?接下来我们来学习

---

① 黄同锐.建构学入,优化历史课堂[J].吉林省教育学院学报,2008(5).

第 18 课"从九一八事变到西安事变",通过新内容的学习来解答这几个问题。

(2)补充历史知识,创设教学情境。

历史教材高度凝练了历史,对于历史上一些事件、现象和人物事迹的记述大多言简意赅,因此教师可以把教材中直接或间接涉及中央红军长征过广西宣传标语的内容根据课标要求进行整合与合理扩充。

历史情境是教师在历史教学过程中根据教学内容和教学目标而创设出鲜活的场景,方式多种多样,例如借助多媒体展示历史视频、图片和文字材料,或是通过情境再现、角色扮演、模拟等方式。历史情境是基于历史学科特征的课堂环境,是联系学生经验与历史教学目标的桥梁。① 初中学生欠缺建构知识的能力,学生可以记住零散的知识点却不能认清历史的内在规律,自己很难将历史事件串联起来,而历史情境可以帮助学生认识和理解历史。以中央红军长征过广西宣传标语为主题创设历史情境,灵活高效地融合课内外知识,活化教材内容,这就使得历史课堂教学变得更加生动具体。例如在部编版八年级上册历史教材第 17 课"中国工农红军长征"的第一子目:战略转移与遵义会议,其中有一部分内容简单陈述了湘江战役的内容,涉及红军长征史以及广西红色革命史,与中央红军长征过广西宣传标语相关。教师可根据教学内容和实际需要,创设历史情境,拉近学生对红军长征历史的距离,促进学生对红军长征知识内容的理解,加深学生对广西红色革命史的印象,继承革命文化,发扬革命精神,培育学生的家国情怀,增强学生热爱家乡、热爱祖国的情感。

教学案例 2:

课件展示:红军五次反"围剿"战况表(分别从时间、敌我军队人数、领导人、战略战术、结果等方面进行比较)。

教师引导学生对红军战略转移的原因进行归纳总结,根本原因:党内犯"左"倾错误。直接原因:第五次反"围剿"的失败。革命形势日趋恶化,在此情况下,红军不得不退出中央革命根据地,进行战略转移。

教师组织学生以小组为单位,阅读教材,结合课本中的《中国工农红军示意图》找出并标明红军长征的出发时间和经过地点、大事件、路线等基本信息。随后,教师随机选择几名学生在黑板上将长征的路线画出来,再结合学生的长征路线图进行知识补充和讲解。

师:我们一起跟着黑板上的这几幅路线图重走一遍长征路。首先,在 1934 年 10 月,中央红军由江西瑞金出发,开始长征。根据课本我们可以知道,红军长征

---

① 王德民. 中学历史教学设计[M]. 芜湖:安徽师范大学出版社,2018:209.

一路向西行进，途经广西桂林的北部地区，与国民党军队在湘江东岸发生激战，爆发了湘江战役。在这场战争中，蒋介石集结了湘、粤以及当时以李宗仁、白崇禧为首统治广西的桂系军阀共三省地方军阀部队合计30万人，计划将红军歼灭于湘江以东。而当时的红军仅仅只有8万兵力。在双方兵力差距如此悬殊的情况下，红军为什么能逃脱国民党军队的围追堵截？

课件展示中央红军长征过广西宣传标语：

标语1："只有苏维埃才能救中国！"

标语2："抗战必胜，建国必成！"

标语3："红军是为着工农自己利益求解放而打仗！"

标语4："打倒李、白军阀，人民当家作主"

标语5："红军和瑶民是一家人，我们要协力同心扫平李宗仁、白崇禧"

教师组织学生结合标语情境，带着感情呼喊标语，直至全班学生沉浸于标语的语言氛围中。

教师引导学生思考问题并分享自己的观点和看法。

生1：这些标语体现了红军敢于牺牲，敢于战斗，坚信自己必定能够胜利的决心，坚信只有中国共产党才能救中国，所以挫败了蒋介石的阴谋。

生2：这些标语反映出红军是为人民的利益着想的，和压迫人民的国民党相反，红军和人民是一家人，得到了人民的帮助，所以突破了国民党的围追堵截。

教师总结：在如此危急的关头之下，红军战士英勇善战，战术指挥得当。除此之外，中国共产党人和红军将士内心保持着对党和革命事业的无限忠诚，坚定着革命必胜的信念，面对30万敌人的围追堵截毫不退缩，意志顽强、血战到底，这是很重要的原因。从标语中还可以看出，中国共产党和红军维护人民群众利益，团结群众，组织群众，号召人民争取独立与解放，获得了人民群众的支持与拥护，许多广西人踊跃要求参军，舍生忘死保护红军、支援红军，这同样是红军冲破敌人四道封锁线，挫败蒋介石阴谋的重要原因。在今天，湘江战役中的红色事迹及产生的崇高精神仍值得我们学习、继承和发扬，作为实现中华民族伟大复兴、建设新时代中国特色社会主义壮美广西的精神指引。

(3) 设置探究问题，培育核心素养。

有效的课堂提问，一方面可以帮助教师掌握学生的学习情况，帮助学生突破重难点知识，提高课堂教学的效率；另一方面，还可以调动学生学习的积极性、启发学生进行思考、培养学生的历史学科核心素养、增强学生的综合能力。[1] 学

---

① 刘庆昌. 对话教学初论[J]. 教育研究，2001(11)：65-69.

生思考问题、解决问题的过程是旧知识的不断被调动、思维不断被锻炼的过程，有助于推动学生历史学科核心素养的发展。在历史课堂教学中，教师在讲解和分析教学内容时可结合重难点知识和学生的能力水平，设置一个或多个问题，采用多样化的提问方式帮助和引导学生了解历史的脉络，理解历史知识。中央红军长征过广西宣传标语是学生比较生疏的内容，故教师在提问时可适当进行知识铺垫或回顾，在学生回答完毕后，应及时进行总结和评价，无论学生的回答是否正确，先要对学生给予积极的鼓励，再对学生的回答进行客观评价、梳理和总结。例如部编版历史八年级上册历史教材第24课"人民解放战争的胜利"第一子目有解放区土地革命的知识点，与前几课中土地改革的知识点有关联，因此教师可采取比较式提问的方法，引导学生比较分析这些知识点之间的异同。通过探究问题，学生回顾了旧知识，串联起新旧知识间的历史脉络，同时加深了对中国共产党实施土地政策的理解。

教学案例3：

师：在解放战争时期，中国共产党实施的土地政策发生了什么变化？

生：将抗战时期的减租减息政策改为实行耕者有其田的土地政策。

师：中国共产党如何推进土地改革？

生：通过颁布《中国土地法大纲》和制定土地改革总路线，在解放区内开展土地改革运动。

合作探究：阅读材料结合所学知识思考，标语口号内容的变化说明了什么？

材料：中共在不同时期宣传土地政策的部分标语口号

第一阶段 中央红军长征过广西宣传标语："工人、农民团结起来，打土豪分田地！""反对财户的重租重息，实行不交租、不交税！"

第二阶段 抗日战争期："自己动手，丰衣足食""地主减租减息，农民交租交息"

第三阶段 解放战争时期："耕者有其田"

学生回答后，教师归纳总结：中央红军长征过广西宣传标语有"打土豪，分田地"的内容，把地主的私有土地变为农民所有，符合农民的利益，有利于调动农民的革命积极性，从而壮大红军的力量，推动新民主主义革命进程。抗日战争时期，中共在抗日根据地提出"地主减租减息，农民交租交息"标语，地主和农民两个阶级的利益都得到满足，有利于团结一切力量共同抗日，巩固抗日民族统一战线，推动抗战取得胜利。解放战争时期，党在解放区根据地制定出"耕者有其田"的标语，进行土地改革，广大农民得到土地，有利于激发农民生产和革命积极性，农民参军的热情度高涨，为解放战争的胜利提供了人力、物力保障。党有关土地政策的标语口号顺应时势,有利于革命力量的发展壮大,推动革命走向胜利。

(4)总结课堂知识,升华教学主题。

课堂小结与史传论赞有相通之处,是历史课堂教学中必不可缺的环节,可以深化知识,探微见源,锦上添花,余音绕梁。[①] 课堂小结是教学的最后一个环节,是整节课历史教学内容的回顾梳理与概括性总结,将学生头脑中零散的知识点整合起来,把握知识间的内在联系,区分重难点信息,加深记忆。除此之外,课堂小结是课堂教学的升华所在。[②] 课堂小结还可以是整节课情感升华和价值观引领的重要环节。通过渲染氛围、调动情感的方式,对学生进行情感教育,培养学生的家国情怀进而引导学生树立正确的历史观、民族观和国家观,让学生热爱历史,继承传统文化,弘扬民族精神和爱国主义精神。中央红军长征过广西宣传标语是长征文化的重要构成部分,同时标语中蕴含的革命精神也是长征精神的组成成分,是对学生进行革命传统教育和爱国主义教育的有效资源。例如对部编版八年级上册历史教材第17课"中国工农红军长征"进行总结时,可利用中央红军长征过广西宣传标语中蕴含的革命历史内涵和革命精神,加强学生对长征意义和长征精神的理解,自觉传承和弘扬长征精神。

教学案例4:

师:毛泽东说,"长征是宣传书,长征是宣传队,长征是播种机"。红军长征播下革命的种子铸就了长征精神。在中央红军长征过广西时,为争取和团结桂北山区各族人民,针对广西的情况制定了专门的标语,在中央红军强渡湘江的当天,中央总政治部发布了《关于对苗瑶民的口号》。

幻灯片展示材料:

"实行民族平等,在经济上,政治上与汉人有同样的权利!""实行民族自决,苗民的一切事情由苗人自己解决!""苗人的首领由苗人自己选举,不要国民党军阀委派!""苗人下山来与汉族工农共同□□□土地财产!""帝国主义、军阀、财富者是汉族工农与苗族共同的敌人!""苗族与汉族的工农起来共同扫平国民党军阀的统治!""反对苗汉民族的对立,只有苗族与汉族的工农一体,同心打倒共同的敌人,苗族才能得到彻底的解放!"

师:这些标语口号反映了什么信息?体现出什么精神内涵?

生1(预设回答):这些标语真是简洁有力,让人看了就知道红军是一支真正为人民着想的军队,激发了群众的革命斗志,加入红军,反对帝国主义和军阀的

---

① 徐世德. 历史课堂教学小结的艺术[J]. 历史教学问题,2007(02):111-112,56.
② 吴勤. 浅谈课堂小结对教学的必要性[J]. 科学大众(科学教育),2018(04):66.

压迫，人民当家作主！

生2（预设回答）：标语中体现出敢于反抗、不怕困难、民族平等、依靠群众的精神。

师：这些宣传标语在当时宣传了党的方针政策，党始终将人民群众的利益摆在首位，所以赢得了人民群众的支持与拥护。在长征途中，正因为有人民的支持与帮助，使得红军排除万难，取得长征的胜利。这段历史印证了一句古话"得民心者得天下"。同样，在新时代我们也要坚定不移地跟党走。同学们还说了标语体现了红军的精神内涵，即不怕困难、艰苦奋斗、敢于胜利、乐观的精神，这些精神是长征精神的具体体现，也为革命取得胜利提供了精神力量。在今天，我们还有新的"长征路"要走，即实现中华民族伟大复兴，这就需要同学们保护和利用好这些宣传标语，从标语中汲取长征精神的力量，自觉成为长征精神的继承者和弘扬者。

2. 在第二课堂教学中的方法

第一课堂教学是学生获取知识的最主要方式，也是历史教学最基本的形式，但除了第一课堂教学，教师还应结合课标要求、教学内容、学生的需求和认知规律等因素采取多样化的第二课堂教学方式。桂林五县现存的标语大部分被发现并保护起来，相关的研究也在不断增加，桂林市教育局对于长征红色资源的重视和开发程度也在不断提高，这为教师组织学生开展丰富的第二课堂教学活动奠定了现实基础。

（1）开发校本课程。

校本课程是地方课程和国家课程的补充，与国家课程倡导的价值理念相统一，是素质教育课程体系中的重要组成部分。① 开发和建设校本课程的目的是突出学校发展特色，满足学生的个性化需求，培养学生多方面的兴趣爱好，补齐国家课程和地方课程的短板。相对而言，校本课程开发的主体是教师，开发的内容和形式更加灵活多样，因此开发校本课程是运用中央红军长征过广西宣传标语的重要路径。中央红军长征过广西宣传标语虽然具有很高的教育价值，但因其本身内容、时间跨度的局限性，能在课堂中展现的机会不多。因此，可将其作为以传播地方红色文化为主题的校本课程中的一部分或一节课。首先，在开发中央红军长征过广西宣传标语校本课程时，教师应充分发挥作用。教师在日常工作中积累了大量的教学经验，了解学生的具体情况，对课程资源的筛选和运用更加得心应手，故教师发挥有效作用是校本课程开展的前提。其次，中央红军长征过广西宣传标语

---

① 崔允漷，夏雪梅. 校本课程开发在中国[J]. 北京大学教育评论，2004（3）：30-34.

课程资源比较零散，因此相关校本课程的开发需要寻求地方高校和相关部门单位如博物馆、遗址的帮助与合作，交流和分享必要的研究成果和教学资源，可为教师开发校本课程提供帮助。最后，发挥学生的主观能动性，鼓励学生通过各种途径搜集中央红军长征过广西宣传标语的相关资料作为校本课程编写的素材，提高学生的参与感，培养学生搜集历史和辨认历史的能力，同时还能加强学生对地方历史的了解与认同。

(2) 开展红色研学旅游活动。

我国相关部门发出的《关于推进中小学生研学旅行的意见》明确要求中小学需要将研学旅行作为教学计划中的一个重要环节，重视中小学的实践活动课程开展，实现与校内课程的相互结合。① 部编版八年级上册历史教材的第 27 课是考察近代历史遗迹的活动课，目的是让学生了解与近代中国有关的建筑物、纪念馆等历史遗迹，了解中国近代历史，培养学生观察、分析历史事物，搜集历史信息的能力。教师可组织学生利用周末或假期时间开展中央红军长征过广西宣传标语的研学旅游活动。学生通过眼看、耳听直观地感悟历史，在实地接受红色革命传统教育和爱国主义教育，这对培养学生的家国情怀、民族精神、创新实践能力以及优秀革命精神具有重要作用。中央红军长征过广西，沿途书写了大量标语，分散在灌阳、兴安、资源、龙胜和全州各地，是珍贵的历史文物资源。其中，兴安县瑶族乡千家寺红军标语楼已成为桂北一个重要的红色教育基地和红色旅游景点。千家寺红军标语楼现保存完好的标语有 23 条，字迹清晰，导向明确。在学校同意、可行性较大的前提下，教师可组织学生到千家寺红军标语楼参观和学习，学生走出教室，近距离地接触革命留下来的痕迹，充分被红色革命文化所包围，可获得更加深刻的历史感悟。通过红色研学旅游活动，能提高学生观察、搜集、提取和分析历史材料的能力，增强学生的沟通和团结协作能力。

(3) 开展社会调查活动。

新课标在中国近代史的教学提示中建议：进行近代历史的实地调查，通过走访、调查，收集与近代历史事件、历史人物相关的材料等，整理信息，形成调查报告，汇报并交流。② 教师可组织学生围绕课程目标有意识、有目的地对中央红军长征过广西宣传标语展开社会调查，促进学生理解历史的真实情况。中央红军长征过广西宣传标语是在什么样的境况下产生？在当时如何发挥作用？过去以及

---

① 中华人民共和国教育部等 11 部门. 关于推进中小学生研学旅行的意见[Z/OL]. 2016-12-19[2023-3-18]. http://www.moe.gov.cn/jyb_xwfb/gzdt_gzdt/s5987/201612/t20161219_292360.html.

② 中华人民共和国教育部. 义务教育历史课程标准（2022 年版）[S]. 北京：北京师范大学出版社，2022：22.

现在的人民群众如何看待中央红军长征过广西宣传标语？师生可以展开以上述问题为课题的社会调查，走进实地，探访革命历史知情者或见证人，询问关于中央红军长征过广西宣传标语的历史故事。或者师生走访中央红军长征过广西宣传标语的遗址，了解中央红军长征过广西宣传标语的现存情况和保护状况，深刻感受其对社会生活、对人民群众的影响。学生在课堂学习中对中央红军长征过广西宣传标语有了理论上的概念，在社会调查实践中，学生通过不断的交流和互动中强化对中央红军长征过广西宣传标语的认识和理解。学生对得到的信息进行进一步梳理，不但为开发和利用中央红军长征过广西宣传标语课程资源提供了真实的素材，还培养了多途径搜集和整理材料的能力，在增长知识和开阔眼界的同时个人能力得到提升。

（4）举办中央红军长征过广西宣传标语故事会活动。

2013年8月，习近平总书记在全国宣传思想工作会议上首次提出，要"讲好中国故事，传播好中国声音。"[①]历史故事是前人智慧和经验的总结，拥有特定的故事氛围和强大的感染力。学生通过历史故事去认识历史、感知历史，在故事里获得情感上的陶冶和心灵上的启迪。教师可以班级为单位开展讲好中央红军长征过广西宣传标语故事会活动，鼓励学生积极报名，注重学生在活动过程中的表现。中央红军长征过广西宣传标语，见证了红军长征历史，记载着红军战斗历程，每一条标语背后都是一个个真实感人的故事。比如"一切为了苏维埃新中国"口号背后，是红军战士在新圩、光华铺、脚山铺阻击战中奋勇杀敌、突破重围的英勇故事。在学生搜集中央红军长征过广西宣传标语故事时，教师要给予一定的引导和规范指导，明确故事的真实可靠性是活动开展的前提，避免学生因好胜心或欠缺查找经验而造成故事真实度不足或是故事内容文学性强于历史性的现象。在活动开始时可分为两阶段举行，第一阶段为故事的展示和分享；第二阶段为故事讲解。在活动过程中可借助多媒体课件展示图片和视频，给学生在听觉和视觉上的冲击，加深学生的印象，加强学生对中央红军长征过广西宣传标语、对中央红军长征的认识和理解，达到讲好红色故事，传承红色基因的目的。

（5）表演历史情景剧。

历史情景剧表演是一种有效的历史教学方式。历史情景剧与灌输式教学方法不同，学生是整个活动过程的掌控者，又是体验者和获得者。红军创作和宣传标语口号的过程，湘江战役中红军呼喊口号的场景，小记者、解说员等都可以作为

---

① 中共中央文献研究室. 习近平关于社会主义文化建设论述摘编[M]. 北京：中央文献出版社，2017：197-198.

学生表演的素材。学生通过扮演历史角色和重现历史场景,可在乐趣和实践中学历史,主动习得历史探究的步骤和方法。需要注意的是,情景剧编排要进行合理加工,融入新的时代内涵,丰富教育价值,让学生通过历史情景剧感悟革命中的苦与乐,深化革命传统教育,传承革命文化,弘扬革命精神。若是学校有大型文娱活动,可以将优秀的以中央红军长征过广西宣传标语为主题的历史情景剧进行表演,扩大中央红军长征过广西宣传标语的宣传范围,使更多的学生接触并了解这一特殊的红色文化资源。

(6)开展校园专题文化建设活动。

中央红军长征过广西宣传标语类型多样,意蕴深厚,蕴含德育价值,是开展革命传统教育和爱国主义教育的生动教材。因此,为充分发挥该标语的价值,可全方位、多角度在校园内开展以中央红军长征过广西宣传标语为专题的校园文化建设活动。首先,利用校园宣传栏、电子屏、黑板报等宣传窗口给中央红军长征过广西宣传标语留一处展示的空间,打造中央红军长征过广西宣传标语校园文化景观。其次,发挥校园广播、电视、公众号等媒介的传播优势,开设关于中央红军长征过广西宣传标语的革命文化专栏,以广播、播放影视片段、微信推文等形式进行宣传。最后,以班级为单位,开展以中央红军长征过广西宣传标语为主题的班级文化建设评比活动,可采取书法作品、绘画作品、专题作文、利用标语装饰班级等活动形式,挑选出优秀作品在校园中展览,并对表现优秀的班级进行奖励。这些活动丰富了学生的校园生活,使学生在物质文化和精神文化的耳濡目染下提高对中央红军长征过广西宣传标语甚至是红军长征史、中国共产党党史及广西红色革命史的了解和认同,传承与践行中国共产党人的优良作风,树立远大的理想信念,奋发学习,努力成为合格的社会主义建设者和接班人。

第十章 革命传统教育地方教材开发的广西经验

2016年4月，习近平总书记在安徽调研时指出："革命传统教育要从娃娃抓起，既注重知识灌输，又加强情感培育，使红色基因渗进血液、浸入心扉，引导广大青少年树立正确的世界观、人生观、价值观。"①加强对中小学生进行革命传统教育，传承革命文化，是落实立德树人根本任务的重要举措。推动革命传统进课程教材是其中尤为关键的举措和工作。基于此，由广西课程教材发展中心组织编写，广西师范大学出版社、广西民族出版社联合出版了中小学地方教材《红色广西》。该教材共有五册，其中，小学低年级、中年级、高年级、初中、高中各一册，分别适用于二、四、六、八年级及高一年级学生使用。2021年秋季起，面向广西壮族自治区义务教育阶段学生免费提供。② 随着《红色广西》的使用，广西成功地探索出了革命传统教育地方教材开发的实践经验。

一、《红色广西》地方教材的开发进程

2019年12月16日，广西壮族自治区党委教育工委、自治区教育厅印发《关于加强全区各级各类学校革命传统教育 传承红色基因的指导意见》，强调"充分利用广西红色文化资源，编写中小学相衔接的红色文化教材"。③ 为贯彻落实中央及自治区关于继承和发扬革命文化、传承红色基因、增强课程教材育人导向和育人功能的重要指示精神，广西教育厅积极推进革命传统教育进学校、进教材、进课堂、进头脑工作，其下属机构课程教材发展中心组织编写广西中小学地方教材《红色广西》，并在中小学校开设专题课程。④

（一）遴选编写、出版单位

2019年5月13日，广西课程教材发展中心在广西教育厅官网上发布"中小学地方教材《红色广西》合作编写、出版单位遴选公告"，以遴选合作编写及出版中小学地方教材《红色广西》的出版单位。随后，包括广西师范大学出版社、广西民

---

① 习近平. 用好红色资源，传承好红色基因，把红色江山世世代代传下去[J]. 求是，2021(10)：8.
②④ 周仕敏. 广西中小学党史教育教材《红色广西》投入使用[EB/OL]. 2021-05-07[2021-10-16]. http://www.jyb.cn/rmtzcg/xwy/wzxw/202105/t20210507_569818.html.
③ 广西壮族自治区教育厅. 自治区党委教育工委 自治区教育厅印发《关于加强全区各级各类学校革命传统教育 传承红色基因的指导意见》的通知[EB/OL]. 2019-12-16[2021-10-23]. http://jyt.gxzf.gov.cn/zfxxgk/fdzdgknr/tzgg_58179/W020200324299018743110.pdf.

族出版社在内的若干家出版单位根据公告要求提交了《广西中小学地方教材〈红色广西〉合作编写单位申报表》《地方教材〈红色广西〉编写总体方案》以及图书出版许可证等相关材料。广西课程教材发展中心根据国家及自治区相关教材管理规定，组织开展了广西中小学地方教材《红色广西》合作编写、出版单位遴选工作。

合作编写、出版单位遴选主要审核出版单位的各项资质，诸如是否具有中小学教材编写和出版经验，是否业务范围涵盖历史、文化相关题材图书，是否有结构合理、专业能力强、能满足需要的编写、出版队伍，是否有对教材进行跟踪研究、培训指导的专兼职结合的专家团队，是否有一定的经费支持，以保证编写修订、培训指导、跟踪研究等工作的开展。除此之外，合作编写、出版单位遴选着重考虑出版单位所设计的地方教材《红色广西》编写总体方案，包含总体目标、每册教学目标、每册主要内容、栏目设计、进度安排、编写人员名单等。① 遴选公告内容的细致规范与标准完善，为遴选工作的有效完成提供了保障，同时保障了后续相关工作的质量水平与要求。

《红色广西》合作编写、出版单位遴选结果最终经自治区课程教材建设领导小组审定，决定由广西师范大学出版社、广西民族出版社组成的联合申报单位作为合作单位，与广西课程教材发展中心共同合作编写、出版中小学地方教材《红色广西》。其遴选结果于 2019 年 7 月 25 日在自治区教育厅官网上进行公示。

（二）开启编写工作

2019 年 10 月中旬，经过前期各项工作准备，《红色广西》编写工作正式启动。10 月 16 日，自治区教育厅办公室在南宁市组织召开广西中小学地方教材《红色广西》编写工作启动会。《红色广西》编写人员与出版单位相关工作人员出席了会议。在启动会议上，自治区教育厅、广西师范大学、广西课程教材发展中心、合作出版单位等机构领导先后发言，谈及《红色广西》编写工作的重要性以及对教材的期待。随后，《红色广西》教材主编发言，布置了《红色广西》编写工作以及提出了编写过程中的注意事项。启动会结束后，《红色广西》各分册主编以及编写人员对编写工作方案进行了分组讨论。通过《红色广西》编写工作启动会，各编写人员深刻认识到了教材的写作意义。

启动会后，《红色广西》编写人员与出版单位工作人员先后赴百色、河池等地进行实地调研活动。其中，10 月 16 日下午到达百色田东县，对右江革命纪念馆、

---

① 广西壮族自治区教育厅. 中小学地方教材《红色广西》合作编写出版单位遴选公告[EB/OL]. 2019 – 05 – 13[2021 – 10 – 02]. http：//jyt.gxzf.gov.cn/zfxxgk/fdzdgknr/tzgg_ 58179/t3127300.shtml.

二芽码头、百谷红军村、那恒村革命史馆进行了实地调研。17日上午，到达百色城区的百色起义纪念公园以及粤东会馆，着重考察了百色起义纪念馆、右江民族博物馆、百色起义纪念碑、红军桥等革命历史文化资源。17日下午，到达河池东兰县东兰烈士陵园进行实地调研。18日，先后到河池东兰县的韦拔群纪念馆、列宁岩、魁星楼、韦拔群故居等红色教育基地开展实地调研活动。随后，在整个10月下旬，通过网络研讨形式，确定各分册作者任务及撰写进度安排，讨论分册目录、课文子目录，梳理各板块所用素材及完成内容明细表，尽量做到各分册教学素材不重复，在此基础上完成样张及统一版式和风格。

在2019年11月初，《红色广西》编写团队再次举行编写工作研讨会和实地调研活动。11月2日上午，自治区教育厅办公室组织相关人员在桂林市广西师范大学出版社会议室参加《红色广西》编写工作会。期间，《红色广西》各分册作者进行了分组研讨，打磨分册样张，区分分册写作梯度，形成分册写作风格，细化写作方案。同时，各分册小组确认了各分册的各单元、各课计划使用的资料，避免重复使用。各分册作者分组研讨之后，各分册主编向全体与会人员汇报了本册写作情况。最后，教材总主编总结、布置下一步工作。会后，《红色广西》各分册作者按照写作方案与任务要求自行阅读资料、写作初稿。2日下午以及3日，《红色广西》编写人员以及出版社工作人员赴桂林市的灌阳县、全州县、兴安县等地进行实地调研活动。期间，参观、考察了灌阳县湘江战役新圩阻击战酒海井红军纪念园、全州县红军长征湘江战役纪念馆以及兴安县红军长征突破湘江烈士纪念碑园。经过10月、11月的两次集体会议和集体实地调研，《红色广西》各分册作者进入紧张而高效的内容编撰工作中，并按要求在12月初提交相应分工负责的初稿。

2019年12月1日，每位作者按时提交相应初稿。各分册的主编统稿，并与各位作者线上讨论修改意见。期间，出版社编辑参与初稿修改工作，各分册内容根据分册主编和编辑修改意见进一步完善。14—15日，自治区教育厅办公室组织相关人员在南宁市广西民族出版社会议室参加《红色广西》编写工作会，对教材文字初稿进行集中研究讨论，制定修改完善方案。会后，各分册作者根据修改方案对稿件进一步修改、完善。各分册主编汇总各作者稿件，并于20日提交正式初稿给执行主编。随后，执行主编、党史主编、学科主编与出版社编辑讨论修改方案，并及时将修改意见反馈给作者修改。经过几个月的艰苦努力，顺利完成《红色广西》编写工作预定目标。在2019年12月28日—29日，广西师范大学出版社、广西民族出版社分组召开《红色广西》编写研讨会。其中，小学段、高中段的分册主编及作者在广西民族出版社会议室，初中段分册主编、作者在桂林市广西师范大学出版社会议室再次对教材稿件进行研讨，制订进一步修改方案。经过教材作者反复修改后,《红色广西》文字稿于 12 月 30 日得以定稿。

文字稿确定后,其他相关必备工作稳步推进。2020 年 1—2 月,编辑提供图意,插画师绘制插图。同时,编辑、校对文字稿,并与作者进行沟通、修改细节。2 月底,经过编辑校对、修改插图、排版后,形成教材样稿。3 月,编辑与教材主编、作者审阅样稿,同时进行重大选题备案,并将教材送至自治区教育厅审查。2020 年 12 月 9 日,自治区教育厅就广西师范大学出版社、广西民族出版社送审的《红色广西》样书,出具了关于教材审查意见的函。其审查意见主要是《红色广西》经修改后可在全区试用 1 年,并在《红色广西》教材封面上注明"经广西中小学教材审查委员会 2020 年审查通过(试用)"字样。至此,《红色广西》在教育主管部门的关怀领导下,在遴选单位组织的协同合作下,在整个编写团队的精诚努力下,顺利诞生。

二、《红色广西》地方教材的开发经验

《红色广西》的开发进程既有教材开发的一般惯例,更有革命传统教育地方教材开发的独特经验,需要也应适时概括总结其中的广西经验。

(一)注重地方教材开发的程序规范

第一,地方教材开发的策划。一方面,从自治区教育行政主管部门层面来说,为深入贯彻落实中共中央办公厅、国务院办公厅关于"深入开展理想信念教育""加强革命文化教育""用好红色资源的育人功能"的要求,广西课程教材发展中心经过深入了解广西革命传统教育地方教材的现状,以及明确地方教材开发管理权限与管理现状之后,拟组织编写广西中小学地方教材《红色广西》,并且明确提出《红色广西》开发的初步方案,方案主要包括教材编写目的、教材主要内容以及教材合作编写、出版单位条件等。同时,在自治区教育厅官网上公开发布《中小学地方教材〈红色广西〉合作编写出版单位遴选公告》,以遴选《红色广西》合作编写、出版单位。另一方面,从申报单位层面来说,包括最后遴选成功的广西师范大学出版社、广西民族出版社组成的联合申报单位在内的若干家出版单位向广西课程教材发展中心提交了《红色广西》编写总体方案,方案主要包含《红色广西》编写总体目标、每册教学目标、每册主要内容、栏目设计、进度安排、编写人员名单等方面内容。

第二,地方教材开发的论证。地方教材《红色广西》开发的论证主要分为以下三步:第一步为有意合作编写以及出版广西中小学地方教材《红色广西》的申报单位,及其核心成员内部进行总体设计以及论证。第二步为广西师范大学出版社、

广西民族出版社在内的等若干家出版单位向广西课程教材发展中心递交《广西中小学地方教材〈红色广西〉合作编写单位申报表》与《地方教材〈红色广西〉编写总体方案》等相关材料，广西课程教材发展中心邀请相关领域专家进行专业性论证。第三步为自治区课程教材建设领导小组根据国家及自治区相关教材管理规定，进行可行性论证，审定遴选结果，最终选择由广西师范大学出版社、广西民族出版社组成的联合申报单位作为合作单位，与课程教材发展中心共同合作编写、出版《红色广西》。

第三，地方教材的编写。通过《红色广西》合作编写、出版单位遴选工作，获得教材编写立项之后，广西课程教材发展中心与广西师范大学出版社、广西民族出版社组成的合作、编写团队开始进行教材编写。首先，编写团队深入理解教材编写总体目标、设计思路以及编写原则。其次，编写团队编写教材样张，确定样张的具体内容和呈现方式，为编写团队中的不同写作小组提供教材编写的模板与参考。再次，编写团队挖掘、搜集、整理丰富的课程资源，不仅注意汲取当前历史研究最新成果和相关材料，而且重视通过实地调研获得一手资料。再者，编写团队各成员按照分工着手编写教材，期间多次对教材初稿、修改稿进行讨论及打磨，并于2019年底交稿给出版单位。最后，出版单位编辑多次审校稿件，并制作教材插图，于2020年3月最终定稿。

第四，地方教材的审查。编写团队完成《红色广西》编写工作后，样书报送自治区教育行政主管部门审查。自治区教育厅对《红色广西》样书审查通过后，向广西师范大学出版社及广西民族出版社出具《自治区教育厅关于对〈红色广西〉审查意见的函》，同意《红色广西》经修改后可在全区试用，试用期限为1年。同时，经审查通过后教材可在封面注明"经广西中小学教材审查委员会2020年审查通过（试用）"字样，列入教育厅中小学教材评议推荐公告目录，供学校使用。

(二)注重相关责任主体的协同参与

广西革命传统教育地方教材《红色广西》的开发过程涉及主体众多，主要包括自治区教育行政主管部门及其工作人员、高校专家学者、研究机构研究人员、中小学教师、图书馆馆员、出版单位及其工作人员等。这些主体在教材开发过程中均承担着不同角色作用，为高质量、高水平的革命传统教育地方教材开发保驾护航，体现了协同力。

自治区教育行政主管部门及其工作人员主要指自治区教育厅特别是其下属课程教材发展中心及其工作人员，他们在《红色广西》教材开发过程中主要担任指导者、组织者以及把关者的角色。首先，自治区教育厅根据中共中央办公厅、国务院办公厅印发的《关于深化教育体制机制改革的意见》精神，颁布了《中小学地方教材〈红色广西〉合作编写出版单位遴选公告》。其中，广西课程教材发展中心负责组织这次遴选工作，对各个出版单位的资质及其所提交的编写总体方案进行审核。其次，在《红色广西》教材开发过程中，自治区教育厅办公室多次组织相关人员参加《红色广西》编写工作会以及实地调研活动，发挥其组织者的角色作用。最后，自治区教育厅对《红色广西》样书进行审查，并提供了审查意见，以牢牢把握教材的思想关、质量关。无论是在合作编写出版单位遴选过程，还是在组织编写工作会以及实地调研活动，或是在教材样书审查阶段，广西课程教材发展中心均通过提出明确的项目目的、项目内容以及教材主要内容等，对相关编写工作进行指导和监管。

高校专家学者、研究机构研究人员、中小学教师以及图书馆馆员共同组成了《红色广西》的编写队伍。其中，高校专家学者主要包括自治区内外思想政治理论、马克思主义理论、中国近现代史、党史、历史教育、语文教育等学科的专家、学者。研究机构研究人员主要包括自治区党史研究室党史专家、各地级市教育科学研究所或区教研室的中小学历史、语文、道德与法治（思想政治）等学科教研员。中小学教师主要包括自治区各地市中小学的道德与法治（思想政治）、历史、语文等不同学科的优秀教师。高校专家学者、研究机构研究人员和中小学教师作为教材的主要编写人员及顾问，负责教材编写工作以及指导工作。此外，图书馆馆员主要指高校图书馆馆员，在《红色广西》教材编写过程中主要担任资料员角色，专门负责教材各分册资料的搜集、整理等方面工作。

出版单位及其工作人员主要指由广西课程教材发展中心遴选出来的《红色广西》合作编写、出版单位，即广西师范大学出版社、广西民族出版社组成的联合申报单位。广西师范大学出版社基础教育图书出版分社按照不同学科设置及配备相关编辑，参与《红色广西》编审工作的主要是历史、语文、道德与法治（思想政治）三个学科的编辑。在《红色广西》教材开发过程中，广西师范大学出版社和广西民族出版社主要负责以下三个方面工作：一是负责整个编写过程的组织工作，比如组织编写团队讨论并确定编写方案；二是负责教材的编辑、校对以及插图制作等工作；三是负责教材的出版工作。

（三）注重理论研究资料与实地调研资料的印证结合

一方面，注重汲取当前最新的历史研究成果及其相关文献资料。教材开发过程重视使用党中央以及自治区正式公布的文件，以及学界特别是党史研究机构的研究成果。例如，中共广西壮族自治区委员会党史研究室编著的《中国共产党广西历史读本(1921—2013)》与《中国共产党广西历史(第一卷)》，还有陈立生、庾新顺、黄莺等人编著的《中国共产党在广西》等党史研究成果。编写团队组建资料组，专门负责搜集资料。同时，开设《红色广西》百度网盘，建立分类文件夹。《红色广西》百度网盘共有"小学低年级分册""小学中年级分册""小学高年级分册""初中分册""高中分册"等多个文件夹。资料组将收集到的文献资料进行扫描数字化并上传到网盘相对应的文件夹。百度网盘每个文件夹所收集文献资料主要包括报刊公开的报道、私人信件及日记、回忆录、学者所作的研究及诠释等相关文献资料。

另一方面，强调通过实地调研获得一手资料。在教材编写过程中，自治区教育厅办公室以及出版单位多次组织编写人员到多地进行实地调研活动，使编写人员身处真切的社会历史情境之中，拓宽了他们观察这段广西革命史的视野，丰富了他们研究历史的资料来源。例如，《红色广西》编写人员到东兰烈士陵园、韦拔群纪念馆、列宁岩、魁星楼、韦拔群故居等地进行实地调研。通过实地调研，编写人员搜集并整理了大量关于广西早期农民运动以及农民运动领袖韦拔群等相关资料，并把这些珍贵资料用到教材中。例如，小学高年级分册教材在"壮族英雄韦拔群"一课中使用了韦拔群故居照片。此外，该课"知识链接"学习框中对韦拔群纪念馆做了详细的文字介绍且附有纪念馆照片。[①] 教材初中分册第3课"农民运动起风雷"配有列宁岩照片。[②] 可见，教材编写人员通过实地调查、研究广西丰富的红色历史遗存，多渠道搜集包括文献、照片、图表、实物、遗址、遗迹等广西红色文化史料，使教材内容更加丰富、生动。

（四）注重发挥地方红色文化资源特色

《红色广西》整套教材叙述自1919年"五四"运动至1949年中华人民共和国成立期间的广西革命史。这一时期，中国共产党在广西创建革命组织，领导着广西各族人民开展反帝反封建斗争，力图争取民族解放、国家独立。教材力图做到以丰富的广西红色文化资源为主要元素，把广西革命发展放在全国革命发展的历史脉络当中，挖掘并彰显蕴含其中的红色精神，以资传承育人，赓续精神血脉。《红色广西》挖掘的广西红色文化具体如下：

[①] 广西课程教材发展中心组织编写. 红色广西(小学高年级)[M]. 桂林：广西师范大学出版社，南宁：广西民族出版社，2021：32-33.
[②] 同①，13.

广西革命人物及其物件与广西革命活动及事件。壮族英雄韦拔群、断肠英雄陈树湘等广西革命英雄人物为广西的革命事业做出了重要贡献。[①] 这些人物的故事、形象以及身上体现出来的为革命事业献身的崇高精神，皆生动地走进小学高年级分册之中。红军长征过广西桂北时留下的红旗，是红军留给广西人民的无价之宝。[②]这些都是典型的广西革命人物及其物件，而广西的革命活动与革命事件更是激励人心。国民革命时期，以东兰农民运动为先锋的广西农民运动蓬勃发展。1929年12月和1930年2月，中国共产党广西地方组织领导广西各族人民先后发动了百色起义和龙州起义，建立起左右江革命根据地。1934年11月27日至12月1日，中央红军过桂北，发生了惨烈的湘江战役。1937年7月，中国共产党建立了广西抗日民族统一战线。1949年11月，广西战役打响。[③]这些广西革命活动和革命事件，充分体现在高中分册当中。

革命战争年代留传下来的红色作品。红色作品丰富多彩，《红色广西》中的红色作品包括红色歌谣、诗歌、书信、文告、标语、诗词等。小学低年级、中年级、高年级三个分册设有"红色歌谣""红色标语""红色诗词""红色家书""红色文告"等不同单元，使用了大量的反映红色革命文化的歌谣、诗歌、书信、文告、标语、诗词等。比如，小学高年级"红色家书"部分选用了谭寿林就义前写给妻子的家书"我的眼睛和你在一起"，苏蔓写给弟弟妹妹的家书"永远不要放弃学习"，以及贺智华写给三姐的家书"我这样离开你也是光荣的"。[④]通过阅读广西革命英雄人物的书信，可以学习他们的优秀品格。

广西革命纪念馆、革命遗址、革命旧址和革命老区等。广西有非常丰富的红色旧址、遗址以及革命纪念馆、纪念碑等地方资源，这些资源也被开发成课程资源，并大量用到教材中。譬如，小学低年级分册设有单元"红色丰碑"，详细介绍了百色起义纪念馆、湘江战役纪念馆、广西学生军抗日烈士纪念碑、陈光烈士纪念塔等革命纪念馆以及革命先辈的英雄事迹。[⑤]小学中年级分册设有单元"红色旧址"，介绍了东兰列宁岩、百色粤东会馆、八路军驻桂林办事处旧址以及凭祥友谊关等不同时期革命先辈战斗的印迹及其红色故事。[⑥]小学高年级设有单元"红色老区"，介绍了右江革命根据地、左江革命根据地、抗日战争游击区、解放战争游击区等中国共产党在广西领导创建的革命根据地及其红色历史记忆。[⑦]透过革命纪念馆、革命遗址、革命旧址和革命老区，可以帮助学生挖掘其背后的红色故事，感受革命先辈不怕牺牲的精神和强烈的爱国主义情怀。

[①②③④⑤⑥⑦] 广西课程教材发展中心组织. 红色广西（小学高年级）[M]. 桂林：广西师范大学出版社，南宁：广西民族出版社，2021：2-69.

《红色广西》重在讲好广西革命故事,继承广西革命传统,弘扬广西红色精神。红色精神主要为优秀品格与革命精神,其蕴藏在上述革命人物及其物件、革命活动与革命事件、红色作品以及革命纪念馆与遗存之中,需要我们去挖掘与传承。例如,湘江战役纪念馆作为一种独特的红色资源,是由物质载体和精神内核构成的有机统一体。红军在湘江战役留下的无比宝贵的思想和精神财富,与红军其他精神一起孕育了伟大的长征精神。在中国近代史的时空里认识广西革命历史的发展历程,将广西革命的历史人物、历史事件放在中国新民主主义革命的历史进程中去认识与理解,认识广西革命对中国新民主主义革命发展所做出的重大贡献,把握广西革命历史发展的基本线索。整套教材的开发力图使学生了解广西革命斗争的特点,认识广西红色文化的特色,理解广西革命对全国革命的重大贡献,加深对广西革命历史和红色文化的认同,以形成对家乡、对祖国的认同感,加强广西各族儿女对中国共产党和人民军队的拥护和热爱。

三、对革命传统教育地方教材开发的启示

《红色广西》作为一种革命传统教育地方教材,具有独特的广西意蕴。除了具教材文本内容和开发进程的广西地方性之外,亦有革命传统教育地方教材的某些共通处,可以总结提炼,以启他方,推广借鉴。

(一)贯通国家教材、地方教材、校本教材的有机衔接性

2001年6月,《基础教育课程改革纲要(试行)》明确指出:"为保障和促进课程适应不同地区、学校、学生的要求,实行国家、地方和学校三级课程管理。"[①]可见,我国基础教育课程改革确立了国家、地方和学校三级课程管理制度,明晰了国家、地方和学校的课程权责。国家课程、地方课程、校本课程在学校课程体系中都具有十分重要地位,彼此相辅相成、相互支持。[②] 在三级课程管理制度下,我国课程发展不仅有统一的指导性要求,保证正确的课程发展方向,培养社会所需要的人才,保障教育的基本质量,还给地方、学校在课程管理与开发方面自我发展的空间,根据自身实际情况以及学生发展需要,充分挖掘自身特色与优势,调动地方和学校进行课程改革的主动性和积极性。这样,既发挥国家统一管理课程的优势,又发挥地方和学校管理课程的灵活性,课程既有统一性又有多样性。[③]

---

① 中华人民共和国中央人民政府. 教育部关于印发《基础教育课程改革纲要(试行)》的通知[EB/OL]. 2001-06-08[2021-10-20]. http://www.gov.cn/gongbao/content/2002/content_61386.html.
② 成尚荣. 地方课程管理和地方课程开发[J]. 教育研究,2004(03):67-71.
③ 雷顺利. 我国三级课程管理体制的发展取向与运行思路[J]. 教育发展研究,2002(12):58-61.

三级课程管理制度为开发丰富多彩的革命传统教育地方教材提供了可能。众所周知，教材是课程的核心组成部分。革命传统教育地方教材开发必须与国家教材、校本教材有机衔接。一方面，革命传统教育地方教材作为国家教材的重要补充，可以为国家教材服务。国家教材更为关注学生共性发展，力图培养每个学生都达到国家公民素质的最低标准和基本要求。地方教材则更加强调人的地方性发展，反映地方社会发展对人才的特殊性需求。① 革命传统教育地方教材应具有鲜明的地域性要求、浓郁的地方本土特色，在适用范围上具有鲜明的区域性和针对性。革命传统教育地方教材开发要切实立足当地资源，充分体现地域特色，成为国家学科课程的补充，以弥补地方革命史在国家教材中的缺失，对学生进行地方革命史教育。另一方面，革命传统教育地方教材为学校自主开发校本教材提供引领作用。革命传统教育地方教材注意向学校提供教材开发和管理的指导，学校根据自身特点以及优势，有权设置自己的教材，培养学生的个性和特长。

(二)打造地方教材开发责任相关方的协同合作力

地方教材由地方教育行政主管部门负责组织实施，一线骨干教师参与编写，完成编写的教材经省级中小学教材审定委员会审定通过，并且进入省级教育行政部门公布目录后，才可在指定范围内推荐使用。② 由此可知，革命传统教育地方教材开发过程牵涉多元主体，需要借助多方合力，协同推进。

其一，省级教育行政部门自上而下地大力推进。按照《基础教育课程改革纲要（试行）》的规定，地方课程的规划权集中在省级教育行政部门。③ 据此，地方教材的规划由省级教育行政部门负责。由此可知，省级教育行政部门要负责地方教材开发行为的规范、地方教材的审查以及地方教材实施的管理等相关工作。革命传统教育地方教材开发在最初阶段更加需要省级教育行政部门自上而下地推动。省级教育行政部门及其管理人员不仅要采取行动，组织人员先行进行考察，而且在教材开发团队的组织建制、宣传动员等工作方面都要付出巨大努力，以加深教材编写人员对教材编写理念及主要内容的认识。

其二，专家学者理论层面承上启下的积极运作。中小学革命传统教育主要与历史、语文、道德与法治（思想政治）等学科密切相关。在上述三门学科领域以及学科教育领域学术造诣深、具有影响力的专家学者在革命传统教育地方教材开发

---

① 金素梅. 地方课程开发价值探索[J]. 教育与职业，2006(30)：123-124.
② 阙火明，苏水长. 专题性地方课程开发的思路与实践[J]. 教学与管理，2009(10)：3-31.
③ 中华人民共和国中央人民政府. 教育部关于印发《基础教育课程改革纲要（试行）》的通知[EB/OL].
2001-06-08[2021-10-20]. http：//www.gov.cn/gongbao/content/2002/content_61386.html.

过程中起着承上启下的重要作用。专家学者上与教育行政主管部门及其管理人员秉持相同的教材编写理念，在教材编写过程中努力将教材编写理念及编写方案不断落实；下与了解历史、语文、道德与法治（思想政治）三科一线教学、了解学生需求的教研员以及中小学教师保持密切联系，不仅向他们提供有价值的专业信息，而且为他们提供开发教材的科学方法以及相应的技术支撑，协助教师落实编写技能，通过教师培训以传达教材编写理念以及教学建议。

其三，教研员和一线教师自下而上的行动研究。历史、语文、道德与法治（思想政治）三科教研员和一线教师主要是实践执行者。他们了解社会需要、学生需要以及教育实践具体情况。其中，一线教师更是地方教材的主要实施者。[1] 上述三科教研员和一线教师在革命传统教育地方教材开发中可以积极地将他们所了解到的教育实践情况以及学科教学经验进行反馈，与教育行政主管部门、专家学者沟通教材开发可能面临的现实问题。同时，他们在平时真实的教育教学情境中可以按照教育研究的操作程序，将革命传统教育地方教材相关理念及建议逐渐在教育实际中进行实验。教研员和一线教师通过这些方式参与教材开发，能够增强教材的适应性和可操作性。

其四，资料员及出版单位工作人员的保障支持。革命传统教育地方教材编写离不开详实的历史资料。注重对原始资料的运用是"学本"教材的显著特点。历史资料是历史知识的重要载体，其有助于学生直接接触反映历史情境的各种记录，培养学生阅读、理解、处理历史信息的能力。[2] 资料员应当帮助选择适切的历史资料用于教材编写，使历史资料内容类型更加丰富。除此之外，出版单位工作人员特别是编辑，不仅要及时了解教育行政部门关于革命传统教育地方教材的政策信息，做好教材的顶层设计及立项申报工作；还要组建、沟通、协调教材编写队伍的编写工作；更要掌握教材编写的规律和原则进行编辑加工，创新教材呈现形式，保证革命传统教育地方教材符合学生心理发展特点。[3] 高质量的中小学革命传统教育地方教材是编辑践行工匠精神的体现。[4]

总而言之，革命传统教育地方教材开发主体涉及面广，参与人员来自于教育领域不同岗位。革命传统教育地方教材开发顺利与否，有赖于是否兼顾多元主体对教材的不同认识与要求，是否充分利用社会各界的人力与物力资源，让他们支持地方教材开发的各项工作。

---

[1] 许礼光. 关于地方课程教材开发与建设的思考[J]. 科技与出版, 2019, (06): 136-138.
[2] 叶小兵. 历史教科书中对史料的运用[J]. 历史教学, 2004, (07): 41-45.
[3] 王韩欢. 中小学教材编辑如何在激烈的竞争中谋求发展[J]. 编辑学刊, 2017, (03): 81-85.
[4] 卢媛. 论教材编辑的工匠精神[J]. 中国出版, 2018, (15): 29-32.

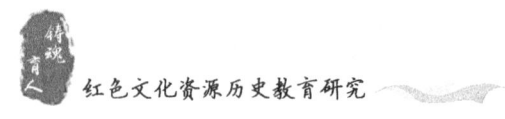

(三)彰显革命传统教育地方教材开发的地方意涵

地方特色是地方教材的基本属性和最重要的特点。① 革命传统教育地方教材的地方特色要以本地红色文化资源作为课程资源基础,充分反映地方革命发展特点。即不仅要反映本地革命发展的过去和现在,还要体现本地革命文化传承与继承的未来走势。红色文化资源既有特殊性又具有普遍适应性。它们既是地方的,又是国家的。因此,红色文化资源能够帮助学生透过地方关注全国。诚如上文所述,《红色广西》并非按照历史、语文、道德与法治(思想政治)等不同学科安排广西红色文化资源,而是把相关的课程资源按照广西革命发展脉络以及线索进行整合,致力于构建以第一课堂教学和第二课堂教学相结合的实施形式,加强学生与社会的联系,培养学生热爱家乡、热爱国家的情感。

革命传统教育地方教材开发是以当地丰富的红色文化资源为先决条件。地方红色文化具有地域性,各个地方在我国新民主主义革命发展时期都做出了巨大贡献,也都形成了具有地方特色的红色文化资源。这些地方红色文化资源经过"深加工"后,方可进入革命传统教育地方教材当中。首先,大力挖掘潜在的地方红色文化资源。整理、了解、熟悉本地的重要革命人物及其遗留下来的革命物件,影响深远的革命活动或革命事件,这一时期所留传下来的红色歌谣、诗歌、书信等文学艺术作品,革命遗址、革命旧址和革命老区等纪念设施,以及蕴含其中的红色精神等具体内容。其次,充分探究地方红色文化资源的育人功能。《革命传统进中小学课程教材指南》指出,将革命传统全面融入课程教材是充分发挥革命文化和社会主义先进文化铸魂育人功能的重要举措。② 为了最大限度地发挥地方红色文化资源的教育价值,需要对上述潜在的地方红色文化资源进行科学分析,充分挖掘可资开发的教材内容和形式。最后,加强对地方红色文化资源的选择和整合。满足学生的个性发展需要,是开发地方教材的根本宗旨。革命传统教育地方教材中的红色文化资源必须与学生的已有知识基础、身心发展规律以及兴趣爱好相适应。地方革命文化资源就在学生身边,对学生来说具有熟悉感和亲切感,其影响是非常巨大的。因此,革命传统教育地方教材开发应综合考虑上述各方面因素,从教材实施的角度考虑加大内容的针对性和可操作性。

---

① 成尚荣. 地方课程的开发与建设[J]. 中国教育学刊,2005,(12):23-26.
② 中华人民共和国教育部. 教育部关于印发《革命传统进中小学课程教材指南》《中华优秀传统文化进中小学课程教材指南》的通知[EB/OL]. 2021-01-08[2021-09-12]. http://www.moe.gov.cn/srcsite/A26/s8001/202102/t20210203_512359.html.

参考文献

[1] 马克思恩格斯文集(第1卷)[M]. 北京：人民出版社，2009.
[2] 毛泽东选集(第1卷)[M]. 北京：人民出版社，1991.
[3] 毛泽东文集(第1卷)[M]. 北京：人民出版社，1993.
[4] 习近平. 习近平谈治国理政(第2卷)[M]. 北京：外文出版社，2017.
[5] 习近平. 习近平谈治国理政(第4卷)[M]. 北京：外文出版社，2022.
[6] 习近平. 论中国共产党历史[M]. 北京：中央文献出版社，2021.
[7] 习近平. 在党史学习教育动员大会上的讲话[M]. 北京：人民出版社，2021.
[8] 中共中央关于党的百年奋斗重大成就和历史经验的决议[M]. 北京：人民出版社，2021.
[9] 习近平. 高举中国特色社会主义伟大旗帜为全面建设社会主义现代化国家而团结奋斗——在中国共产党第二十次全国代表大会上的报告[M]. 北京：人民出版社，2022.
[10] 习近平. 在纪念红军长征胜利80周年大会上的讲话[M]. 北京：人民出版社，2016.
[11] 中共中央文献研究室. 习近平关于社会主义文化建设论述摘编[M]. 北京：中央文献出版社，2017.
[12] 赵晓刚等. 湘江战役精神[M]. 北京：中共中央党校出版社，2021.
[13] 姬秉新. 历史教育学概论[M]. 北京：教育科学出版社，1997.
[14] 李君. 博物馆课程资源的开发与利用研究[M]. 长春：东北师范大学出版社，2013.
[15] 郑奕. 博物馆教育活动研究[M]. 上海：复旦大学出版社，2015.
[16] 赵晓刚等. 历史的见证 湘江战役遗址遗存与纪念设施概览[M]. 南宁：广西民族出版社，2019.
[17] 安廷山. 中国纪念馆概论[M]. 北京：文物出版社，1996.
[18] 《博物馆概论》编写组. 博物馆学概论[M]. 北京：高等教育出版社，2019.
[19] 文化部文物局. 中国博物馆学概论[M]. 北京：文物出版社，1985.
[20] 姜涛，俄军. 博物馆学概论[M]. 兰州：兰州大学出版社，2013.
[21] 井冈山革命博物馆志编委会. 井冈山革命博物馆志[M]. 南京：江苏人民出版社，2007.
[22] 陈新民. 历史与社会综合性学习研究[M]. 上海：上海交通大学出版社，2017.
[23] 徐继存. 中学综合实践活动[M]. 北京：北京师范大学出版社，2015.
[24] 彭其斌. 研学旅行课程概论[M]. 济南：山东教育出版社，2019.
[25] 董保良. 陶行知教育论著选[M]. 北京：人民教育出版社，1991.
[26] 中共广西壮族自治区委员会宣传部. 红军长征过广西[M]. 南宁：广西人民出版社，2006.
[27] 张琦. 红军长征纪实丛书[M]. 北京：中共党史出版社，2006.

[28] 中共广西壮族自治区党史研究室. 长征路上——中国工农红军过广西图文集[M]. 南宁：广西人民出版社，2008.

[29] 魏华龄. 桂林抗战文化史[M]. 桂林：漓江出版社，2011.

[30] 左超英. 全国第五届八路军办事处纪念馆学术研讨会文集[M]. 桂林：广西师范大学出版社，2000.

[31] 李建平，盘福东. 广西抗战文化史[M]. 南宁：广西人民出版社，2015.

[32] 左超英. 八路军桂林办事处纪念馆研究文集[M]. 桂林：广西师范大学出版社，1998.

[33] 广西课程教材发展中心. 红色广西（小学低年级）[M]. 桂林：广西师范大学出版社，广西民族出版社，2021.

[34] 广西课程教材发展中心. 红色广西（小学中年级）[M]. 桂林：广西师范大学出版社，广西民族出版社，2021.

[35] 广西课程教材发展中心. 红色广西（小学高年级）[M]. 桂林：广西师范大学出版社，广西民族出版社，2021.

[36] 广西课程教材发展中心. 红色广西（初中全一册）[M]. 桂林：广西师范大学出版社，广西民族出版社，2021.

[37] 广西课程教材发展中心. 红色广西（高中全一册）[M]. 桂林：广西师范大学出版社，广西民族出版社，2021.

[38] 王德民. 中学历史教学设计[M]. 芜湖：安徽师范大学出版社，2018.

[39] 周才方. 中学历史课程与教学论[M]. 长春：东北师范大学出版社，2006：268-269.

[40] 钱家先，太俊文. 中学历史新课程教学论[M]. 昆明：云南大学出版社，2007.

[41] 缪晓虹，刘洪生. 核心素养导向下的中学历史学科育人课程研究[M]. 广州：暨南大学出版社，2020.

[42] 朱煜. 走进高中新课改——历史教师必读[M]. 南京：南京师范大学出版社，2005.

[43] 马卫东. 历史教学概论[M]. 北京：北京师范大学出版社，2010.

[44] 余文森. 核心素养导向的课堂教学[M]. 上海：上海教育出版社，2017.

[45] 于友西，赵亚夫. 中学历史教学法[M]. 北京：高等教育出版社，2017.

[46] 余文森. 核心素养导向的课堂教学[M]. 上海：上海教育出版社，2017.

[47] 夏卫东. 历史教学研究论丛[M]. 北京：中国社会科学出版社，2014.

[48] 张帆，李帆. 中外历史纲要（上）[M]. 北京：人民教育出版社，2019.

[49] 朱汉国，郑林. 新编历史教学论[M]. 上海：华东师范大学出版社，2008.

[50] 祝曙光，黄阿明. 历史学科核心素养培养[M]. 武汉：武汉大学出版社，2017.

[51] 姬秉新，李稚勇，常云平. 历史教学：从"设计"到"实施"（中国历史）[M]. 北京：高等教育出版社，2020.

[52] 施良方. 学习论[M]. 北京：人民教育出版社，1994.

[53] 施良方. 课程理论：课程的基础、原理与问题[M]. 北京：教育科学出版社，1996.

[54] 陈旭远. 课程与教学论[M]. 北京：高等教育出版社，2012.

[55] 柳海民. 教育学原理[M]. 北京：高等教育出版社，2011.

[56] 邵培仁等. 20世纪中国新闻学与传播学（宣传学与舆论学卷）[M]. 上海：复旦大学出版社，2002.

[57] D·A·库伯. 体验学习：让体验成为学习和发展的源泉[M]. 上海：华东师范大学出版社，2008.

[58] 习近平. 以史为鉴、开创未来，埋头苦干、勇毅前行[J]. 求是，2022(1)：4-15.

[59] 习近平. 更好把握和运用党的百年奋斗历史经验[J]. 求是，2022(13)：4-19.

[60] 习近平. 用好红色资源、赓续红色血脉，努力创造无愧于历史和人民的新业绩[J]. 求是，2021(19)：4-9.

[61] 石培新. 红色旅游教育功能提升与可持续发展机制创新[J]. 宏观经济管理，2020(5)：83-90.

[62] 郑流爱. 高中历史素材性课程资源开发与利用的策略[J]. 课程. 教材. 教法，2013，33(9)：68-73.

[63] 叶小兵. 历史教科书中对史料的运用[J]. 历史教学，2004，(7)：41-45.

[64] 王海波，芦俊文，廖雨刚. 坚定理想信念走好新长征[J]. 当代广西，2021(10)：43.

[65] 周剑峰. 再走长征路 传承红色基因[J]. 当代广西，2019(14)：20-21.

[66] 石钖，王海波，黄剑蓉. 追寻红色足迹，走好新时代长征路[J]. 当代广西，2022(9)：20-21.

[67] 拓夫，锦璐，刘玉. 山河铭记——湘江战役纪念设施建设保护和红军遗骸收殓保护工作纪实[J]. 当代广西，2019(23)：12-16.

[68] 石仲泉. 走走党史：惨烈的湘江之战——红军长征之二[J]. 百年潮，2003(7)：52-59.

[69] 唐庆林. 走进兴安县红军长征突破湘江烈士纪念碑园[J]. 文史春秋. 2019(7)：47-49.

[70] 蒋经灿. 英雄史诗 不朽丰碑——记红军长征突破湘江纪念馆[J]. 文史春秋，2019(7)：50-52.

[71] 阮敏燕. 场景复原在革命纪念馆基本陈展中的作用——以广西地区为例[J]. 文物鉴定与鉴赏，2021(7)：118-123.

[72] 崔玉敏，文景刚. 自媒体时代背景下红色文化与大学生历史观培养问题研究[J]. 经济师，2021(9)：2.

[73] 成尚荣. 地方课程管理和地方课程开发[J]. 教育研究，2004(3)：67-71.

[74] 雷顺利. 我国三级课程管理体制的发展取向与运行思路[J]. 教育发展研究，2002(12)：58-61.

[75] 金素梅. 地方课程开发价值探索[J]. 教育与职业，2006(30)：123-124.

[76] 阙火明，苏水长. 专题性地方课程开发的思路与实践[J]. 教学与管理，2009(10)：3-31.

[77] 许礼光. 关于地方课程教材开发与建设的思考[J]. 科技与出版，2019(6)：136-138.

[78] 王韩欢. 中小学教材编辑如何在激烈的竞争中谋求发展[J]. 编辑学刊，2017(3)：

81-85.

[79] 卢媛.论教材编辑的工匠精神[J].中国出版,2018(15):29-32.

[80] 成尚荣.地方课程的开发与建设[J].中国教育学刊,2005(12):23-26.

[81] 鲍道宏.校本课程开发中的文化冲突及其调适[J].教育发展研究,2012,32(Z2):96-101.

[82] 陈志刚.课前备课学情分析的内容与操作实施[J].内蒙古师范大学学报(教育科学版),2019,32(9):1-7.

[83] 崔允漷,夏雪梅.校本课程开发在中国[J].北京大学教育评论,2004(3):30-34.

[84] 黄同锐.建构学入,优化历史课堂[J].吉林省教育学院学报,2008(5).

[85] 李实.准确认识"红色资源"的丰富内涵[J].政工学刊,2005(12):23.

[86] 刘庆昌.对话教学初论[J].教育研究,2001(11):65-69.

[87] 王永华,杨世雪.契合与认同:意识形态视域下的苏区红色标语[J].学术探索,2023,(1):130-138.

[88] 吴勤.浅谈课堂小结对教学的必要性[J].科学大众(科学教育),2018(4):66.

[89] 徐世德.历史课堂教学小结的艺术[J].历史教学问题,2007,(2):111-112,56.

[90] 张春利,李立群.课程资源开发的困境与对策[J].东北师大学报(哲学社会科学版),2014(5):284-286.

[91] 郭冬红,苏万青,张付文.高中历史教学中乡土课程资源开发与利用探微[J].天津教育,2021(3):111-112.

[92] 李源.高中历史教学中对红色文化传承的研究[J].文物鉴定与鉴赏,2021(10):3.

[93] 张猛,沙彬阳.湘江战役:红军长征中生死攸关的一战[J].军事文摘,2017(5):70-73.

[94] 庾新顺,卿助南.湘江战役:决定中央红军生死存亡的一战[J].文史春秋,2019(7):4-17.

[95] 田慧雯.浅谈红色文化的传播与博物馆(纪念馆)爱国主义教育的开展[J].中国民族博览,2020(12):203-204.

[96] 罗明.时下如何进行红军长征历史的教学[J].现代教学,2016(21):4-6.

[97] 庾新顺.八路军办事处在抗战中的历史贡献[J].当代广西,2015(17),19-20.

[98] 李成远.八路桂林办事处的统战工作及历史贡献[J].中共桂林市委党校学报,2013(4),66-69.

[99] 韦海燕.利用地方课程资源培养家国情怀——以一堂"烽火桂林文化抗战"的历史教学为例[J].桂林师范高等专科学校学报,2020(4),153-156.

[100] 肖发生.多为视角下的红色文化资源[J].红色文化资源研究.2015(1):19.

[101] 熊钰.试论博物馆资源与高中历史教育的结合[J].长沙大学学报,2013,27(6):142.

[102] 周瑶.学习理论视角下看博物馆教育与学校教育的有效结合[J].中国博物馆,2020,143(4):22-26.

[103] 赖小聪. 博物馆资源在历史课堂教学中的开发与利用[J]. 中学课程资源, 2019, 144(6): 63-65.

[104] 张宏杰. "双减"政策下运用游戏化教学提高教育教学质量——东莞市初中历史品质教研组（东莞外国语学校）教研展示活动[J]. 中学历史教学, 2022, 432(2): 74.

[105] 曹群. 初中历史研学旅行活动设计研究[D]. 牡丹江: 牡丹江师范学院, 2022.

[106] 王美玲. 孔子博物馆历史课程资源在高中历史教学中的应用[D]. 曲阜: 曲阜师范大学, 2022.

[107] 郭慧. 红色资源在中学生家国情怀培育中的应用——以井冈山地区为观察点[D]. 漳州: 闽南师范大学, 2021.

[108] 王青梅. 井冈山红色文化资源在历史教学中的应用[D]. 大连: 辽宁师范大学, 2021.

[109] 陈路加. 初中历史综合实践活动课程的设计与实施[D]. 天津: 天津师范大学, 2020.

[110] 孔灵灵. 红色文化资源在高中历史教学中的运用研究——以汉中市为例[D]. 西安: 陕西理工大学, 2020.

[111] 王莹. 信阳红色文化资源与高中生家国情怀素养培育研究[D]. 武汉: 华中师范大学, 2020.

[112] 成月. 本地博物馆资源在中学历史教学中的应用[D]. 上海: 上海师范大学, 2020.

[113] 袁玉叶. 孔子博物馆在初中历史活动课中的应用研究[D]. 曲阜: 曲阜师范大学, 2020.

[114] 叶蔓. 延安红色文化资源在初中历史教学中的应用[D]. 重庆: 重庆师范大学, 2019.

[115] 王贝贝. 大别山红色教育课程资源研究[D]. 信阳: 信阳师范学院, 2019.

[116] 江南. 南充红色文化资源在高中历史教学中的运用研究[D]. 南充: 西华师范大学, 2019.

[117] 张霁月. 河北省红色乡土史课程资源在中学历史教学中的开发与利用研究[D]. 济南: 山东师范大学, 2019.

[118] 方萍. 高中历史第二课堂的实施研究——以湖南师范大学附属中学为例[D]. 长沙: 湖南师范大学, 2018.

[119] 周秋香. 初中历史教学中红色资源育人价值的开发与利用[D]. 赣州: 赣南师范大学, 2018.

[120] 李丽. 以体验式学习内化家国情怀的策略研究[D]. 哈尔滨师范大学, 2018.

[121] 刘京华. 初中生研学旅行教育研究——以石家庄为例为例[D]. 石家庄: 河北师范大学, 2018.

[122] 邹小宜. 湘西地区中学历史教学中红色课程资源开发和利用的研究[D]. 济南: 山东师范大学, 2016.

[123] 杨文佳. 高中红色历史课程资源的开发与运用——以赣南苏区为例[D]. 武汉: 华中师范大学, 2016.

[124] 白叶. 初级汉语教学中趣味性原则的应用[D]. 昆明: 云南大学, 2016.

[125] 钟星. 革命纪念馆在初中历史教学中的运用研究——以武汉主要革命纪念馆为例[D].

武汉：华中师范大学，2015.

[126] 张克州. 中学历史综合实践活动课程的理论与实践[D]. 苏州：苏州大学，2014.

[127] 何兵. 高中历史教学中对乡土资源的开发和利用——以南通地区为例[D]. 上海：华东师范大学，2011.

[128] 朱小理. 红色资源转化为教育教学资源方式及路径研究[D]. 南昌：南昌大学，2011.

[129] 用好红色资源赓续红色血脉 努力创造无愧于历史和人民的新业绩[N]. 人民日报，2021-06-27(1).

[130] 李家健. 红色血脉永赓续[N]. 广西日报，2022-04-26(1).

[131] 周文俊. 赓续红色血脉 传承红色文化[N]. 桂林日报，2022-04-24(16).

[132] 周文俊. 让红色基因在红色热土代代相传[N]. 桂林日报，2009，9(20).

[133] 胡逢超. 擦亮红色品牌 打造传承新高地[N]. 桂林日报，2021-09-13(1).

[134] 胡逢超. 红色传承 不忘初心[N]. 桂林日报，2021-07-01(35).

[135] 广西壮族自治区人民政府办公厅. 关于公布南宁育才学校旧址等98处全国重点文物保护单位和自治区文物保护单位保护范围的通知(桂政办发[2017]153号)[EB/OL]. http://www.gxzf.gov.cn/zfwj/zzqrmzfbgtwj_34828/2017ngzbwj_34829/t1506611.shtml，2017-11-20/2023-06-06.

[136] 中华人民共和国中央人民政府. 中央有关部门负责人就《长城、大运河、长征国家文化公园建设方案》答记者问[EB/OL]. http://www.gov.cn/zhengce/2019-12-05/content_5458886.htm，2019-12-05/2023-06-06.

[137] 中华人民共和国中央人民政府. 建设中华民族共有的精神家园 科学绘制长征国家文化公园建设蓝图——国家文化公园建设工作领导小组办公室负责人就《长征国家文化公园建设保护规划》答记者问[EB/OL]. http://www.gov.cn/zhengce/2021-10/27/content_5647091.htm，2021-10-27/2023-06-06.

[138] 国务院. 关于新时代支持革命老区振兴发展的意见[EB/OL]. http://www.gov.cn/zhengce/zhengceku/2021-02/20/content_5587874.htm，2021-02-20/2023-06-06.

[139] 国务院. 关于印发"十四五"旅游业发展规划的通知[EB/OL]. http://www.gov.cn/zhengce/zhengceku/2022-01/20/content_5669468.htm，2022-01-20/2023-06-06.

[140] 广西壮族自治区人民政府办公厅. 广西"十四五"文化和旅游发展规划[EB/OL]. http://www.gxzf.gov.cn/zfwj/zzqrmzfbgtwj_34828/2022ngzbwj/t11144977.shtml，2022-01-04/2023-06-06.

[141] 教育部. 关于推进中小学生研学旅行的意见[EB/OB]. (2016-12-19)[2022-12-1]. http://www.moe.gov.cn/jyb_xwfb/gzdt_gzdt/s5987/201612/t20161219_292360.html.

[142] 广西壮族自治区教育厅. 自治区党委教育工委 自治区教育厅印发《关于加强全区各级各类学校革命传统教育 传承红色基因的指导意见》的通知[EB/OL]. 2019-12-16[2021-10-23]. http://jyt.gxzf.gov.cn/zfxxgk/fdzdgknr/tzgg_58179/W020200324299018743110.pdf.

[143] 广西壮族自治区教育厅. 中小学地方教材《红色广西》合作编写出版单位遴选公告[EB/

OL]. 2019-05-13[2021-10-02]. http://jyt.gxzf.gov.cn/zfxxgk/fdzdgknr/tzgg_58179/t3127300.shtml.

[144] 中华人民共和国中央人民政府. 教育部关于印发《基础教育课程改革纲要(试行)》的通知[EB/OL]. 2001-06-08[2021-10-20]. http://www.gov.cn/gongbao/content/2002/content_61386.html.

[145] 教育部. 教育部关于印发《革命传统进中小学课程教材指南》《中华优秀传统文化进中小学课程教材指南》的通知[EB/OL]. 2021-01-08[2021-09-12]. http://www.moe.gov.cn/srcsite/A26/s8001/202102/t20210203_512359.html.

[146] 教育部. 教育部关于印发普通高中课程方案和语文等学科课程标准(2017年版2020年修订)的通知[EB/OL]. http://www.moe.gov.cn/srcsite/A26/s8001/202006/t20200603_462199.html,2020-05-13/2021-03-12.

[147] 国务院办公厅. 关于新时代推进普通高中育人方式改革的指导意见[EB/OL]. http://www.gov.cn/zhengce/content/2019-06/19/content_5401568.htm,2019-06-20/2021-03-12.

[148] 教育部. 关于做好普通高中新课程新教科书实施工作的指导意见[EB/OL]. http://www.moe.gov.cn/srcsite/A06/s3732/201808/t20180824_346056.html,2018-08-16/2021-03-12.

[149] 中华人民共和国教育部等11部门. 关于推进中小学生研学旅行的意见[Z/OL]. 2016-12-19[2023-3-18]. http://www.moe.gov.cn/jyb_xwfb/gzdt_gzdt/s5987/201612/t20161219_292360.html.

[150] 教育部、国家文物局. 关于利用博物馆资源开展中小学教育教学的意见[EB/OL]. http://www.gov.cn/zhengce/zhengceku/2020-10/20/content_5552654.htm,2020-09-30/2023-3-25.

后　记

本书关注当下历史教育如何切实有效地落实立德树人的根本任务，发掘红色文化资源的育人价值。一是挖掘湘江战役纪念馆的历史教育功能及其实践路径，研究湘江战役纪念馆在历史教学中的开发与运用之特色化路径。二是推进地方特色红色文化资源融入历史教育实践方面研究，促进红色文化资源向历史教学资源的转化。根据研究方案进行教学实践与反思性研究，在实践研究与理论研究的整合性过程中，强化湘江战役纪念馆等红色文化资源与历史教育动态融合的育人意识。

本书系2020年度广西高等教育本科教学改革工程重点项目"卓越历史教师培养背景下湘江战役纪念馆研学课程的探索与实践"（项目编号：2020JGZ107）和2022年"广西高等学校千名中青年骨干教师培育计划"人文社会科学类立项课题"红色文化资源的历史教育价值开发研究"（项目编号：2022QGRW014）的最终成果，系2021年度广西高等教育本科教学改革工程重点项目"历史学课程思政建设背景下越南学校纪念馆的教学资源开发与运用"（项目编号：2021JGZ107）的阶段性成果。

本书总体框架及详细写作提纲由李倩雯拟定，并负责全书的统稿。具体分工为：第一、二、三章和第四章第一、二节由夏金玲执笔；第四章第三节和第五章由陆芸执笔；第六章由覃丽婷执笔；第七章由刘秀妹执笔；第八章由徐欣慧执笔；第九章由罗兰红执笔；第十章由李倩雯执笔。

在本书写作过程中，红军长征湘江战役纪念馆、红军长征突破湘江纪念馆、新圩阻击战史实陈列馆、八路军桂林办事处纪念馆、井冈山革命博物馆、广东东江纵队纪念馆、东莞展览馆、李任之故居、莫萃华故居、梅塘战斗遗址等为本书资料收集以及写作前期准备提供了帮助；本书出版得到华南理工大学出版社大力支持，谨此一并表示衷心感谢！

限于作者的学术水平，此书若有错漏和不当之处，恳请各位专家、学者及读者批评指正。

李倩雯于桂林